111 GRÜNDE, WRESTLING ZU LIEBEN

*Für mein Nachtgespenst,
du bist aufregender als alle Tombstone
Piledriver des Undertaker zusammen.*

MARC HALUPCZOK

111 GRÜNDE WRESTLING ZU LIEBEN

EINE LIEBESERKLÄRUNG AN DIE GROSSARTIGSTE SPORTART DER WELT

ERWEITERTE NEUAUSGABE MIT ELF BONUSGRÜNDEN

SCHWARZKOPF & SCHWARZKOPF

INHALT

Vorwort

Es war ein langer Weg, den das Wrestling gehen musste. Zwischen den ersten Kämpfen im antiken Griechenland über das »Elbow-And-Collar«-Wrestling der alten Iren und Schaukämpfe zur Belustigung des Jahrmarktpublikums bis zu hin zur schreiend bunten Popcorn-Welt des heutigen Wrestling liegen Welten. Der Schwerpunkt dieses Buches liegt eindeutig auf dem so genannten Pro-Wrestling, der US-amerikanischen Variante, das durch seine Mischung aus Sport und Show Millionen Fans weltweit begeistert.

Die körperlichen Anforderungen an die Athleten sind immens. Und sie steigen stetig weiter, weil es immer noch spektakulärer aussehen muss, immer noch höher hinaus geht. Dabei kommt es auch zu Unfällen und Tragödien, die in diesem Buch ebenfalls ihren Platz haben. Aber im Vordergrund steht natürlich der Spaß. Man kann es ja auch nur mit Humor nehmen, wenn sich erwachsene, muskulöse Männer (und Frauen, ist ja gut) in neonfarbene Anzüge werfen, sich gegenseitig anbrüllen, durch die Gegend werfen und irgendwelchen Regeln gehorchen, die scheinbar nur sie selbst verstehen.

Aufmerksame Leser werden feststellen, dass, obwohl auch diverse andere Wrestler Erwähnung finden, der Schwerpunkt dieses Buches klar auf den ehemaligen und aktuellen Stars der WWE (früher WWF) liegt. Das liegt zum einen daran, dass die Promotion von Vince McMahon eindeutiger Weltmarktführer in Sachen Wrestling ist und damit auch den höchsten Bekanntheitsgrad vorweisen kann. Zum zweiten entdeckte der Verfasser dieser Zeilen die bunte Welt des Wrestling Mitte der Achtzigerjahre des letzten Jahrhunderts (lange her, ich weiß). Und da startete die damals noch WWF genannte Promotion gerade ihren weltweiten Siegeszug. Umso schöner war es, die alten Helden von damals wie den Ultimate Warrior, Hulk Hogan, Dino Bravo, den Macho Man, Mr. Perfect und all die anderen Gestalten im Rahmen dieses Buches wieder zu treffen. Es ist nur irgendwie gruselig, dass die mittlerweile fast alle tot sind.

Wrestling ist eben ein extremer Sport, der extreme Menschen mit extremem Lebenswandel anzieht. Mögen sie im Himmel (oder der Hölle, je nach »Face« oder »Heel«) neue Fehden starten und sich gegenseitig durchs Paradies jagen. Immer auf der Suche nach »Heat« oder Beifall von den Rängen.

In anderen Kapiteln geht es um die ganz frühen Stars, die Pioniere des Wrestling. Der »Eiserne Wilhelm« findet ebenso Erwähnung wie Carl Abs, Baron von Raschke, Frank Alvin Gotch, Mildred Burke oder Dick the Bruiser. Es geht um die Promotions, also um die verschiedenen Ligen, die nicht nur in den USA für Unterhaltung sorgen. Es geht um Fachbegriffe wie »Stables« und »Tag Teams«. Es geht um kuriose Geschichten, die man keinem Zeichentrickfilm abnehmen würde, beim Wrestling aber völlig normal findet. Und es geht um einen Blick hinter die Kulissen. »Marks« (also die Fans, die die Geschichten der Autoren, die um die Matches gestrickt werden, wirklich glauben) müssen hier und da also tapfer sein.

Die Experten, die dieses Buch in die Finger bekommen, werden an der einen oder anderen Stelle vielleicht zusammenzucken, weil sie den Begriff »Kampf« statt »Match« lesen müssen. Es ist ja auch richtig, im Wrestling gibt es keine Kämpfe im eigentlichen Sinne. Aber in jeder zweiten Zeile das Wort »Match« zu lesen wäre noch ein viel schlimmerer Kampf.

Also, liebe alte Hasen, bleibt ruhig, schüttelt euch noch mal die Reißzwecken von der letzten Auseinandersetzung mit Mick Foley aus dem Arm und lest los. Neueinsteiger werden manche Dinge nicht glauben können, die sie da lesen müssen. Aber das ist alles echt so passiert. Mehr oder weniger. Es sah zumindest so aus. So richtig sicher sein kann man sich im Wrestling-Zirkus ja nie.

Entertainment oder Sport? Ganz egal! Lockern Sie Ihre Muskeln, setzen Sie zu einem »Clothesline« an und fordern Sie das Schicksal heraus. Der Weg auf die Matte ist kurz, aber schmerzhaft. Willkommen in der lauten, schrillen, brutalen und doch so liebenswürdigen Welt des Wrestling.

Marc Halupczok

KAPITEL 1

GESCHICHTE

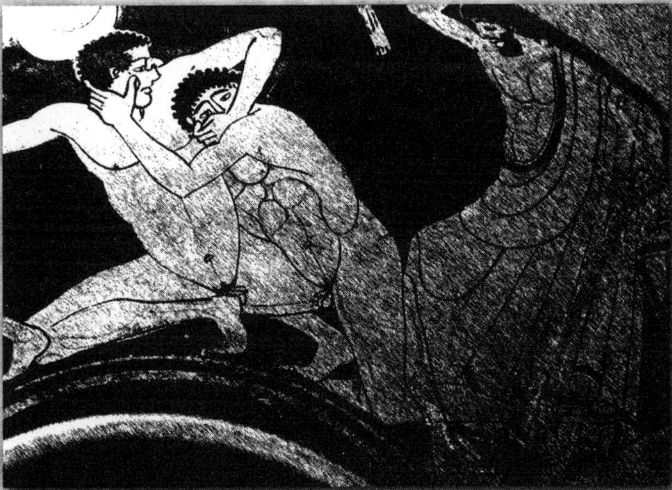

1. GRUND

Weil es antik ist

Auch wenn man es heute nur noch in Ansätzen sieht (und manchmal nicht mal das), das Pro-Wrestling entwickelte sich tatsächlich aus den rein sportlichen Varianten des Ringens. Dabei ist das Freistilringen der Ausgangspunkt für alles und zählt neben dem Laufen zu den ältesten Wettkampfsportarten überhaupt.

Ringen wurde bereits 3.000 vor Christus in China und in Ägypten ausgeübt, andere Quellen geben Anatolien als Wiege des Ringens an. Ist schon ein paar Tage her, lässt sich nicht mehr ganz genau sagen. Fakt ist, dass sich die Regeln seit damals nur in Details geändert haben. Zwei Kontrahenten stehen sich auf einer Matte gegenüber und müssen versuchen, den Gegner mit beiden Schultern zu Boden zu drücken oder einen eindeutigen technischen Vorteil zu erlangen. Gefährliche Griffe, die den Gegner verletzen können, Tritte und das Würgen des Gegners sind dabei damals wie heute verboten. Im Freistilringen (das in Großbritannien perfektioniert wurde) darf der ganze Körper zum Angriff eingesetzt werden, im griechisch-römischen Stil sind Griffe nur bis zur Gürtellinie erlaubt. Das macht das Freistilringen optisch spektakulärer, da die Beine ein wichtiges Werkzeug sind, den Gegner zu besiegen. Der griechisch-römische Stil (der in seiner heutigen Form vor etwas mehr als hundert Jahren in Italien und Frankreich populär wurde) ist dagegen vielleicht etwas technischer. Als weitere Variante existiert zum Beispiel der Amerikanische Folkstyle, der dem Freistilringen ähnelt, die Aktionen werden hier allerdings anders bepunktet. Dieser Stil wird an vielen US-Schulen unterrichtet, diverse spätere Pro-Wrestler haben so angefangen.

Sowohl das Freistilringen (seit 1904) als auch die griechisch-römische Variante (seit 1896) erlangten in der Moderne olympische

Ehren. Das Frauenringen wurde erst 2004 olympisch, Weltmeisterschaften werden allerdings schon seit 1950 veranstaltet.

Dass die frühen Ringer der Moderne über eine ungeheure Kondition verfügt haben müssen, beweist diese Geschichte: Bis 1924 gab es kein zeitliches Limit bei den Kämpfen. Das heißt, die Auseinandersetzungen dauerten schon mal zehn oder zwölf Stunden. Danach hatte man sich selbst als Zuschauer die charakteristischen »Blumenkohlohren« redlich verdient.

Im Pro-Wrestling sind einige Techniken des Ringens übernommen worden. Zum Beispiel der Schulter-Pin, aber auch Würfe oder die Beinarbeit. Ebenso die Anzüge der Wrestler, diese Mischung aus Badeanzug und Fetischbekleidung, erinnern noch an die alten Vorbilder. Wobei die Athleten in der Antike sogar nackt aufeinander losgegangen sind. Die heutigen Anzüge der Ringer liegen so eng an, damit sich der Gegner nicht festklammern kann. Außerdem mindert es das Verletzungsrisiko beim Angreifer. Das legendäre Wrestling-Tag Team »Legion of Doom« mit seinen 50 Zentimeter langen Killernieten auf den Schultern hatte da wohl eher Gegenteiliges im Sinn.

2. GRUND

WEIL ES DIREKT IN DEN HADES FÜHRT

Ein weiteres historisches Vorbild für das Pro-Wrestling im heutigen Sinne ist eine Sportart, die der breiten Masse vollkommen unbekannt sein dürfte. Das Pankration. Hier wurde im Vergleich zum Ringen in Sachen Brutalität eine Schippe draufgelegt, Pankration war (und ist) nichts für Memmen.

Nachweisbar ist das Pankration erstmals 648 vor Christus, die Sportart wurde bei den 33. Olympischen Spielen der Antike ausgetragen. Rein technisch gesehen ist es eine Mischung aus Ringen und Boxen, der Sieg kann nur durch K.O., Aufgabe oder Tod des Gegners erreicht werden. Allein diese Regel dürfte deutlich machen, dass hier endgültig Schluss mit lustig ist. Sonstige Regeln gab es so gut wie keine. Tritte, Schläge, Würgegriffe, alles war erlaubt. Einzig das Eindrücken der Augen und das Beißen des Gegners waren untersagt.

Erfinder dieses neckischen Zeitvertreibs soll der griechische Held Theseus gewesen sein, als sich dieser auf Kreta mit dem Minotaurus (menschlicher Körper plus Stierkopf) duellierte. Wie unschwer zu erkennen ist, befinden wir uns hier in der Mythologie, tatsächlich wird es wahrscheinlich irgendein sadistischer Grieche gewesen sein, der diesen Kampfstil erfand.

Wer bei dieser Sportart in den Ring stieg, konnte sich nicht sicher sein, ob er ihn je lebend wieder verlassen würde. Diverse Aufzeichnungen belegen, dass häufig bis zum Tod gekämpft wurde. Zumindest schwerste Verletzungen waren an der Tagesordnung. Manchmal starb ein Athlet auch im Ring und wurde wegen seines Heldenmutes nachträglich zum Sieger erklärt. Da werden sich die Witwe und die fünf hungernden Kinder aber gefreut haben. Immerhin gab es beim Pankration auch Schiedsrichter. Nicht, dass noch jemand beißt.

Im Laufe der Jahrhunderte geriet dieser Sport, wenn man es denn so nennen möchte, in Vergessenheit. Wahrscheinlich fanden sich irgendwann auch nicht mehr genügend Freiwillige, die gegen die Champions in dieser Disziplin antreten mochten. Seit einigen Jahren erlebt das Pankration allerdings ein kleines Revival. Schuld daran ist ausgerechnet ein Hollywood-Streifen, nämlich die Comicverfilmung von »300«. Hier werden neben historischen spartanischen Kampftechniken auch Elemente des Pankration gezeigt. Speziell in den USA gibt es Bemühungen, diesen Sport wieder auf die Agenda zu bringen, mit dezent entschärften Regeln, versteht sich.

Die Gnadenlosigkeit, der Stilmix aus Ringen, Boxen und überhaupt allem, was dem Gegner irgendwie schaden kann, sowie seine gefährliche Aura machen das Pankration definitiv zu einem Verwandten des Pro-Wrestling. Und sollte es wirklich zu einer Wiederauferstehung dieser Disziplin kommen, dann ist der Wrestling-Ring die perfekte Umgebung dafür. Freuen wir uns also auf Athleten, die demnächst in Leinen- und Wollgewändern in schicken Schnürsandalen auf die Bühne treten, um ihre Gegner direkt in den Hades zu befördern. Für Sparta!

3. GRUND

WEIL TRIPPER NICHTS SCHLECHTES SEIN MUSS

Ein ganz wichtiger Vorläufer des heutigen Wrestlings stammt aus Irland, das »Collar-And-Elbow-Wrestling«, was übersetzt so viel wie »Kragen- und Ellenbogen-Ringen« bedeutet. Bereits im 17. Jahrhundert soll es auf der grünen Insel professionelle Wrestler gegeben haben, die mit dem Sport ihren Lebensunterhalt verdienen konnten. Die Wurzeln reichen aber noch deutlich weiter zurück, bis in vorchristliche Jahrhunderte.

Der seltsame Name dieses Sports leitet sich wahrscheinlich aus der Grundposition ab, die die beiden Kontrahenten zu Beginn des Kampfes einnehmen. Eine Hand umfasst den Ellenbogen des Gegners, die andere den Kragen seiner Jacke (oft, aber nicht immer wurden für diesen Sport spezielle Jacken getragen). Dann beginnt der Kampf, der ansonsten viele Elemente des heute bekannten Ringens und Wrestling aufweist. Schon damals gab es zum Beispiel Punkte dafür, wenn man den Gegner pinnt, also seine Schultern zu Boden drückt. Andere Elemente stammen aus dem Freistilringen und anderen Kampfsportarten. Es gibt Würfe und Tritte, und der Gegner hat die Möglichkeit aufzugeben. Selbst spezielle Moves wie der »Flying Mare«, der »Kimura Lock« oder der »Fireman's Carry Takedown« wurden hier um Jahrhunderte vorweggenommen. Natürlich unter anderen Bezeichnungen.

Mit der großen europäischen Auswanderungswelle im 18. und 19. Jahrhundert kam das »Collar-And-Elbow« auch in der neuen Welt an und erfreute sich dort größter Beliebtheit. Angeblich war selbst der erste Präsident der Vereinigten Staaten, George Washington, in seiner Jugend ein Anhänger dieses Sports und übte ihn gar selber aus.

Heute hat das »Collar And Elbow« so gut wie keine Bedeutung mehr, es hat sich erst mit anderen Stilen vermischt und ging dann in diesen auf. Nur manch kampfsportbegeisterter Historiker erinnert sich noch daran. Das liegt vielleicht auch an den sehr eigenen Bezeichnungen, die die Iren für ihren Sport erdachten. Ein Match, das in eine wüste Balgerei ausartete, wurde zum Beispiel eine »raufende Biene« (»a scuffling bee«) genannt. Die aktiven Sportler hingegen nannten sich »Tripper«. Klingt zumindest in der deutschen Sprache irgendwie nicht so sympathisch wie Wrestler. Im Englischen kann es allerdings auch für »Tänzer« stehen.

4. GRUND

WEIL ES VON DEN JAHRMÄRKTEN KOMMT

Die Anfänge des Wrestling, so wie wir es heute kennen und lieben, liegen in den Jahrmärkten und Festzelten in Frankreich. Hier wurden bereits in den Dreißigerjahren des 19. Jahrhunderts Schaukämpfe ausgetragen, Menschen mit Künstlernamen wie »Knochenbrecher« oder »Eisenbeißer« unterhielten die Massen mit ihren Vorführungen. Erst einige Jahrzehnte später schwappte die Welle auch in die USA und ins restliche Europa. »Starke Männer« waren als Attraktion ein beliebtes Mittel, die Massen anzulocken. Irgendwann reichte es den Besuchern allerdings nicht mehr, den Kraftprotzen bei ihren Mätzchen zuzuschauen, sie wollten mehr Action. Also wurden so genannte Schaukämpfe inszeniert. Die Zuschauer konnten gegen einen Muskelmann antreten, wer gewann, wurde zumeist mit einem hohen Geldbetrag entlohnt. Aber natürlich gewann niemand, denn die Kirmes-Catcher waren perfekt darauf trainiert, jede Art von Gegner auszuschalten.

Als auch das zu langweilig wurde, stellte man den Amateuren einen erfahrenen Ringer zur Seite, mit dessen Hilfe die Zuschauer nun häufiger gewannen (aber natürlich auch kein Geld mehr bekamen). Der Ablauf der Kämpfe war zwischen den Profis zuvor im Groben abgesprochen, der Rest wurde improvisiert. Verbannt man nun den Zuschauer aus dem Ring, ergibt das Wrestling in Reinkultur.

Um die Jahrhundertwende etablierten sich erste kleine Ligen, vor allem in den USA und Großbritannien. Von einem einheitlichen Bild konnte aber noch lange keine Rede sein. Manche Promotions lobten weltweite Titel aus (was 30 Kilometer hinter der Ortsgrenze aber schon niemanden mehr interessierte), andere konzentrierten sich auf das lokale Umfeld. Als erster von vielen anerkannter Wrestling-Champion gilt William »The Solid Man« Muldoon (1852-1933), der diesen Titel 1880 gegen den Franzosen Thiebaud Bauer erwarb. Andere Quellen nennen den Franzosen Paul »The Colossus« Pons (1864-1915) als rechtmäßigen ersten Welt-Champion, er errang seinen Titel 1898. Weitere bekannte Wrestler waren damals der Deutsche Carl Abs, der Australier »Professor« William Miller, der US-Amerikaner Robert »Ed Lewis« Friedrich oder der Schotte Donald Dinnie. Sie alle waren eine Mischung aus Ringern, Wrestlern, Gewichthebern und Lebenskünstlern, die einfach das machten, woran sie Spaß hatten.

Erst in den späten Zwanzigerjahren des 20. Jahrhunderts, nach einer Krise während des Ersten Weltkriegs, wurde Wrestling in den USA offiziell als Sport anerkannt. 1929 entstand der Dachverband National Wrestling Association, anfangs noch als Anhängsel des Boxverbandes. Aber somit war der Weg für eine organisierte Ausführung des Wrestlings geebnet, zum Beispiel die Erstellung eines einheitlichen Regelwerks. Der Zweite Weltkrieg stoppte die rasante Entwicklung der Sportart, die nach der Kapitulation von Nazi-Deutschland aber unvermittelt voran getrieben wurde und schließlich im »Ersten goldenen Zeitalter« seinen Höhepunkt fand.

Zu den Vorreitern des Pro-Wrestling-Booking gehörte die Jim Crockett Promotions (JCP), die mit ein bisschen Fantasie als Vorläufer der viel später auftauchenden WCW gesehen werden kann. Der ehemalige Wrestler James »Toots« Mondt, später Mitbegründer der WWWF, zählt ebenso zu den frühen Wegbereitern. Sie setzten sich in einer Zeit für das Wrestling ein, als viele Menschen noch glaubten, sie hätten es mit einer Wirtshausschlägerei zu tun. Der Weg aus den Festzelten bis hin in die Fernsehsendungen zur Prime Time war lang, aber am Ende hat er sich gelohnt.

5. GRUND

WEIL EIN SCHNAUZER REICHT, UM AUFMERKSAMKEIT ZU ERZIELEN

Die Fünfziger- und Sechzigerjahre des vergangenen Jahrhunderts werden als »Erstes goldenes Zeitalter« des Wrestlings bezeichnet. Nach dem Ende des Zweiten Weltkrieges hatten auch die Menschen in den USA Lust auf Zerstreuung. Die National Wrestling Association (NWA) als Dachverband erkannte das wachsende Interesse am

Wrestling, sie musste es nur noch in geordnete Bahnen lenken. Sie führte das Territorien-System wieder ein (das existierte zuvor bereits einmal, allerdings sehr schlecht organisiert) und entdeckte das Fernsehen als neues Medium. Im gleichen Zuge schossen überall neue Wrestler wie Pilze aus dem Boden, neue Techniken wurden erfunden, es wurde mehr Wert auf den Entertainment-Faktor gelegt. Damit wurde das Wrestling, bis dato mehr oder weniger eine reine Männerdomäne, auch für Frauen interessant. Bald schon gab es mehr weibliche als männliche Fans, wie damalige Untersuchungen ergaben.

Wrestler wie Antonino Rocca, Gene »Mr. America« Stanley, Verne Gagne, Buddy Rogers oder Flash Gordon (nicht zu verwechseln mit dem heute aktiven Flesh Gordon) wurden echte Stars, die an guten Tagen auch schon mal 20.000 Menschen in die Hallen locken konnten. Harry »Ali Baba« Ekisian, eigentlich ein hauptberuflicher Matrose, schockte die Menschen mit seinem Image als finsterer Türke. Heute kaum mehr zu glauben, aber damals reichte ein schwarzer Schnauzer und ein exotisch anmutendes Kostüm, um die Leute zu irritieren. Gemeinsam mit »Gorgeous George« Wagner gilt Ekisian als einer der Vorreiter des Gimmicks. Bis Ende der Sechzigerjahre hatte sich das Wrestling im Alltag vieler US-Amerikaner etabliert, es war völlig normal, zu einem Wrestling-Event zu gehen. Viele Stars dieser Ära wurden später Trainer und legten damit den Grundstein für das »Zweite goldene Zeitalter«.

6. GRUND

Weil ein Abend die Welt verändert

Hätte es den McMahon-Klan und die WWF nicht gegeben, kein Mensch würde heute wohl vom »Zweiten goldenen Zeitalter« des

Wrestlings sprechen. Es hätte schlicht nicht stattgefunden. Aber mit der Etablierung des Events »WrestleMania« bekam das Wrestling weltweit einen Schub, den wahrscheinlich nicht mal die größten Optimisten vorausgesagt hätten.

Als am 31. März 1985 im New Yorker Madison Square Garden die erste »WrestleMania« über die Bühne ging, dürfte der Blutdruck von Vince McMahon unter der Decke geklebt haben. Denn vom Erfolg dieser Veranstaltung hing die Zukunft seines Unternehmens ab. Doch McMahons Einsatz wurde belohnt. Aufgrund einer Cross-Promotion-Aktion mit dem Musiksender MTV schaffte es »WrestleMania«, das seit 1985 einmal jährlich stattfindet, in die Popkultur einzusickern. An diesem Abend waren nicht ganz 20.000 Fans in der Halle, an den Fernsehgeräten sahen mehr als eine Million Menschen zu. Mit einem riesigen Staraufgebot mit Muhammad Ali, dem Schauspieler Laurence »Mr. T« Tureaud (der gemeinsam mit Hulk Hogan auch in den Ring stieg), der Sängerin Cyndi Lauper und diversen anderen Gästen wurde »WrestleMania« fast zu so etwas wie einem gesellschaftlichen Ereignis gemischt mit Zirkusatmosphäre. Plötzlich war es cool, Wrestling zu schauen, es war bunt, laut und spannend. Und selbst die Frau hinter der Fleischtheke oder der eigene Mathelehrer wussten auf einmal, wer Hulk Hogan ist. Sicher, diese immense Wirkung war selbst von McMahon nicht vorherzusehen. Aber er schaffte es, die Welle bis Anfang der Neunzigerjahre am Laufen zu halten. Dann stürzte das Wrestling in eine Krise, von der es sich erst in den letzten Jahren wieder erholen konnte.

Eine neue Welle, also ein drittes goldenes Zeitalter, ist momentan schwer vorstellbar. Es bräuchte einen jungen Vince McMahon, der ähnlich revolutionäre Ideen hat wie der »Pate des Wrestlings« vor 30 Jahren. Und so ein Mann scheint momentan nicht in Sicht.

7. GRUND

Weil eine Frau 200 Männer besiegen kann

Das Frauen-Wrestling hat eine lange Tradition, lief aber, ähnlich wie auch beim Boxen, lange Zeit nahezu unter Ausschluss der Öffentlichkeit. Das erste reine Wrestling-Turnier für Frauen, das nachgewiesen werden kann, fand 1891 statt. Allerdings war wahrscheinlich nicht, wie häufig zitiert wird, der Verleger Richard Vox der erste Veranstalter (obwohl sich Vox stark für das Wrestling insgesamt einsetzte), sondern ein gewisser Billy Lester aus Maryland. Der hatte im Jahr 1891 eine eigene Live-Show unter dem Titel »Billy Lester's Big Show«. Und im Rahmen dieses Live-Events veranstaltete er einige Matches mit Damen. Zu den Teilnehmerinnen gehörten unter anderem Alice Williams oder Mary Morgan. Die Geschichte, das Frauen sich vor dem Kampf die Haare abschneiden mussten, weil sonst daran hätte gezogen werden können, scheint ebenso erfunden.

Tatsächlich gab es bereits kurz vor der Jahrhundertwende eigene Frauen-Weltmeisterschaften, Alice Williams oder die Russin Masha Poddubnaya gehörten zu den ersten Titelträgerinnen. Die ersten richtigen weiblichen Stars kamen in dieser Disziplin aber erst in den Dreißigerjahren des 20. Jahrhunderts auf. Zu den populärsten gehörte Mildred Burke (1915-1989), die den Weltmeisterschaftstitel fast 20 Jahre halten konnte und so zu einer Ikone wurde. Sie begann ihre Karriere auf Jahrmärkten, wo sie männliche Herausforderer besiegte. Angeblich forderte sie über 200 Kerle heraus und verlor nur ein einziges Mal. Ähnlich wie bei den Männern wurde auch das Frauen-Wrestling erst in den Fünfzigerjahren wirklich professionell, wobei Frauen von der National Wrestling Association auch viele Jahre später noch nicht ernst genommen wurden.

Burke selbst blieb trotz aller Widerstände dem Wrestling treu, versuchte nach ihrer aktiven Karriere ihre Popularität für das Frauen-Wrestling einzusetzen, eröffnete eine Wrestling-Schule und bildete viele spätere weibliche Champions aus. Die durften dann fast überall auftreten, nur nicht in London. Die englische Metropole hatte Ende der 1930erjahre das Wrestling generell verboten, diesen Bann für Anfang der Fünfzigerjahre allerdings wieder aufgehoben. Die Frauen mussten bis 1987 warten.

8. GRUND

WEIL ES POLITIKER VERWIRRT

Ja, beim Wrestling kann es manchmal ganz schön zur Sache gehen. Blut, Schweiß und Tränen sind halt nicht jedermanns Sache. In Südafrika ging die regierende United National South African Party 1934 allerdings einen Schritt weiter und verbot die aufstrebende Sportart Wrestling im ganzen Land. Die Begründung: Wrestling sei »zu brutal und erniedrigend«. Selbige Partei hatte allerdings kein Problem damit, den schwarzen Teil der Bevölkerung von Wahlen auszuschließen, sexuelle Kontakte zwischen Schwarzen und Weißen unter Strafe zu stellen und die faktische Mehrheit der Staatsbürger nach allen Regeln der Kunst ausbluten zu lassen. Wenn also Wrestling zu erniedrigend ist, dann … Ach, manchmal lohnt das Nachdenken nicht.

9. GRUND

Weil es die Bürokratie herausfordert

Obwohl mit Carl Abs oder dem »Eisernen Wilhelm« aus Hamburg einige bekannte Gesichter des ganz frühen Wrestling aus Deutschland kamen, werden wir in Sachen Wrestling gerne als Entwicklungsland bezeichnet, was so nicht ganz richtig ist. Zwar gibt es wenige deutsche Wrestler oder Promotions von Weltruhm. Ein Blick in die Geschichte beweist allerdings, dass das Catchen (wie es lange genannt wurde und zum Teil auch heute noch wird) auch zwischen Kiel und Passau seine Spuren hinterlassen hat.

Während in den USA in den fünfziger Jahren immer professionellere Strukturen Einzug hielten, war das Wrestling in Deutschland immer noch vornehmlich in Festzelten zu Hause. Aber es hatte sich eine ansehnliche Fanbasis gebildet, die sich ihr Recht auf Freizeitbespaßung nicht nehmen lassen wollte. Die deutschen Behörden, schon damals korrekt bis in die letzte Büroklammer hinein, verboten immer wieder einzelne Veranstaltungen. In Hannover, einem der Hauptzentren der deutschen Wrestling-Bewegung, kam es Anfang der Fünfzigerjahre zu regelrechten Straßenschlachten zwischen Fans und der Polizei. Und die Wrestler, die ja eh gerade nichts Besseres zu tun hatten, mischten fleißig mit.

Allerdings wurde hierzulande lange Zeit der britische Stil des Wrestling bevorzugt. Das heißt übersetzt: weniger Show (wie in den USA), mehr Sport. Die 1973 vom ehemaligen Wrestler Otto Wanz gegründete Catch Wrestling Association veranstaltete viele Turniere, vor allem in Österreich und Deutschland, aber auch in anderen europäischen Städten.

Der Umbruch kam, wie in vielen Ländern, mit dem Aufstieg der WWF in den Achtzigerjahren. Die jüngere Generation wollte mehr

Show, die ältere schwörte weiter auf den sportlichen Aspekt. So kam es zu einer gewissen Zweiteilung der Fanlager. Hier die WWF-Jünger, dort die alte Schule. Bis heute ist dieser Effekt zu beobachten. Während in Norddeutschland mehr Shows nach britischem Vorbild veranstaltet werden, regiert weiter südlich tendenziell eher die Unterhaltung. Wobei es natürlich auf beiden Seiten genügend Ausnahmen gibt.

Um die Jahrtausendwende nahm der Wrestling-Boom in Deutschland tatsächlich merklich ab, was auch daran lag, dass die WWF sich wieder mehr auf die USA konzentrierte und Deutschland kommerziell kein so lohnender Markt mehr war. Seitdem versucht sich die Szene zu erholen.

10. GRUND

Weil Grampa Simpson eine Rolle spielt

Wie wichtig die Musik in der Welt des Wrestlings ist, wird in diesem Buch noch an anderer Stelle analysiert. Wer aber kam auf die Idee, die muskelbepackten Männer und Frauen zu Musik in die Arena zu geleiten? Eine Frage, die selbst die Gelehrten bisher nicht vollständig aufklären konnten.

Manche vermuten, dass die Tradition des musikalischen Einmarsches noch aus dem 19. Jahrhundert stammt, als Wrestling eine Jahrmarktattraktion war. Aufgrund der damaligen technischen Möglichkeiten musste dafür allerdings schon eine Band vor Ort gewesen sein, ganz ähnlich wie heute noch in vielen Zirkussen. Ein anderer Name, der in diesem Zusammenhang immer wieder fällt, ist der von Glen Stride. Stride war ein leidlich bekannter Wrestler in den 1950erjahren, über den ansonsten so gut wie nichts bekannt ist. Aber er will der Erste gewesen sein. Heißt es. Ein weiterer angeblicher Urheber ist »Gorgeous George« Wagner (1915-1963), der ebenfalls in den Vierziger- und Fünfzigerjahren antrat und auch dank seines attraktiven Aussehens große Popularität erreichte. Die »Simpsons«-Folge »Gorgeous Grampa« (deutscher Titel: »Der glamouröse Godfrey«), in der Großvater Simpson enthüllt, dass er früher ein bekannter Wrestler war, basiert zu großen Teilen auf der Karriere von »Gorgeous George«. George marschierte nachweislich mehrere Male zu den Klängen des weltbekannten »Pomp and Circumstance« in den Ring. Der »Macho Man« nutzte dieses Stück später ebenfalls. Mehr Details sind aber auch hier nicht bekannt.

Der nächste Kandidat, der sich den Orden des musikalischen Direktor des Wrestling an die Brust heften möchte, ist Robert »Sgt. Slaughter« Remus, dessen völlig überzeichnetes Gimmick als Drill Instructor (oder Kommisknochen) sogar zu Comic-Ehren kam. Im Rahmen der Serie »G.I. Joe« wurde aus »Sgt. Slaughter« sowohl in den Heften als auch in der TV-Serie und im Kinofilm eine Figur nach seinem Vorbild entwickelt. Außerdem durfte er sich mit einem italienischen Klempner namens »Super Mario« messen. In verschiedenen Interviews mahnte Remus an, dass er es gewesen sei, der mit seinem »Marine Theme« in den Siebzigerjahren der Vorreiter der Einmarschhymnen war. Angeblich habe er sogar Vince McMahon Senior dazu geraten, eine Hymne für alle Wrestler zu kreieren. Ob dies der Wahrheit entspricht, wird wohl für immer im Dunkeln der Wrestling-Geschichte bleiben.

Fakt ist, dass sich die Musik als untrennbarer Mosaikstein in diesem Geschäft erst Mitte der Achtzigerjahre endgültig durchsetzte. Das Dreier-Tag Team/Stable »Fabulous Freebirds« nutzte bereits Anfang der Dekade Rockmusik, um das eigene Image zu unterstützen (der Name leitet sich aus einem Song von Lynyrd Skynyrd ab), später zogen Hulk Hogan und andere populäre Wrestler nach. Irgendwann war ein Einlaufen ohne Musik nicht mehr denkbar. Später kamen noch aufwendige Videoeinspielungen, Pyroeffekte und andere Mätzchen hinzu. Denn wie sangen Queen im Jahre 1991 so treffend: »The Show Must Go On«.

KAPITEL 2

REGELN, VERSTÖSSE UND STRAFEN

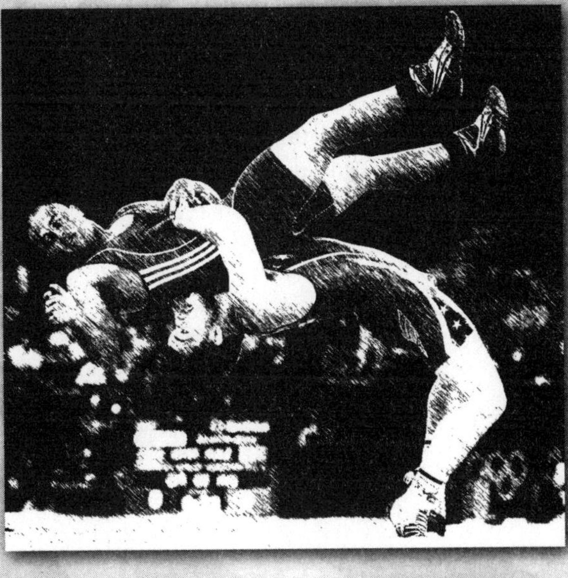

11. GRUND

Weil man es auf so viele unterschiedliche Arten spielen kann

Wrestling, das ist, wenn zwei mit Steroide vollgepumpte Muskelberge wild grimassierend aufeinander losgehen und sich durch den Ring werfen, als wären sie hühnerbrüstige College-Studenten? Ja, manchmal sieht das wohl so aus. Aber es gibt unzählige verschiedene Arten von Kämpfen, die das Publikum unterhalten und die Spannung hoch halten.

Am bekanntesten sind wohl die Varianten, in denen der Kampf durch ein Cover (beide Schultern des Kontrahenten werden auf den Boden gedrückt), durch das Verlassen des Rings (Count-out) oder durch Aufgabe (meist angezeigt durch Klopfen des Verlierers auf den Boden) beendet wird. Etwas anspruchsvoller ist da schon die »I quit«-Variante. Hier muss der Verlierer das Mikrofon des Ringansagers zur Hand nehmen und laut und deutlich »I quit« (»Ich gebe auf«) sagen. Klingt simpel, ist es aber dann nicht, wenn das Mikro nicht mehr in Ringnähe befindet, sondern in 20 Metern Höhe unter der Hallendecke baumelt oder von einem Zuschauer auf der Damentoilette versteckt wurde. Solche Auseinandersetzungen können sich ganz schön ziehen. Gleiches gilt für das Gauntlet-Match, bei dem zwei Wrestler beginnen, der Sieger im Ring verbleibt und sich den nächsten, ausgeruhten Herausforderer zur Brust nimmt. Und das geht so lange, bis kein Wrestler mehr vorhanden ist, der mitspielen will.

Eine beliebte Unterscheidung verschiedener Match-Arten ist auch die Anzahl der Teilnehmer. Das Single-Match erklärt sich von selbst (eins gegen eins), beim Handicap-Match wird es schon voller im Ring. Da muss sich ein besonders mächtiger Wrestler gegen mehrere Gegner durchsetzen, wobei es sich bei diesen meist um

Kanonenfutter handelt (so genannte Jobber), deren einzige Aufgabe es ist, einigermaßen grazil durch die Luft zu segeln. Beim Tag Team treten in der Regel zwei Mannschaften à zwei Wrestler gegeneinander an. Im Ring stehen sich immer nur zwei Kontrahenten gegenüber, jedes Team darf durch Abklatschen wechseln. Wenn abgeklatscht wurde, darf der Ausgewechselte, anders als zum Beispiel im Fußball, für einige Sekunden im Ring verweilen, um mit seinem Partner eine gemeinsame Aktion durchzuführen. Aber natürlich sind auch andere Kombinationen (drei gegen drei, sechs gegen fünf, vier gegen Willi) möglich. Im mexikanischen Wrestling gibt es bei bestimmten Ansetzungen in jedem Team noch einen Kapitän, der eliminiert werden muss, bevor der Sieg gefeiert werden kann. Die Möglichkeiten in diesem Bereich sind quasi unerschöpflich.

Am unterhaltsamsten sind aber die Spezialregeln, bei denen sich die Autoren der Promotions mal so richtig austoben können. Und zwar in jede Richtung. Wer es gerne ein bisschen sexistisch mag, der schaut sich ein »Fulfill Your Fantasy«-Match an, bei dem Wrestlerinnen gegeneinander antreten, wenig anhaben und sich in einem Bett eine Kissenschlacht liefern. Erotischer Körperkontakt nicht ausgeschlossen. Das »Strip-Match« hat einen ähnlichen Ansatz, hier geht es um das Entkleiden der Gegner (ganz oder teilweise). Ein Riesenspaß für die ganze Familie. Das »Blindfold«-Match könnte in eine ähnliche Richtung gehen, Leser/innen von *Fifty Shades of Grey* können sich aber wieder beruhigen. Die Kontrahenten bekommen die Augen verbunden und bewegen sich blind durch den Ring, zumeist angeleitet vom Publikum. Ob sie dabei schummeln wie dereinst Buntstiftlutscher Bernd Fritz bei *Wetten, dass..?*, ist nicht bekannt. Deutlich brutaler wird es beim »First-Blood-Match«, dessen Name Programm ist. Der Kämpfer, der zuerst für alle sichtbar blutet (also nicht so eine kleine Schramme am Ellenbogen), hat verloren.

Davon abgesehen gibt es natürlich noch eine Vielzahl von Waffen oder Gegenständen, die bei einem Kampf zum Einsatz kommen. Egal, ob man dem Gegner nun eine Eisenstange, einen Klappstuhl oder gleich einen massiven Tisch um die Ohren hauen muss, um zu gewinnen, das System bleibt immer gleich. Eine Sonderform ist das »Item-on-a-Pole«-Match, bei dem der Gegenstand (zumeist eine amtliche Hieb- oder Stichwaffe) an einer Eisenstange in einer der Ringecken hängt. Wer den Gegenstand zuerst erbeutet und seinem Gegner damit Schaden zufügt, darf sich Sieger nennen. Beim »Ladder-Match« wird ein lohnenswerter Gegenstand (Geldkoffer, Titelgürtel, Gutscheine für die Nagelpflege etc.) unter das Hallendach gehängt. Ziel der Kontrahenten ist es, eben diesen zu erobern. Zu diesem Behufe steht eine Leiter mitten im Ring, an der natürlich vortrefflich gerüttelt werden kann, die als Sprungturm für spektakuläre Stunts oder schlicht als Waffe dienen kann.

Weit weniger gewalttätig, aber dafür umso lustiger ist das »Loser-Leaves-Town«. Diese Variante stammt tatsächlich noch aus der Zeit, als Wrestling hauptsächlich auf Jahrmärkten veranstaltet wurde. Die Regeln sind einfach, der Verlierer schnappt sich seinen Kram und verlässt auf Schusters Rappen möglichst fix die Stadt. Heute dürfte die Durchführung etwas schwieriger werden, da die Stadtgrenzen bisweilen ein bisschen arg weit weg von den Multifunktionshallen liegen. Da könnte in manchen Metropolen schon mal ein Vier-Tages-Marsch draus werden. Auf der anderen Seite würde dies manch propperem Wrestler vielleicht sogar ganz gut tun. Möchte ein Wrestler seine Karriere beenden, werden bisweilen auch »Career-Matches« angesetzt, deren Verlierer sich in Richtung Rente verabschieden »muss«.

In anderen Varianten verliert der Unterlegene zwar nicht gleich seinen Beruf, dafür aber andere wichtige Sachen. Gerne genommen werden Haare (»Hair Match«), aber auch ikonische Gegenstände, Manager oder Ehefrauen werden regelmäßig gesetzt.

Besonders erfindungsreich ist die Branche immer dann, wenn es darum geht, den Gegner irgendwohin zu verfrachten, um ihn zu demütigen. Das können ein Grab, ein Swimmingpool, ein Müllcontainer, ein Krankenwagen, eine Jauchegrube oder ein Plexiglaskäfig sein. Natürlich lässt sich auch der komplette Ring in einen Käfig verwandeln, aus dem die Kämpfer entkommen müssen. Oder die Ringseile werden mit Stacheldraht umwickelt (»Barbed-Wire-Match«), was schon für manch unsanfte Landung gesorgt hat. In Japan geht man noch einen Schritt weiter und ersetzt die Seile gleich komplett durch Stacheldraht, der gerne auch mal unter Strom steht oder mit kleinen Sprengladungen versehen wird. Lustig! Ebenso schön ist es, wenn um den Ring angespitzte Bambusrohre einen Fehltritt zur ziemlich bohrenden Frage werden lassen. Oder man zäumt das Pferd von hinten auf und verlegt den Kampf gleich in eine außergewöhnliche Umgebung. Das kann der Parkplatz vor der Halle, irgendein Dach, die Ladefläche eines Lasters oder die Pinte um die Ecke (»Bar Room Match«) sein. Vorteil: Die Zuschauer sind nicht so nah dran wie am Ring, es lassen sich also noch bessere Tricks und Kniffe einsetzen. Gleiches gilt für »Empty-Arena-Matches«, bei denen die Zuschauer ausgesperrt bleiben. Offiziell häufig mit der Begründung, der Kampf sei zu brutal.

Daneben ist natürlich alles denkbar (und wurde weitestgehend umgesetzt), was sich werfen, stoßen, anketten oder sonst wie dominant einsetzen lässt. Der Fantasie sind keine Grenzen gesetzt. Sollten demnächst Reisen ins All einigermaßen erschwinglich werden, kann es nur eine Frage der Zeit sein, wann das erste »Shoot'em-to-the-Moon-Match« ansteht.

12. GRUND

Weil ein X hier kein U ist

Schiedsrichter in anderen Sportarten sind in erster Linie dazu da, das Einhalten der Regeln zu überwachen, Entscheidungen über

Spielabbrüche und Disziplinarmaßnahmen zu fällen und überhitze Sportler in ihre Schranken zu verweisen. Außerdem sollten sie eine Art Respektsperson auf dem Feld darstellen, auf deren Kommando alle Aktiven hören. Das alles gilt im Wrestling nicht.

Die Aufgabe des Wrestling-Schiedsrichter ist … Ja, was eigentlich? Nüchtern betrachtet ist er Teil der Show, er hilft dem »Face« und dem »Heel« ihre Rollen auszufüllen. Das heißt in erster Regel, dass er Fouls des Bösewichts geflissentlich übersieht und den Liebling der Massen möglichst benachteiligt, damit der sich mit entsetzter Miene an das Publikum wenden kann, worauf dieses den »Heel« (samt Referee) noch mehr verachtet. Man spricht in diesem Fall auch vom »personal referee«, der eine Seite so eindeutig bevorzugt, dass es quietscht. Da Regeln im Wrestling sowieso Auslegungssache sind und gerne mal den Gegebenheiten angepasst werden (beziehungsweise der Storyline folgen), wäre der Mann ansonsten eh arbeitslos. Okay, er darf (je nach Match-Art) den Verlierer auszählen und die Hand des Gewinners in die Höhe recken. Aber sonst? Aus diesem Grund werden im Wrestling häufig Prominente oder andere Wrestler als Ringrichter eingesetzt. Darunter erfahrene Kämpfer wie Muhammad Ali, Chuck Norris oder Mike Tyson. Menschen also, denen man diese Rolle auch irgendwie abnimmt. Sie können entweder mit im Ring stehen oder außerhalb Platz nehmen, um den eigentlichen Ringrichter zu unterstützen. Der wird in nicht seltenen Fällen sogar direkt angegriffen, sei es von einem Wrestler oder dessen Entourage. 1999 traten die Schiedsrichter der WWF deswegen sogar in einen Streik, weil sie es satt hatten, am laufenden Band was auf den Deckel zu bekommen. Eine weitere schöne Geschichte aus der weiten Welt des Wrestling.

Was allerdings selbst viele Fans nicht wissen: Der Schiedsrichter hat auch im Wrestling weit wichtigere Aufgaben, als den Hampelmann zu machen. Er ist dafür zuständig, dass die »Geschichte« ihren Lauf nimmt. Er gibt den Wrestlern versteckte Zeichen, um sie über den Stand der Dinge zu informieren und zeigt vom Publikum unerkannt die Zeit an, in der das Match enden muss oder wann eine Pause erfolgt, um zum Beispiel – bei Live-Übertragungen im Fernsehen – eine Werbepause einzuschieben. Der Referee ist durch einen Knopf im Ohr mit der »Regie« im Backstage-Bereich verbunden, die jederzeit Einfluss nehmen kann (wenn sie zum Beispiel das Gefühl hat, dass ein Athlet zu viel oder nicht genug Einsatz zeigt). Der Schiedsrichter gibt dies an die Sportler weiter. Außerdem muss er beurteilen, ob ein Wrestler physisch noch in der Lage ist, weiterzumachen.

Bildet der Schiedsrichter ein gekreuztes »X« vor der Brust, ist dies das Zeichen, dass der Verdacht auf eine ernsthafte, nicht eingeplante Verletzung vorliegt. Vom Publikum nicht zu erkennen, machen sich in diesem Fall Sanitäter bereit, die Regie kann neue Anweisungen für ein vorzeitiges Ende des Kampfes geben. Reckt der Referee im Anschluss beide Arme in die Höhe, ist das das Zeichen für Entwarnung, alles kann wie geplant fortgesetzt werden. Gerade das »X« ist auch in Fankreisen bekannt, weshalb es in den letzten Jahren vereinzelt in die Storylines eingebaut wurde, sehr zum Unmut der Wrestler. Schließlich handelt es sich hierbei um ein wichtiges Hilfsmittel, um im Ernstfall schnell medizinische Hilfe zu bekommen.

Obwohl die Referees im Wrestling eher eine Randerscheinung sind, haben es doch einige zu gewisser Berühmtheit gebracht. Die Zwillingsbrüder Dave und Earl Hebner, Bill Alfonso oder Teddy Long sind Anhängern des Sports ein Begriff. Häufig bekleiden sie noch andere Funktionen hinter den Kulissen der Promotion, waren früher selber Wrestler oder haben sonstige (zumeist familiäre) Verbindungen zum Wrestling.

Die Entscheidung, welcher Referee für welches Match eingesetzt wird, hängt im Übrigen nicht nur von Verfügbarkeit und Fähigkeiten ab. Denn die Schiedsrichter sind schließlich auch noch dafür zuständig, gewisse optische Probleme im Ring auszugleichen. Treten zwei eher schmächtige Wrestler gegeneinander an, darf der

Schiedsrichter kein Zwei-Meter-Hüne sein. Generell ist es von Vorteil, wenn die Schiedsrichter eine Halbglatze und einen Schmerbauch mit sich herumtragen. Dadurch wirken die wirklichen Stars des Abends nämlich noch imposanter.

13. GRUND

WEIL BEI BIG BELLY BASTARDO ALLES GEHT

Wie wir bereits gelernt haben, gibt es im Wrestling je nach Gestaltung des Matches durchaus Regeln, die befolgt werden sollten. In einer ganz speziellen Form wird dieses Prinzip aber einfach mal komplett ignoriert. Beim »Ghetto-Wrestling« gibt es nämlich nur eine einzige Regel. Und die klingt für eine Kampfsportart ziemlich komisch: Bitte verletzt weder euch noch andere. So lange ist alles erlaubt. Selbst der Ringrichter greift aktiv ins Geschehen ein, würgt hier ein bisschen, tritt dort ein bisschen nach.

Das »Ghetto-Wrestling« wurde in Berlin-Kreuzberg von dem Street-Art-Künstler Dave the Chimp erdacht und soll im krassen Gegensatz zum Pro-Wrestling verstanden werden. Denn statt durchchoreografierter Aktionen herrscht hier Anarchie. Statt perfekt gestylter Körper kommt Otto Normalverbraucher zu seinem Recht. Und statt Vollprofis klettern hier komplette Amateure in den Ring. Okay, die Fanschar ist bisher überschaubar. Mehr als ein paar hundert Verrückte stehen nicht am Ring (oder im Ring, spielt hier ja eh keine Rolle). Es gab in den letzten vier Jahren auch erst zwei Veranstaltungen. Aber das Interesse steigt. Und wenn die »Stars« der Szene auf Namen wie Testosteroni, Big Belly Bastardo (ein Tag Team mit besonders hässlichen Bäuchen) oder Iron Moses hören, dann kann das nur die nächste große Nummer werden.

14. GRUND

Weil es manchmal um die Kronjuwelen geht

Wer glaubt, dass im Wrestling alles erlaubt ist, der irrt. Denn es gibt eine ganze Latte (dazu später mehr) von Manövern, die definitiv verboten sind. Natürlich werden sie trotzdem immer wieder eingesetzt, aber das macht den Reiz dieser Sportart ja auch irgendwo aus. Wir sind hier schließlich nicht beim Wattebällchenweitwurf.

Zum Beispiel ist es definitiv nicht erlaubt, sich aus einem Haltegriff oder ähnlichem durch Beißen zu befreien. Auch das Ziehen an den Haaren wird nicht gerne gesehen und nach dem Gewähren einer wenige Sekunden dauernden Akzeptanzzeit mit Disqualifikation bestraft. Auch ist es bei Strafe verboten, dem Gegner in die Augen zu pieken, als wäre man einer der drei Stooges. Nicht mal dem anderen die Augen zuhalten ist erlaubt. Und wo wir gerade dabei sind: Ebenfalls verpönt ist ein Move, der sich »Asian Mist« nennt. Dabei schluckt der Angreifer eine farbige Flüssigkeit (in der Regel ist diese grün) und spuckt sie dem Kontrahenten in die Augen. Der kann daraufhin nichts mehr sehen und ist verloren. In manchen Fällen betätigt sich der Angreifer gar als Feuerspucker und pustet dem Gegenüber Flammen ins Gesicht. Aus dem Regal für Zaubertricks stammt der »Fireball«. Dabei wird ein Stück hochentzündliches und schnell verbrennendes Papier angezündet und dem Gegner entgegengeschleudert. Etwas mehr nach Wrestling sehen die verschiedenen Varianten des »Hangman« aus. Beim »Reverse Hangman« wird der Gegner von hinten am Hals gepackt und auf den Rücken geworfen. Mit anderen Worten: Würgen ist nicht nett!

Eine ganz besonders interessante Abteilung ist die Körperregion direkt unterhalb der Gürtellinie. Hier bietet sich zum Beispiel ein

»Low Blow« an. Das ist kein Schweinkram, sondern ein simpler Tritt mitten ins Gemächt. Weil selbiger mit sofortiger Disqualifikation bestraft wird, betätigen sich häufig Manager oder die Gespielinnen der Wrestler als Kicker. Wird der »Low Blow« im Ring während des Matches angewandt, benutzen die Wrestler meist ihren Ellenbogen. Noch eine Nummer fieser ist ein Manöver, das sich »Testicular Claw« nennt und zur Gattung der »Clawholds« gehört. Dabei grabscht der Angreifer seinem Gegner einfach stumpf zwischen die Beine und drückt zu. Solche Unarten sind bisweilen auch auf dem Fußballplatz zu beobachten und werden sowohl auf dem grünen Rasen als auch im Ring mit Disqualifikation bestraft. Im Sinne der Gleichberechtigung dürfen sich natürlich auch die Damen der Schöpfung gegenseitig den Schritt massieren (oder eben nicht), hier wird der Move »Vaginal Claw« genannt. Ausdrücklich erlaubt ist hingegen der »Stink Face«, bei dem ein Wrestler sein Gesäß am Gesicht seines am Boden liegenden Kontrahenten reibt. Manche Sachen sind so schön, die kann man sich gar nicht ausdenken …

15. GRUND

Weil auch Champions nicht alles dürfen

Die Riege der alten Helden, die in den Achtzigerjahren ihre letzten Höhepunkte feierte, war immer für eine Anekdote gut. Besonders Richard »Ric Flair« Fliehr und Hardcore-Superstar Terry Funk, die öfter gemeinsam auf Sauftour gingen, haben einen riesigen Fundus solcher Geschichten.

In einem Fall artete eine gemeinsame Feier mal wieder aus, Funk verschwand vor den anderen Herren Richtung Hotel. Als Flair etwas später aufbrach und einige Minuten gefahren war, entdeckte er einen Polizisten, der auf einer Kreuzung gewissenhaft den Verkehr regelte. Beim Näherkommen stellte er fest, dass es sich um Terry Funk handelte, der komplett nackt auf der Straße stand, seinen NWA-Champion-Gürtel um das Gemächt gehängt. Flair sammelte ihn ein, bevor ein richtiger Polizist auftauchte. Ob es in den USA einen Paragraphen für nacktes Eingreifen in den Verkehr unter Alkoholeinfluss gibt? Möglich ist alles.

16. GRUND

WEIL ES FEDERT

Die vielen verschiedenen Ligen und Promotions im Wrestling machen es nicht immer einfach, allgemeingültige Regeln zu erstellen. Im Falle des Rings gibt es allerdings einige Übereinstimmungen, die quasi auf der ganzen Welt gleich sind.

In der Regel ist ein Wrestling-Ring zwischen 5,5 mal 5,5 und 6 mal 6 Metern groß. Die Seile bestehen aus Stahl und sind mit Plastik verkleidet (oder mit Stacheldraht). In manchen Fällen sind sie zudem an bestimmten Stellen extra gepolstert. Außerdem gibt es nur drei Seile statt vier, wie beim Boxen üblich. Das oberste Seil hängt ungefähr in einer Höhe von 1,40 Metern.

Der wichtigste Bereich eines Rings ist der Boden. Schließlich werden die Athleten dort nicht nur einmal pro Match landen. Zumeist besteht der Untergrund aus Holzlatten, darüber befindet sich eine dünne Schaumstoffschicht. Bespannt ist das ganze in der Regel mit einem Nylontuch oder ähnlichem Material. Jeder Ringboden hat noch eine spezielle Federung, die unterschiedlicher Natur sein kann. Bei manchen Ringen lässt sich gut beobachten, wie der Boden bei stärkerer Berührung nachgibt. Gestützt wird die komplette Konstruktion von Stahlträgern, die, sofern sie in das Match eingebunden werden, ebenfalls gepolstert sind.

Eine Ausnahme bildet das »Mat-Wrestling«, hier wird wie im Sportunterricht auf einer Matte gekämpft. Sieht nicht halb so cool aus wie im Ring und ist deshalb zu vernachlässigen.

17. GRUND

WEIL HÄNDESCHÜTTELN VORGESCHRIEBEN IST

Die WWE ist die den Weltmarkt beherrschende Supermacht im Wrestling. Kleinere Promotions müssen sich da schon etwas einfallen lassen, um irgendwie Aufmerksamkeit zu erregen. Die Promotion »Ring of Honor« (gegründet 2002 in den USA) hat sich etwas überlegt, den so genannten »Code of Honor«. Das sind fünf Verhaltensregeln, denen sich alle unterwerfen müssen, die hier auftreten möchten. Und das sind viele, denn mittlerweile gilt ROH Wrestling als das Sprungbrett zur großen Karriere.

Die erste Regel lautet, dass sich die Wrestler vor und nach dem Match die Hände schütteln müssen. Fair play und so, wie sich das gehört. Die zweite Regel schreibt vor, dass das Einmischen von Außen oder die Zuhilfenahme von Unbeteiligten untersagt ist. Es soll Mann gegen Mann gehen, wie damals im alten Griechenland. Die dritte Regel verbietet Überraschungsangriffe. Also kein Heranschleichen an den Gegner, der gerade dabei ist, über die Ringseile hinweg mit den Fans ein Schwätzchen zu halten. Die vierte Regel besagt, dass Ringrichter und sonstige Offizielle tabu sind, also nicht mal eben im Vorbeigehen ausgeknockt werden dürfen. Und fünftens ist es den Wrestlern nicht gestattet, einen Kampf durch absichtliche Disqualifikation zu beenden. Es wird entweder redlich verloren oder feige aufgegeben. Eine andere Möglichkeit existiert nicht.

Die ROH wollte sich mit diesen Vorgaben als »ernsthafte« Promotion etablieren, was auch gelang. Und natürlich wurden diese Regeln auch deshalb aufgestellt, damit die Heels sie brechen konnten. Wer gegen einen Ehrenkodex verstößt, ist automatisch der Bösewicht und muss sich nicht mehr groß anstrengen, um Heat zu bekommen.

Zwei Jahre nach der Gründung der Promotion wurde der Ehrenkodex aufgehoben, was den Autoren mehr Spielraum für ihre Geschichten ließ. Aber die Fans mochten die Regeln, sodass sie in modifizierter Form (die Athleten sollen ganz allgemein auf Fairness achten) wieder eingeführt wurden.

Ganz und gar nicht regelkonform verhielt sich hingegen der Gründer von ROH, Rob Feinstein, der 2004 in seine Falle gelockt wurde. Einige Journalisten hatten sich im Internet auf entsprechenden Seiten als Kinder ausgegeben, Feinstein hatte sie auf sexuelle Kontakte angesprochen und ein Treffen vereinbart. Am verabredeten Platz stand aber nur eine Meute Journalisten, die den ROH-Chef entlarvten. Daraufhin stand die Promotion kurz vor dem Ruin, diverse Partner und Mitarbeiter wandten sich von der Firma ab. Feinstein trat darauf von allen Ämtern zurück und überließ ROH seinem Kompagnon Gabe Sapolsky, der den Laden rettete. Den originalen Chatverlauf zwischen Feinstein und dem angeblichen 14-jährigen Jungen kann man heute noch im Internet nachlesen.

18. GRUND

Weil es den Regeln nach nicht fair ist

Es gibt verschiedene Möglichkeiten, beim Wrestling zu verlieren. Durch einen Pin, durch Aufgeben, durch Disqualifikation oder durch einen Count-Out (Auszählen). Der wird eingeleitet, wenn ein Wrestler den Ring verlässt. Kommt der Schiedsrichter bis zur Zehn (in Japan häufig bis zur Zwanzig), ist der Betreffende raus aus dem Spiel.

Mal eben den Ring zu verlassen, ist natürlich eine gute Gelegenheit, kurz ein bisschen Luft zu schnappen oder den Gegner zu provozieren. Denn die Regel besagt, dass es für den Abbruch des Count-Outs ausreicht, den Ring irgendwie zu berühren. Wird das Auszählen unterbrochen, fängt es beim nächsten Mal wieder von vorne an. Theoretisch reicht es also, mit dem kleinen Finger von außen das Ringseil zu berühren. Ja, so wird ordentlich »Heat« erzeugt, das Publikum reagiert auf solche Mätzchen nämlich zumeist recht ungehalten. Noch frecher ist es, Anlauf zu nehmen und zwischen die Ringseile zu rutschen, wenn der Referee gerade bei der Neun angekommen ist, und im selben Bewegungsablauf gleich wieder rauszurutschen. Wer ganz besonders fies ist, winkt dem wartenden Gegner dabei noch zu. Das Spielchen könnte man theoretisch stundenlang betreiben, ohne gegen die Regeln zu verstoßen.

Eine weitere Feinheit im Regelwerk sorgt ausschließlich dafür, dass die Bösewichte noch böser dastehen können. Denn in einigen Promotions ist es Standard, dass in einem Titelkampf der Titel nicht durch Auszählen verloren werden kann. Merkt der Titelinhaber also, dass er unterliegen wird, zieht er sich einfach elegant zurück und lässt die Uhr runter laufen. So etwas darf man sich allerdings nur erlauben, wenn das Publikum einen eh hasst. Denn das wird so um einen ordentlichen Titelkampf betrogen und muss frustriert nach Hause gehen. Aber es hat ja nie jemand behauptet, dass Wrestling fair ist.

19. GRUND

WEIL EIN BARON DIE REGELN MACHT

Im London der 1930erjahre ging es ziemlich wüst zu. Das Wrestling verbreitete sich rasant in den Pubs, allerdings blieb es nicht beim fairen Ringkampf. Die Matches arteten regelmäßig in Massenschlägereien aus, bei denen auch vermehrt Waffen zum Einsatz kamen. Das sahen die Stadtoberen gar nicht gerne und verbaten Wrestling Ende der Dekade generell innerhalb ihrer Stadtmauern.

Das mochte der Wrestling-Fan und Tausendsassa Edward Evans (1880-1957), seines Zeichens ein echter Baron, Arktisforscher und Kriegsheld, so nicht stehenlassen. Gemeinsam mit Commander Archibald Campbell, dem Politiker Maurice Webb und dem Wrestling-Promoter Norman Morell setzte er sich 1947 zusammen und hielt ein paar simple, allgemeingültige Regeln fest. Zum Beispiel wann ein Athlet disqualifiziert werden muss, wie lange ein Match geht und was die Kontrahenten an Kleidung tragen dürfen. Die Wrestling-Promoter der verschiedenen Ligen wollten alle wieder in der Hauptstadt veranstalten und stimmten dem Regelwerk zu. Kurz darauf wurde der Wrestling-Ban von London genommen. Und bis heute danken die Aktiven ihrem Admiral Edward Ratcliffe Garth Russell Evans, 1st Baron Mountevans, für seinen unermüdlichen Einsatz.

20. GRUND

Weil das Tütchen teuer werden kann

Wrestling-Promotions stellen gerne Regeln auf, die gebrochen werden sollen. Sei es aus Gimmick-Gründen oder damit die Angelegenheit für die Zuschauer aufregender gestaltet werden kann. Bei anderen Regelverstößen verstehen sie hingegen gar keinen Spaß. Da wird aus der Promotion ein stinknormaler Arbeitgeber, dessen Geduld mit seinen Angestellten überschaubar ist.

Die WWE ist bekannt dafür, ihren Athleten gewisse Verhaltensmaßgaben in den Vertrag zu schreiben. Wer zu einem vereinbarten Match aus eigenem Verschulden nicht antreten kann, muss dafür bluten. So weit, so normal, das geht jedem anderen Arbeitnehmer auch so. Die WWE veröffentlicht aber regelmäßig ihren Strafenkatalog, sodass die Öffentlichkeit genau informiert ist, was sich die Superstars leisten dürfen und was nicht. Und sie veröffentlicht die Vergehen inklusive Namen.

So kostet das Erwischtwerden mit Marihuana zum Beispiel 2.500 Dollar. Dazu kommen eventuelle Ausfälle durch verpasste Shows (oftmals sind Wrestler direkt an den Ticketverkäufen des Abends beteiligt). Die WWE geht sogar noch einen Schritt weiter und verbietet ihren Talenten, also der Nachwuchsliga, Alkoholkonsum zwölf Stunden vor jedem offiziellen Auftritt. Eine Regel, die bei den jungen Wrestlern nicht durchgehend für Applaus sorgte, zumal sie zum Teil vier oder fünf Mal in der Woche ran müssen. Auf der anderen Seite sind solche Vorgaben im Leistungssport völlig normal. Da kann man ja mal bei Felix Magath nachfragen.

Die 2006 eingeführte »Wellness Policy«, zu der auch die oben genannten Strafen gehören, war Teil einer Image-Kampagne der WWE, um sich für einen drogenfreien Sport einzusetzen. Sie beinhaltet unter anderem die Vorgabe, dass sämtliche Mitarbeiter der WWE spontan, zufällig und unangemeldet auf verbotene Wirkstoffe im Blut oder Urin untersucht werden dürfen. Beim ersten Verstoß erfolgt eine 30tägige Suspendierung und die Streichung sämtlicher Bezüge. Beim zweiten sind es schon 60 Tage, beim dritten erfolgt unwiderruflich die Entlassung.

Gerüchten zufolge schwankt die Konsequenz, mit der dieses Programm durchgezogen wird, stark. Superstars und Zugpferde wie Randy Orton dürfen sich angeblich mehr erlauben als No-Names. Auf der anderen Seite gibt es genügend Beispiele dafür, wie hart die WWE durchgreift, wenn sie den Kanal voll hat. Stars wie Umaga (der wenige Monate nach seiner Entlassung an einer Überdosis starb), Rey Mysterio oder der aufstrebende Carlito wurden nach nur zwei Verstößen vor die Tür gesetzt, weil sie sich weigerten, ihre Probleme ärztlich behandeln zu lassen und eine Entziehungskur anzutreten. Andere wie Rob Van Dam wurden zwar nicht gefeuert, verloren allerdings ihren Status und durften zum Beispiel keine Titelkämpfe mehr bestreiten.

Andere Promotions sehen das bei Weitem nicht so eng, weshalb die WWE einen Balanceakt vollführt. Einerseits darf sie nicht alle naselang ihre Stars an die Konkurrenzunternehmen verlieren, andererseits muss sie glaubwürdig bleiben. Die Klatschspalten in den Zeitungen dürften jedenfalls noch auf Jahre etwas zu schreiben haben.

KAPITEL 3

MOVES

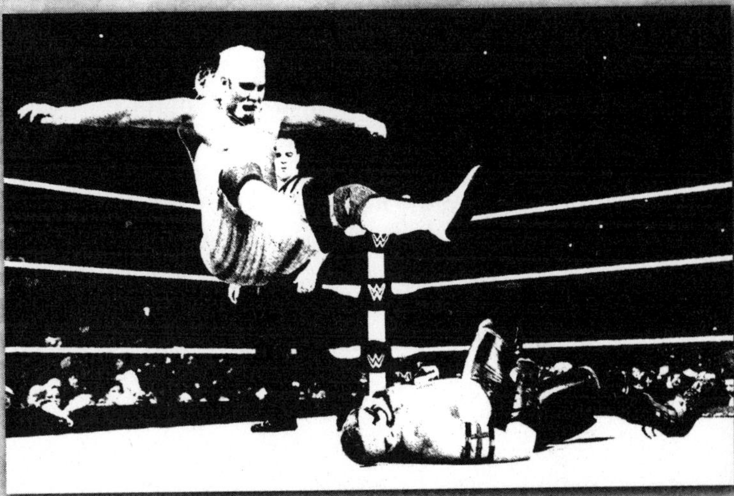

21. GRUND

Weil Wäscheleinen gefährlich sein können

Einer der beliebtesten und am häufigsten gezeigten Moves der gesamten Wrestling-Welt hört auf den wunderschönen Namen »Wäscheleine«. Zugegeben, das klingt im Deutschen ein wenig seltsam, aber der »Clothesline«, so die richtige Bezeichnung, ist elementarer Bestandteil eines jeden Matches.

Die Standardausführung verläuft so: Ein Wrestler schleudert den anderen in die Seile (oder lässt ihn einfach auf sich zu laufen), streckt einen Arm im 90-Grad-Winkel seitlich vom Körper weg und trifft den Gegner am Hals. Wenn dieser einigermaßen mitspielt, vollführt er einen schicken Rückwärtssalto und plumpst schließlich wie vom Blitz getroffen um. Beim »Double Clothesline« erwischt es dementsprechend gleich zwei Gegner (man hat ja schließlich auch zwei Arme). Der »Undertaker« wandte zu Hochzeiten gerne einen »Leaping Clothesline« an, hierbei fliegt der Angreifer seinem Opfer mit ausgestrecktem Arm entgegen. Beim »Springboard Clothesline« steht der Angreifer auf den Ringseilen und hebt ab. Hat ein Athlet den anderen in eine der Ringecken gedrängt, wird gerne der »Corner Clothesline« gezeigt. Dabei befördert der Attackierende seinen Gegner mit dem Arm über die Ringseile. Oft gehen auch gleich beide über die Wupper und kabbeln sich dann außerhalb des Ringes weiter.

Der Clothesline wird oft mit einem anderen Move verwechselt, dem »Lariat«. Diese Technik stammt vermutlich aus Japan und ähnelt dem »Clothesline« sehr. Allerdings gibt es einen wichtigen Unterschied. Während der Arm beim »Clothesline« starr bleibt und die Kraft aus der Bewegung der beiden Kontrahenten erwächst, gibt es beim »Lariat« eine aktive Bewegung des Angreifers. Er schlägt mit dem ausgestreckten Arm auf Kopf, Hals oder Brust. Deshalb ist die Wirkung in der Regel höher. Nach einem »Clothesline« stehen die meisten Opfer wieder auf, nach einem »Lariat« ist der Arbeitstag gerne mal beendet. Natürlich gibt es auch hier verschiedene Varianten, vom eingesprungenen »Lariat« bis hin zum »Leg Lariat«.

Sollten Sie, liebe Leser, beim Goutieren dieser Zeilen Lust bekommen haben, auch mal einen »Clothesline« auszuprobieren, seien Sie bitte vorsichtig. So ein Arm ist hart, und ein Kehlkopf geht schnell kaputt. Aus Sicherheitsgründen sollten Sie für den Anfang lieber mit voller Wucht in die Wäscheleine des Nachbarn rennen. Vergessen Sie aber nicht, die Aktion aufzunehmen und ins Internet zu stellen. Tausende gelangweilte Surfer werden es Ihnen danken.

22. GRUND

Weil es auf den Rücken geht

Es gibt Worte, die klingen schon, als würde sich dahinter nichts Erfreuliches verbergen. »Saure Kutteln« zum Beispiel, oder »Rasenballsport«. Der »Backbreaker« gehört auch in diese Liste, denn es handelt sich dabei um einen Move, der dem Gegner den Rücken verrenkt. Bei falscher Anwendung ein äußerst schmerzhaftes Manöver. Und das geht so: Der Angreifer fasst seinem Gegner mit dem einen Arm zwischen die Beine, mit dem anderen um die Schulter. Dann hebt er ihn in die Waagerechte und lässt ihn rücklings auf das eigene Knie fallen. Das knallt ganz wunderbar und sieht ziemlich martialisch aus. Noch schicker ist der »Tilt-a-Whirl Backbreaker« bei dem das Opfer in die Seile geschleudert, auf dem Rückweg gepackt, in der Luft um 360 Grad gedreht und dann aufs Knie geschleudert wird. Angeblich geht diese Variante auf Brian »Crush«

Adams (1964-2007) zurück. Der »argentinische Backbreaker« (auch »Torture Rack« genannt) sieht ebenso imposant aus, hierbei wird der Gegner waagerecht hinter dem Kopf gehalten, kurz nach oben gestemmt und rauscht aus großer Höhe auf das schon wartende Knie. Lässt sich der Angreifer, der sein Opfer immer noch waagerecht zwischen den Schulterblättern gefangen hält, selbst auf den Hintern fallen, spricht man vom »Shock Treatment«. Der »Inverted Headlock Backbreaker« sieht extrem ungesund aus. Der Angreifer nimmt seinen Kontrahenten von hinten in den Schwitzkasten, dreht sich leicht ein und lässt sich selbst auf die Knie fallen, wobei ein Arm immer noch den Hals des Gegners fixiert. Das sieht ein bisschen so aus, als würde jemand ein großes Blech mit einer Biegetonne bearbeiten. Wer seinem Gegner mit angezogenen Knien stumpf in den Rücken springt, wendet einen »Double Knee Backbreaker« an. Auf dem Pausenhof gab es dafür früher definitiv Nachsitzen.

Aus anderen Sportarten wie zum Beispiel Ringen ist der »Full Nelson« bekannt, bei dem der Angreifer hinter dem Opfer steht und ihn mit beiden Armen im Nacken festhält. Auch aus dieser Position lässt sich ein »Backbreaker« ansetzen. Wie eigentlich aus jeder anderen auch. Wichtig ist nur, dass der Angreifer es irgendwie schafft, seinen Gegner in die Luft zu befördern und sein Knie oder seine Stiefel hinhält. Trifft der Gegner seitlich auf, spricht man vom »Side Backbreaker« (irgendwie logisch). Eine Ausnahme bildet der »STO Backbreaker«, bei dem der Angreifer seinen Gegner an die Gurgel fasst, nicht hochschleudert, sondern nach hinten auf den Boden drückt, wobei das Knie im Weg ist und es zu einer schmerzhaften Bekanntschaft mit selbigem kommt. Die Gefahr von schweren Verletzungen ist bei allen Varianten immens, deshalb sollten Amateure definitiv die Finger davon lassen. So ein gebrochenes Rückgrad ist nicht in drei Tagen wieder ganz.

23. GRUND

Weil es echten Schlangenfrass gibt

Der »DDT« gehört zu den populärsten und am häufigsten angewendeten Moves im Wrestling. Die WWE wählte ihn sogar zum »coolsten Manöver« im Wrestling überhaupt. Dabei ist diese Art der Attacke, von der es gefühlte tausend Variationen gibt, noch gar nicht so alt. Aurelian Smith Jr., besser bekannt als Jake »The Snake« Roberts (geb. 1955), führte sie in den Achtzigern des vergangenen Jahrhunderts ein, nachdem es der Legende nach bei einem Trainingsmatch einen Unfall gab. Ein verunglückter Move endete im »DDT«, was Roberts ziemlich prima fand und ihn schließlich auch vor Publikum zeigte. Seitdem wurde der DDT wahrscheinlich häufiger kopiert als ein Markenturnschuh in Asien.

Das Prinzip dieses Moves ist ganz einfach: Der Angreifer nimmt seinen Kontrahenten in den Schwitzkasten (gerne nachdem er ihm vorher in den Bauch getreten hat, das wäre dann ein »Flowing DDT«) und lässt sich fallen, was zur Folge hat, dass das Opfer mit dem Gesicht auf den Boden aufschlägt oder eine Luftrolle vollführt und mit Schmackes auf den Rücken kracht. Natürlich lässt sich dieser an sich recht simple (aber doch verletzungsintensive) Move mit allerlei Schweinereien verfeinern. Zum Beispiel, wenn man seinen Gegner auf das oberste Ringseil legt und nach unten klatschen lässt. Bei Leiter-Matches geht es bisweilen sogar noch höher hinaus. Da wackeln die Schneidezähne. Es existieren auch extrem artistische Varianten, bei denen sich ein Beteiligter oder beide Akteure spektakulär um die eigene Achse drehen, wie zum Beispiel beim »Satellite DDT« oder beim »Tornado DDT«. Vorwärts, rückwärts, im Flug oder mit eingehakten Beinen, alles ist möglich.

Mindestens ebenso interessant wie die zahllosen Varianten ist allerdings die Bedeutung der Abkürzung »DDT«. Jake »The Snake« Roberts hatte als Markenzeichen häufig eine lebende Schlange mit im Ring, die auf den Namen Damien hörte. Beziehungsweise nicht, denn Schlangen hören ja nicht so gut. Aufgrund der Namensgebung hielt sich lange das Gerücht, »DDT« würde für »Damien's Dinner Time« (zu Deutsch: Damiens Abendbrotzeit) stehen. Denn wenn der Gegner erstmal aufs Gesicht gefallen ist, steht er nicht zwangsläufig wieder auf, und die Schlange kann sich genüsslich ans Herunterschlingen machen. Andere Erklärungen waren »Damien's Death Touch« (Damiens tödliche Berührung), »Demonic Death Trap« (Dämonische Todesfalle), oder »Drop Dead Twice« (Doppelt tot umfallen). Roberts selbst pflegte auf die Frage nach dem Namen seines Moves zu antworten, »DDT« würde einfach das Ende (für seinen Gegner) bedeuten. Tatsächlich leitet sich die Abkürzung höchstwahrscheinlich vom gleichnamigen Pflanzengift Dichlordiphenyltrichlorethan ab. Das ergibt natürlich keinen Sinn, klingt aber schön martialisch und gefährlich.

Dem Erfinder des »DDT«, Jake »The Snake« Roberts, der im Übrigen auch das erste offizielle Leiter-Match der Wrestling-Geschichte absolvierte (gegen Silvester »Junkyard Dog« Ritter), winkte kein Glück. Er musste sich 2007 in eine (von der WWE finanzierten) Alkoholentziehungskur begeben, wurde aber in den folgenden Jahren zwei Mal rückfällig. Er kämpfte sich unter anderem mithilfe des ehemaligen Wrestlers und heutigen Fitnesscoach »Diamond« Dallas Page allerdings wieder zurück. Auch eine Krebserkrankung konnte Roberts besiegen. Damien ging es da schlechter, die Schlange verhungerte bereits 2004 in der Garage von Roberts' Anwesen in London.

24. GRUND

Weil es manchmal nur mit dem Hintern voraus geht

Die englische Sprache kann so herrlich simple sein. Da steht eine Vokabel für eine Vielzahl von Dingen, die auf den ersten Blick überhaupt nichts miteinander zu tun haben. Nehmen wir doch nur einmal das Wort »Drop«. Das steht für Fallschirmsprung, Rückgang, Tropfen, Falltür oder Fruchtbonbon. Faszinierend.

Wenn es beim Wrestling um »Drops« geht, liegt in der Regel einer der beiden Athleten am Boden. Ziel des Angreifers ist es nun, seinen Kontrahenten mit einem Körperteil zu treffen. Beim »Elbow Drop« bringt er sich also in Position, lässt sich fallen und knallt dem Opfer seinen Musikantenknochen ins Gesicht. Ist ein Sprung dabei, ist es ein »Diving Elbow Drop«. Beim »Kneedrop« ist es das Knie, beim »Legdrop« logischerweise das Bein.

Eine Sonderform ist der »Diving Headbutt (Drop)«, bei dem sich der Angreifer auf das oberste Ringseil stellt und mit dem Kopf voraus einen Hechtsprung in den am Boden liegenden Gegner macht. Zumeist ist die Brust das Ziel dieses Angriffes, der heute nur noch selten gezeigt wird. Erfunden wurde er von Harley Race (Jahrgang 1943), der damit seine Matches häufig beendete. Christopher »Chris« Benoit (1967-2007) tat es ihm gleich, allerdings mit schlimmen Folgen. Benoit ermordete 2007 seine Frau und seinen Sohn, bevor er Selbstmord beginn. Bei der Obduktion entdeckte man Anomalien im Hirn von Benoit, die nicht nur auf seine Drogensucht, sondern auch auf die häufige Anwendung des »Diving Headbutt (Drop)« zurückzuführen waren. Weitere Untersuchungen bestätigten den Verdacht.

Da ist man als Laie doch ziemlich geplättet. Wer aus drei Meter Höhe kopfüber in andere Menschen springt und das immer und immer wieder tut, riskiert also unter Umständen einen Hirnschaden? Von der Gefahr, sich das Genick oder alle Wirbel zu brechen mal ganz zu schweigen? Leider war so eine Tragödie nötig, um den Verantwortlichen begreiflich zu machen, dass dieser Move eigentlich in den Giftschrank gehört.

Dann doch lieber einen gepflegten »Sitdown Splash«, da haben die Kinder auch noch was zu lachen. Der Angreifer positioniert sich mit dem Hinterteil über seinem Gegner und lässt sich stilvoll auf den Arsch plumpsen, am besten auf die Brust (häufigste Variante) oder mitten ins Gesicht (ulkigste Variante). Der kanadische Wrestler John »Earthquake« Tenta (1963-2006) wendete diesen Move aus vollem Lauf als Finisher an. Und ja, der Mann wog 200 Kilo und mehr. Hirnschäden sind in diesem Fall wohl auch nicht auszuschließen. In diesem Fall allerdings beim Opfer.

25. GRUND

Weil Bockspringen eben doch cool ist

Bockspringen gehörte im Schulsport ja immer zu den uncoolsten Übungen überhaupt. Anlaufen, Beine auseinander und rüber über das blöde Ding. Im Wrestling kann das aber ziemlich stark aussehen, zumindest wenn es sich um eine »Leapfrog Body Guillotine« handelt.

Zu diesem Zwecke wird der Gegner, der möglichst schon nahe an der Kampfunfähigkeit sein sollte, mit dem Kopf zu den Zuschauern kopfüber auf dem zweiten Seil platziert. Der Kopf schaut ein wenig raus, der restliche Körper befindet sich noch im Ring. Der Angreifer nimmt nun Anlauf, spreizt die Beine (wie beim Bockspringen eben) und springt mit den Beinen voran zwischen das zweite und dritte Seil. Wichtig dabei ist, dass der Hintern des Angreifers den Rücken,

Hals und/oder Kopf des Opfers erwischt und ihn so auf das Seil klatschen lässt. Wird gerne auch im Tag Team verwendet, wobei der Angreifer im Sprung seinen Kollegen abklatscht, das Opfer fällt nach hinten in den Ring zurück und fängt sich die nächste Aktion vom eingewechselten Kollegen. Immer wieder schön.

26. GRUND

Weil sogar Purzelbäume spektakulär sind

Der in der englischen Sprache »Somersault« genannte Purzelbaum (in der Luft ausgeführt steht das Wort für Salto) hat für sich genommen nicht den größten Unterhaltungswert. Aber natürlich haben unsere Freunde von der Wrestling-Front sich so ihre Gedanken gemacht und dabei den »Moonsault« erfunden. Ein Sprung, der in den Arenen dieser Welt bis heute für viele »Ohs« und »Ahs« bei den Fans sorgt.

Der Erfinder des »Moonsault« liegt, wie so vieles in diesem Geschäft, im Dunkeln. Einige Quellen geben Salvador »Chavo« Guerrero (geboren 1949) als Erfinder an. Der mexikanischstämmige US-Wrestler trat in seiner aktiven Zeit vor allem in seiner Heimat und in Japan an und dürfte Freunden des gepflegten B-Movies aus seiner Rolle als Ramon aus dem Horrorfilm *Alligator II – Die Mutation* bekannt sein. Wirklich populär machte den »Moonsault«, da sind sich tatsächlich mal fast alle einig, allerdings ein anderer. Der Japaner Keiji »The Great Muta« Mutoh vollführte den Move in Perfektion aus und machte ihn damit weltweit zu einem Begriff, obwohl »Leaping« Larry Puffo (der kleine Bruder des »Macho Man«) diesen Move ebenfalls lange im Programm hatte und vor Mutoh regelmäßig in den USA präsentierte.

Der »Moonsault« in seiner Standardvariante ist schnell erklärt. Der Gegner liegt auf dem Rücken, möglichst in der Nähe einer der vier Ringecken oder einer anderen Erhöhung. Der Angreifer klettert mit dem Gesicht zum Publikum auf das oberste Ringseil (die Leiter etc.), stellt sich aufrecht hin, vollführt einen Rückwärtssalto und klatscht mit der Brust oder dem Bauch auf sein Opfer. Das scheppert recht ordentlich, deshalb wird der »Moonsault« häufig als Finishing Move eingesetzt. Mutoh war in seiner Hochphase derart sprunggewaltig, dass es fast egal war, wo sein Kontrahent im Ring lag, er erwischte ihn immer.

Andere Variationen sind unter anderem der »Double Rotation Moonsault« (erklärt sich von selber), ein »Standing Moonsault« (der Angreifer steht nicht erhöht, sondern vollführt einfach einen Salto vom Boden aus) oder der Split-legged Moonsault«. Bei dieser Variante holt der Wrestler Schwung (vom Boden oder einem der Ringseile aus), schnellt auf Höhe des obersten Ringseils und reißt die Beine auseinander. Die beiden Unterschenkel klatschen auf das oberste Ringseil und geben so Schwung für den Rückwärtssalto. Wer dabei ein wenig zu weit nach vorne rutscht, gönnt seinem Lustzentrum einen Knutscher mit den Turnbuckles (die Verbindungsstücke zwischen den Seilen in der Ringecke), was nur in Ausnahmefällen angenehm sein dürfte, auch wenn diese aus Sicherheitsgründen in der Regel gepolstert sind.

27. GRUND

WEIL ES VERBOTENE MANÖVER ZEIGT

Kaum ein Wrestling-Move ist so spektakulär wie der »Piledriver«. Er sieht verdammt gut aus, ist gefährlich und erfordert von beiden

Beteiligten ein extrem hohes Maß an Konzentration. Mehr kann man als Fan von einer einzelnen Aktion eigentlich nicht verlangen.

Bei diesem Move schnappt sich der Angreifer seinen Kontrahenten, dreht ihn in der Luft mit dem Kopf nach unten und lässt sich mit dem fremden Schädel zwischen den Beinen krachend auf den Hosenboden nieder. Der Kopf des Opfers schlägt auf die Matte auf, die Lichter gehen aus und die Englein singen. So soll es zumindest aussehen. Tatsächlich versucht der Angreifer den Kürbis seines Kollegen natürlich so zwischen die Oberschenkel zu klemmen, dass maximal dessen Haarspitzen den Boden berühren. Aber genau in der Formulierung »versucht« liegt das Problem.

Wer auch nur einmal in seinem Leben einen »Piledriver« gesehen hat, braucht keine Fantasie mehr, um sich mögliche Verletzungen vorzustellen. Guckt der Kopf zu weit zwischen den Beinen heraus (bitte nicht an Ferkeleien denken), lastet das komplette Körpergewicht auf dem Kopf und dem Nacken. Von schlimmem Brummschädel bis Genickbruch ist alles drin. Aus diesem Grund gibt es diverse Promotions, aber auch Städte oder gar ganze Länder, die die Anwendung des Piledriver grundsätzlich verbieten.

Ein spektakulärer Unfall in diesem Zusammenhang ereignete sich im Jahr 1997, als Owen Hart seinen Kontrahenten »Stone Cold« Steve Austin beim »SummerSlam« nicht richtig sicherte und Austin mit dem Kopf aufschlug. Er konnte den Kampf zwar beenden, fiel anschließend aber monatelang aus. 1999 musste er sich einer Nackenoperation unterziehen, die Verletzung heilte jedoch nie richtig aus. Auf ärztliches Anraten beendete er 2003 seine Karriere. Die nunmehr in WWE umbenannte Promotion entschied im Jahr 2000, den »Piledriver« nur noch ausgewählten Athleten mit entsprechender Physis zu »erlauben«, darunter Glenn »Kane« Jacobs und der »Undertaker«. Phillip »CM Punk« Brooks wendete den »Piledriver« 2013 gegen John Cena an, was für großen Ärger sorgte. Vince McMahon äußerte öffentlich sehr deutlich seinen Unmut, Konsequenzen für die beiden Beteiligten hatte die Aktion allerdings nicht. Es ist also möglich, dass es sich um eine Absprache gehandelt hat. »CM Punk«, mittlerweile nicht mehr bei der WWE unter Vertrag, befehdete damals offen den Boss seiner Promotion.

Als Urheber des »Piledriver« gilt Willard »Wild Bill« Longson (1906-1982) aus Salt Lake City, der seine Karriere in den 1930ern begann und die Rolle des »Heel« perfektionierte. Im Rahmen seiner Auftritte als arroganter Bösewicht benötigte »Wild Bill« einen Move mit Schock-Effekt. So entstand der »Piledriver«, den es in verschiedenen Abwandlungen gibt. Ob eingesprungen, mit dreifach verdrehtem Rückgrat oder gar Rücken an Rücken (aufgrund der fehlenden Absicherung des Kopfes durch die Oberschenkel besonders gefährlich), gerade kleinere Promotions versuchen Zuschauer mit diesem Move in die Hallen zu locken. Nicht unbedingt zum Wohl der Athleten.

28. GRUND

Weil sie immer auf dem Rücken landen

»Souplesse« ist ein französisches Wort und bedeutet so viel wie »Gelenkigkeit« oder »Flexibilität«. Und diese Eigenschaften sollte man mitbringen, wenn einem besagte Vokabel im Wrestling-Ring begegnet. Denn es geht hoch hinaus und ganz schnell wieder runter.

Warum ein »Suplex« im Wrestling eben so genannt wird, konnte nie eindeutig geklärt werden. Die französische Ableitung ist eine Möglichkeit, eine englisch-lateinische (»unter dem Nervengeflecht«), es könnte aber auch einfach nur »ineinander verflochten« bedeuten, was durchaus Sinn ergibt.

Fakt ist, dass der »Suplex« zu den Standard-Moves gehört, denn er sieht schön aus und sorgt für Krach, wenn beide Kontrahenten zu Boden fallen. In der Standardausführung schnappt sich der Angreifer in frontaler Stellung den Kopf seines Kontrahenten, sodass dieser Richtung Matte schaut. Dann hebt er seinen Gegner hoch, so dass dieser kopfüber im Griff des Attackierenden hängt und eine Kerze in der Luft macht. Dann lässt sich der Angreifer stumpf nach hinten fallen und klatscht mit seinem Opfer auf den Boden. Mit anderen Worten, es ist die Kombination aus einem »Front Facelock« und einem Wurf. Wird diese Aktion flüssig in einem durchgeführt, handelt es sich um einen »Snap Suplex«. Es sieht aber schicker aus, wenn das Opfer für einen Moment (oder zwei) senkrecht in der Luft steht und erst dann zu Boden geht. Für diese Aktion ist beim Angreifer natürlich ein bisschen Schmalz in den Oberarmen vonnöten. Der Schweizer Claudio »Cesaro« Castagnoli schaffte es angeblich, seinen Gegner geschlagene 70 Sekunden in der Senkrechten zu halten, bevor beide zu Boden gingen.

Auch von diesem Move gibt es selbstverständlich diverse Variationen, von hinten (»Belly-to-Back Suplex«), von den Ringseilen (in verschiedenen Kombinationen mit anderen Moves dann gerne »Super Suplex« genannt) oder den »German Suplex«. Dabei greift sich der Attackierende von hinten die Taille seines Gegners, hakt sich im Rücken und mit den Beinen ein und schmeißt ihn mit Rücken und Schultern voran nach hinten. Damit hängt das Opfer nach seiner Landung immer noch im Krakengriff des Angreifers, der von dieser Position aus mittels Brücke einen Pin versuchen kann oder sich noch einmal aufrappelt und den gleichen Move noch mal ansetzt und dann noch mal und dann ... Das wäre dann ein multipler »German Suplex«. Diese Attacke wurde nach seinem Erfinder, der deutschen Wrestling-Legende Karl »Gotch« Istaz benannt, die ja eigentlich aus Belgien stammte. Nicht so wichtig. Auch der »German Suplex« kann mit verschiedenen anderen Moves kombiniert werden, zum Beispiel mit einem »Half Nelson«.

Wer einen »Fisherman's Suplex« ansetzt, schmeißt nicht mit scharfen Bonbons durch die Gegend, sondern wendet einen stinknormalen »Vertical Suplex« an, hakt sich aber mit einem Bein ein, um so den Gegner wiederum zu pinnen. Curt »Mr. Perfect« Hennig gilt als Referenzgröße bei diesem Move. Der »Double Underhook Suplex« ist ebenfalls ziemlich fies, da der Angreifer hier die Unterarme des Gegners festhält, dieser sich also nicht mehr wehren kann.

Da der Gegner beim Suplex in der Regel auf dem Rücken, den Schultern und bei schlechter Ausführung auf dem Hinterkopf landet, gelten diese Moves als durchaus gefährlich, da sie in erster Linie Nackenverletzungen hervorrufen, die schon so mancher Wrestler-Karriere das Genick gebrochen haben. Im wahrsten Sinne des Wortes. Vor allem bei Varianten, bei denen der Gegner über den eigenen Kopf geworfen wird (Overhead), sind aufgrund der Fallhöhe berüchtigt.

29. GRUND

Weil Nachtreten erlaubt ist

Treten ist was für Mädchen. Das war vor rund 30 Jahren zumindest eine anerkannte Regel auf deutschen Schulhöfen. Die Wrestler sehen das ein bisschen anders und lassen ihre unteren Extremitäten gerne mal durch den Ring fliegen. Ziel ist dabei natürlich, dem Gegner möglichst elegant die Lichter auszuschießen. Und wenn es spektakulär aussieht, schadet es auch nichts.

Einer der am häufigsten gezeigten Tritte ist der »Big Boot«. Dabei wird der Gegner in die Seile geschleudert, so dass er mit ordentlichem Schwung zurück kommt. Der Angreifer reist nun ein Bein hoch und lässt den armen Teufel mit dem Kopf voran in seine Sohle laufen. Ganz geschickte Athleten schaffen es sogar, selber auf den

Kontrahenten zuzulaufen und dann die Gräte hochzureißen. Das nennt die Fachwelt dann einen »Yakuza Kick«. Der Logik entsprechend braucht der Angreifer für diesen Move ein gewisses Körpermaß. Kleinere Wrestler greifen eher zum »Low Kick«, nach einer halben Drehung landet der Fuß des Angreifers irgendwo am Bein des anderen. Das tut sicher weh, sieht aber eben auch nach einer wüsten Klopperei im Kindergarten aus. Anders als sein Name vermuten lässt, ist auch der »Superkick« eher was für schlichte Gemüter. Kurzer Zwischenschritt, seitliche Drehung, Tritt ins Gesicht oder unters Kinn. Shawn Michaels erhob diesen Move sogar zu seinem Finisher, gepaart mit jeder Menge Theatralik im Vorfeld. Logisch, wenn das Ende schon so unspektakulär ist. Als »Erfinder« dieses Moves gelten nicht irgendwelche asiatischen Kampfmönche aus dem 2. Jahrhundert vor Christus, sondern der englische Wrestler »Gentleman« Chris Adams (1955-2009), der diese Technik angeblich einbrachte. Eine Legende, denn es gibt Abbildungen aus den Dreißigerjahren des 20. Jahrhundert, die »Jumping Joe« Savoldi (1908-1974) bei der Ausführung dieser Technik zeigen. Der »Spinning Wheel Kick« ist aus verschiedenen asiatischen Kampfkünsten bekannt, der Angreifer lässt seinen Angreifer auf sich zukommen, dreht sich und trifft mit dem Unterschenkel oder der Hacke den Oberkörper des anderen. Danielle »Summer Rae« Moinet (Jahrgang 1983) ist dank ihrer langen Model-Beine prädestiniert für diesen Move, den sie auch gerne zeigt.

Deutlich anspruchsvoller wird es mit dem »Tiger Feint Kick«, der vom Angreifer schon einiges an Geschick einfordert. Der Gegner wird dauerhaft in die Ringseile befördert, wobei sich der Kopf dabei zwischen dem zweiten und dritten Ringseil befinden muss. Der Attackierende nimmt nun Anlauf, springt rund einen Meter neben dem Knienden zwischen das zweite und dritte Ringseil, hält sich an den Seilen fest und schwingt mit den Beinen voran wieder zurück in den Ring. Dabei ist natürlich der Kopf des Gegners im Weg, der so einen schön anzuschauenden Tritt ins Gesicht erhält.

Dieser Move wird nur von sehr beweglichen Athleten verwendet, die Verletzungsgefahr ist ziemlich groß. Ein »Undertaker« würde dabei zudem auch irgendwie seltsam aussehen. Als Erfinder des »Tiger Feint Kick«, der Name lässt es fast vermuten, gilt Satoru Sayama (geb. 1957). Der japanische Wrestler ist besser unter seinem legendären Ringnamen »Tiger Mask I« bekannt, er war der erste, der die in Asien sehr beliebte Manga-Figur »Tiger Mask« im Wrestling repräsentieren durfte. Heutzutage steckt bereits der fünfte Wrestler (Ikuhisa Minowa, geboren 1976) unter der Kätzchenverkleidung. Unter dem Namen »616« verwendete Óscar »Rey Misterio« Gutiérrez den gleichen Move als sein Markenzeichen.

Der »Dropkick« hat nichts mit Fußball zu tun (wobei es auch einen »Soccer Kick« gibt), sondern ist ebenfalls eine eingesprungene Variante, wenn auch eine simplere. Der Angreifer springt, zumeist seitlich gedreht, seinem Gegner mit beiden Füßen voran an die Brust oder den Schädel. Erfolgt der Angriff frontal, also ohne Drehung mit beiden Füßen voran, wobei der Attackierende danach auf den Rücken fällt, spricht man von einem »Front Dropkick«. Der mittlerweile komplett von der Bildfläche verschwundene Paul London (Jahrgang 1980) vollführte den »Front Dropkick« sogar mit anschließendem Rückwärtssalto. Achtung, liebe Hobby-Wrestler. Hier herrscht hohes Verletzungsrisiko, also vielleicht lieber nicht im Garten nachmachen. Gleiches gilt für die Variante des »Missile Dropkick«, der von den oberen Ringseilen oder einer anderen erhöhten Position aus durchgeführt wird und als normaler »Dropkick« oder »Front Dropkick« vollendet werden kann. Beim »Baseball Slide« befördert ein Wrestler den anderen aus dem Ring und rutscht mit den Füßen voran durch das unterste Ringseil, um den Gegner so am Kopf zu treffen. Es gibt aber auch diverse andere Varianten, bei denen der Kontrahent am Ringboden liegt oder aufrecht sitzt, was einen Volltreffer in die Kronjuwelen zur Folge hat. Wichtig ist bei diesem Move nur, dass der Angreifer wie ein Baseball-Spieler angerutscht kommt.

Der »Scissor Kick« stammt wiederum aus den asiatischen Kampfkünsten und wird zum Beispiel heute noch häufig im Kickboxen angewendet. Im Wrestling reicht in der Regel ein Tritt in die Magengrube des Gegners aus, sodass dieser nach vornüber gebeugt im Ring steht. Der Angreifer vollführt einen Scherenschlag in der Luft und trifft mit der Wade den Hinterkopf oder Nacken. Der ehemalige Wrestler Booker »T« Huffman Jr. (Jahrgang 1965) verwendete diesen Tritt oft als Finishing Move. Aber auch bei den weiblichen Wrestlern ist diese Art der Gegnerbearbeitung äußerst beliebt. Die Schwestern Victora »Alica Fox« und Christina »Caylee Turner« Crawford (Jahrgang 1986 und 1988) gehören zu den bekanntesten Fans des Moves.

Neben diesen bekannten Varianten gibt es natürlich noch unzählige weitere Tritte, die im Laufe der Jahrzehnte einen eigenen Namen bekommen haben. Jede Drehung, jeder Sprung, jede Fußstellung können separat bezeichnet werden. Dazu kommen diverse Hilfsmittel (zum Beispiel kann man seinem Gegner bei günstiger Gelegenheit auch mal einen Klappstuhl vor den Kopf treten) und schauspielerische Elemente. Nicht zuletzt hat selbst der simple Tritt vor die Brust (»Stomp«) einen eigenen Namen. Ganz ehrlich, da wäre bei uns damals auf dem Schulhof echt niemand drauf gekommen.

30. GRUND

Weil es um Kopf und Kragen geht

Der »Uppercut« (»Aufwärtshaken«) kommt eigentlich aus dem Boxsport und bezeichnet in der Regel einen Schlag aufs Kinn, ins Gesicht oder auf den Oberkörper, wobei der Schwung nicht seitlich, sondern von unten geholt wird. Da Uppercuts am wirkungsvollsten sind, wenn sie aus möglichst kurzer Entfernung geschlagen werden, gehören sie zu den Techniken des Infights.

Im Wrestling gibt es einige spezielle Formen des »Uppercuts«, zum Beispiel den »European Uppercut«. Dabei schnappt sich der Angreifer den Kopf seines Gegners, dreht ihn leicht und schlägt ihm dann mit der Faust oder dem Arm unter das Kinn. Besonders spektakulär sieht dieser Move aus, wenn er im Flug ausgeführt wird. Beim »Kneelift« wird das Knie statt der Hand oder dem Arm für den Schlag ans Glaskinn genutzt. Dabei ist es natürlich von Vorteil, wenn das Opfer selbst kniet oder (zum Beispiel nach einem Schlag in die Magengrube) nach vornüber gebeugt steht. Dieser Move kann im Stehen oder mit Anlauf serviert werden. Benutzt der Angreifer beide Knie (was logischerweise nur im Sprung geht), spricht man von einem »Double Kneelift«. Beim »Throat Thrust« wird nicht mit der Faust, sondern mit der offenen Hand geschlagen, und er zielt auf den Hals. Wer sich im Internet Zusammenschnitte dieses Moves ansieht, wird feststellen, dass der »Throat Thrust« nur dann wirklich gut aussieht, wenn der Gegner seinen Kopf gerade und still hält. Dreht er ihn seitlich, wird aus dem Klatsch an die Gurgel eine simple Backpfeife. Und wenn der Geschlagene dann umfällt wie ein gefällter Baum und sich dabei an den Hals greift, ist die Grenze zum Slapstick eindeutig überschritten.

KAPITEL 4

STARS VON GESTERN

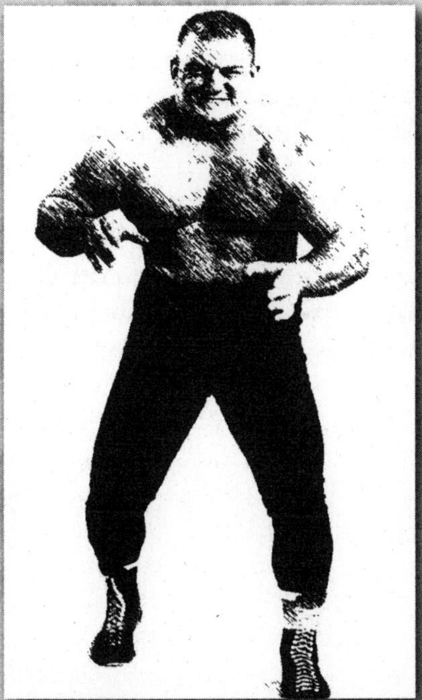

31. GRUND

Weil es manchmal sogar den Adel anzieht

Böse, noch böser, Nazi. Diese einfache Steigerung hatte im Wrestling über Jahrzehnte Gültigkeit und funktioniert zumindest in den USA bis heute. Einer der bekanntesten und meist gehassten Wrestler aller Zeiten aus diesem Sektor dürfte Baron von Raschke sein, eine echte Legende unter Freunden des provokativen Gimmicks. Der Wrestler marschierte im Stechschritt durch den Ring, präsentierte eine stets frisch rasierte Glatze und gab vor, direkt aus Berlin in die Vereinigten Staaten gekommen zu sein, um dem einstigen Feind mal zu zeigen, wie zäh die Deutschen immer noch seien. Das Publikum sprang komplett auf dieses Gimmick an, warf Glasflaschen und Stühle nach dem vermeintlichen Baron und griff den Athleten sogar körperlich an. Oft genug musste von Raschke sich den Weg in die Umkleidekabine freikämpfen.

Natürlich war James Donald Raschke kein Nazi, trotz seines teutonisch klingenden Namens wurde er in den USA geboren und kam mit seinem Geburtsjahr 1940 für den Endsieg sowieso ein bisschen zu spät. Raschke war ein überaus flexibler und erfolgreicher Sportler, neben bemerkenswerten Erfolgen im Amateur-Football konnte er sich auch als Ringer einen Namen machen. Er stand im Nationalteam seines Heimatlandes und konnte bei den Weltmeisterschaften 1963 sogar eine Bronzemedaille gewinnen. Ein Jahr später hatte er sich auch für Olympia qualifiziert, musste wegen einer Verletzung allerdings absagen. Schließlich begann Raschke, in seinem Beruf als Biologielehrer zu arbeiten, was er bis zum Ende seines Berufslebens wohl auch geblieben wäre, hätte er nicht 1966 das Wrestling für sich entdeckt. Da er die körperlichen Voraussetzungen immer noch erfüllte, interessierte sich Laverne

Gagne schnell für den Neueinsteiger. Gagne hatte einige Jahre zuvor die »American Wrestling Association« (AWA) gegründet, gehörte zu den populärsten Athleten seiner Zeit, kam aber wie Raschke ursprünglich vom Ringen. Die beiden trainierten intensiv miteinander, Raschke verdingte sich in dieser Zeit unter anderem als Ringrichter. Schließlich traf er auf den elf Jahre älteren Maurice »Mad Dog« Vahon aus Kanada, ebenfalls ein ehemals erfolgreicher Ringer, der schon Erfolge in der AWA vorzuweisen hatte. Raschke und Vahon freundeten sich privat an, der Legende nach geht die Idee für den Nazi-Baron auf »Mad Dog« zurück. Raschke profilierte sich dank seiner starken Technik schnell, sein Image verhinderte allerdings, dass er größere Beliebtheit erreichte. Dafür gewann er diverse Titel in der AWA, bestritt auch in Japan diverse Matche und gehörte in den Siebzigerjahren zu den bekanntesten Wrestlern überhaupt. Ende der Achtziger tauchte er nach seinem Karriereende überraschend als Manager des Tag Teams »The Powers of Pain« auf und arbeitete dann noch einige Zeit als Lehrer. Nebenbei führte er einen Trödelladen.

Heute ist Raschke ein gern gesehener Gast bei Fantreffen, dem freundlichen älteren Herrn mit der Glatze scheint mittlerweile auch niemand mehr böse ob des Images. Viel mehr erinnert man sich an »die Klaue« (»The Claw«), den legendären Move des Barons, der seine Gegner ins Land der Träume schickte. Oder an seinen Ausspruch »Ich habe den Befehl zu gewinnen, ich muss gewinnen, und ich werde gewinnen.« 2007 führte das American History Theater in Minnesota über mehrere Monate ein Theaterstück mit dem Titel »The Baron« auf. Darin ging es nicht nur um den Aufstieg eines unbekannten Ringers zum Wrestling-Star, sondern auch um die privaten Probleme, die das Image des Barons für Raschke mit sich brachte. Raschke übernahm höchstpersönlich die Hauptrolle und wollte damit der Öffentlichkeit zeigen, dass die echte Person nichts mit dem Baron gemein hat. Raschke selbst bezeichnete sich nämlich immer als zurückhaltend und friedlich.

Das galt für seinen alten Mentor Laverne Gagne nur bedingt. Raschkes ehemaliger Trainer, der im April 2015 verstarb, galt schon als Aktiver und Promoter als »harter Hund«. Die letzten Jahre verbrachte Gagne, der an Demenz litt, im Altersheim. Dort schubste er 2009 einen anderen Heiminsassen nach einem Streit. Gagnes Kontrahent fiel hin und starb später an den Verletzungen. Gagne wurde aufgrund seiner Krankheit jedoch nicht verurteilt.

32. GRUND

WEIL ES SADISTEN AUS AFRIKA EIN ZUHAUSE GIBT

Wer sein Steak nicht blutig mag, sondern es mit den Zähnen aus dem lebenden Rind herausreißt, der ist wahrscheinlich auch Fan von »Abdullah the Butcher«. Dieser freundliche Herr wurde im Jahr 1941 geboren (andere Quellen sprechen von 1936) und gehört bis heute zu den unheimlichsten Gestalten, die je durch einen Wrestling-Ring gewankt ist.

Geboren als Lawrence Shreeve entwickelte der Kanadier, der in ärmlichsten Verhältnissen aufwuchs, schon in frühester Jugend eine Vorliebe für Kampfsport. Nach Judo und Karate versuchte es Lawrence mit Wrestling, wurde entdeckt, stand 1958 zum ersten Mal im Ring und startete seine Karriere unter dem niedlichen Namen »Pussycat Pickens«. Wenn die Zuschauer damals geahnt hätten, wem sie da zujubeln …

Denn Shreeve gab sich mit dem Erreichten nicht zufrieden und kreierte sein ultimatives Gimmick: »Abdullah the Butcher«, ein Sadist aus dem Sudan, der keinerlei Grenzen kennt und sich am Leid seiner Gegner erfreut. Sein erstes Match unter diesem Namen bestritt er wahrscheinlich gegen seinen Landsmann Louis Gino »Brito« Acocella (der Sohn seines Entdeckers Jack Britton) und schlug gleich mal ordentlich über die Stränge. Erst zertrümmerte er einen Stuhl auf dem Schädel seines Kontrahenten, dann trat er ihn besinnungslos. Der Auftakt zu einer Karriere im Zeichen der Brutalität und der Skandale.

Denn »Abdullah« beließ es keinesfalls bei Möbelstücken. Messer, Gabeln, Nägel, Hämmer, Mistgabeln, Wasserschläuche. Was immer der Koloss in die Hände bekam, wurde im Ring eingesetzt, um den Gegner zu quälen. Dafür entschuldigen musste er sich nie, denn im Rahmen seiner Rolle beherrschte er leider kein Englisch (oder sonst eine Sprache), weshalb er grundsätzlich einen Manager bei sich hatte, der das für ihn übernahm. Dafür zeigte sich der angebliche Sudanese äußerst reisefreudig, er kämpfte in Europa, Asien, Neuseeland und Südamerika. Ein Sadist mit Sinn fürs Geschäft. Dass bei Matches mit Beteiligung des »Butchers« häufig literweise Blut floss, muss nicht erklärt werden. Shreeve hatte kein Problem mit dem »Blading«, also dem Ritzen der eigenen Stirn (oder anderer Stellen), um eine Platzwunde vorzutäuschen. Der Legende nach besitzt Shreeve heute davon eine so tiefe Narbe auf der Stirn, dass er darin problemlos Geldmünzen unterbringen kann. Ein Trick, den er Fans angeblich gerne in einem seiner beiden Restaurants in den USA und Japan vorführt, wo er auch bereitwillig Autogramme gibt.

Privat scheint der Mann ungewissen Alters sowieso ein ziemlich zurückhaltender Mensch zu sein. Er ist seit rund 30 Jahre mit der gleichen Frau verheiratet und ist immer besorgt um seine hoch betagte Mutter, die er regelmäßig besucht. Sie hat, wie auch seine Ehefrau, in ihrem Leben noch kein Match von »Abdullah« gesehen, er möchte seinen beiden Damen, so sagt er in mehreren Interviews, diesen Anblick lieber ersparen. Seinen Gegnern gegenüber kannte er jedenfalls keine Gnade, und die äußern sich zum Teil bis heute alles andere als nett über Shreeve. So bat Eldritch »Superstar Billy Graham« Coleman 2011 darum, aus der Hall of Fame der WWE entfernt zu werden. Er wollte nicht mit einem »blutrünstigen Tier« wie Shreeve in einem Atemzug genannt werden. Coleman war es auch, der seinem Kollegen öffentlich vorwarf, beim »Blading« mehrere Athleten mit Hepatitis C angesteckt zu haben, was dieser immer bestritt. Auch sagte Coleman in diversen Interviews, dass Shreeve mehrere Athleten im Ring verletzt habe, obwohl dies nicht abgesprochen gewesen war. Im Jahr 2014 kam es in Kanada zu einem Prozess, in dem der Wrestler Devon »Hannibal« Nicholson Shreeve verklagte. Angeblich hatte dieser ihn bei einem Match 2007 mit einer am Finger festgeklebten, nicht gereinigten Rasierklinge verletzt und so mit Hepatitis C infiziert. Die Richter gaben dem Kläger recht, Shreeve musste 2,3 Millionen Dollar Schmerzensgeld zahlen, da Nicholson aufgrund seiner Erkrankung ein lukrativer Vertrag durch die Lappen gegangen war. Aus Freude über das Urteil gab »Hannibal« den Reportern vor dem Gerichtssaal eine kleine Kostprobe seines Könnens. Das unfreiwillige »Opfer« war sein Anwalt, der das ganze allerdings mit Humor nahm.

Trotz dieser Niederlage und den immer wieder auftretenden Vorwürfen, Shreeve sei wirklich nicht zu kontrollieren, gilt der Kanadier als einer der Großen im Geschäft. Wie diverse andere behauptet auch »Abdullah«, dass er der Erfinder des Hardcore-Wrestling sei. Wer sich ein paar alte Kämpfe des Herrn anschaut, wird das sofort glauben. Mit mindestens Mitte 70 steht Shreeve übrigens immer noch im Saft. Er steigt bis heute ab und zu in den Ring, um dem Jungvolk das Fürchten zu lehren. Damit gehört »Abdullah the Btcher« zu den ältesten noch aktiven Wrestlern überhaupt.

33. GRUND

Weil es ein Herz für Monster hat

Es lässt sich nicht ganz abstreiten, Wrestling ist auch immer ein bisschen Freak-Show. Das war so und wird immer so bleiben. André Roussimoff (1946-1993) ist ein gutes Beispiel dafür. Der Franzose bulgarisch-polnischer Abstammung erkrankte als Teenager an Akromegalie (die ausgeprägte Vergrößerung von Körpergliedern) und Riesenwuchs. Eine recht seltene Krankheit, die in Deutschland rund 5.000 Menschen betrifft. Roussimoff versuchte das Beste aus seinem Schicksal zu machen (er war übrigens das einzige Mitglied seiner Familie mit diesem Problem) und startete im Alter von 17 Jahren eine Karriere als Wrestler. In Frankreich trat er bei seinen ersten Matches als »The Butcher« (»Der Schlachter«) an und verdiente sich seinen Lebensunterhalt als Möbelpacker, in Japan wurde er ganz einfach als »Monster« vermarktet. Eine Zeitlang stand er sogar unter dem Namen »Monster Eiffel Tower« im Ring. Doch durch sein ungewöhnliches Äußeres stieg auch seine Popularität, die ersten Kämpfe in Nordamerika ließen nicht lange auf sich warten. Das erste Match bei der heutigen WWWF fand 1973 statt. Das brachte den Vorteil mit sich, dass auch die Filmindustrie auf den Franzosen aufmerksam wurde und ihn für verschiedene Serien und Filme verpflichtete. Die Qualität der Rollen hielt sich dabei natürlich in Grenzen, als Latin-Lover ließ sich André schlecht vermarkten. Also spielte er zum Beispiel den Bigfoot in der Serie *Der Sechs-Millionen-Dollar-Mann* oder einen Wrestler in *Ein Colt für alle Fälle*. Das größte Projekt in dieser Richtung war sicher der Film *Conan der Zerstörer*, wo Roussimoff 1984 an der Seite von Arnold Schwarzenegger und Grace Jones zu sehen war.

Zu dieser Zeit hatte sich der Bauernsohn längst einen Namen als »André The Giant« gemacht, avancierte sogar zum Zugpferd der WWWF und WWF. Die Verantwortlichen hatten ihren »Riesen« geschickt positioniert, unter anderem bestritt er Kämpfe gegen den jungen Hulk Hogan. Dabei überboten sich die Kommentatoren der Veranstaltungen, wenn es um die Körpergröße des Giganten ging. Offiziell wurde sie eine Weile mit 2,28 oder 2,33 Metern angegeben, vereinzelt taucht auch der Wert von 2,40 Metern auf. Das ist natürlich Blödsinn, Roussimoff war tatsächlich

2,13 Meter und wog zwischen 150 und 250 Kilo. Eine immer noch beachtliche Masse, die ihren Tribut forderte. Als absehbar war, dass André aus gesundheitlichen Problemen immer öfter ausfallen würde (unter anderem brach er sich einen Knöchel), musste ein neuer »Face« her, während für den Franzosen eine Rolle als Bösewicht vorgesehen war. Die Wahl fiel auf Hulk Hogan, der »André The Giant« in einem spektakulären Match 1988 den Titel entriss. Zu diesem Zeitpunkt hatte Roussimoff bereits eine komplizierte Rückenoperation hinter sich und es war absehbar, dass er seinen Sport nicht mehr lange würde ausüben können. Es war der Beginn der »Hulkster-Mania« und der Abgesang auf den einstiegen Superstar. Zwar konnte Roussimoff in den folgenden Jahren noch einige wenige Kämpfe bestreiten (zumeist im Tag Team oder bei Kämpfen mit vielen anderen Teilnehmern), aber für ein ganzes Match reichte es einfach nicht mehr. Bei der WWF war letztmals im Sommer 1991 als Unterstützer der legendären Bushwrackers zu sehen. Anschließend tingelte er noch durch kleinere Ligen im Ausland, bis er im Januar 1993 im Schlaf an Herzversagen starb. Roussimoff befand sich zu dieser Zeit in Paris, da sein Vater beerdigt wurde. Andrés Leichnam musste in die USA ausgeflogen werden, da es in ganz Frankreich kein Krematorium gab, das groß genug gewesen wäre.

Die WWF würdigte ihr einstiges Zugpferd, in dem sie eine Hall of Fame gründete und »André The Giant«, der privat ein ruhiger Zeitgenosse gewesen sein soll, als erstes Mitglied überhaupt aufnahm. Dies und diverse Titel sind dem »achten Weltwunder« nicht mehr zu nehmen. Genauso wenig wie die Herzen vieler Wrestling-Fans.

34. GRUND

Weil es auch ohne Steroide geht

Bruno Sammartino, ein Name, der klingt, als hätte ihn sich ein Autor auf dem Höhepunkt einer Fischvergiftung ausgedacht. Aber der Italiener, der als Jugendlicher in die USA auswanderte, heißt tatsächlich so. Und er ist ein leuchtendes Beispiel dafür, dass Wrestling in ferner Vergangenheit wirklich mal ein sauberer Sport gewesen sein muss.

Sammartino wurde 1935 in den Abruzzen geboren und erlebte als Junge die Schrecken des Zweiten Weltkriegs. 1950 wagte Bruno den Schritt in die USA, wo sein Vater bereits lebte. Von Hunger und Entbehrungen gezeichnet, musste sich der Heranwachsende von Gleichaltrigen einiges gefallen lassen. Deshalb begann Sammartino mit dem Gewichtheben, wo er innerhalb weniger Jahre zur nationalen Spitze aufschloss und sogar beinahe bei Olympia dabei gewesen wäre. Da die Muckis aber nun mal da waren, musste sich daraus doch etwas machen lassen. Bruno liebte es in jungen Jahren, mit seiner Kraft zu protzen, und landete damit schließlich im lokalen Fernsehen, wo ihn ein Wrestling-Promoter sah. Als Mann mit italienischer Abstammung, so die Überlegung, müsste Sammartino eigentlich in der Lage sein, seine vielen Landsleute in den USA für das Wrestling zu begeistern. So begann die Karriere einer der bekanntesten Schwergewichtsgrößen aller Zeiten.

1959 kletterte Sammartino zum ersten Mal in Pittsburgh in den Ring und konnte die Herzen der Zuschauer gewinnen. Schon sehr früh in seiner Karriere traf er auf damalige Superstars wie Robert »Gorilla Monsoon« Marella (ebenfalls Italo-Amerikaner) oder Houston »Bobo Brazil« Harris. Seine physische Stärke und sein gleichzeitig eher bescheidenes Auftreten machten ihn populär. Er war der erste (und letzte) Wrestler, der in der Lage war, William »Haystacks« Calhoun auszuheben. Der nette junge Mann wog damals geschätzte 230 Kilogramm. Bereits 1963 gehörte der italienische Auswanderer zu den beliebtesten Wrestlern der USA und wurde Heavyweight Champion der WWWF, er durfte den Titel sieben Jahre und acht Monate behalten, bis heute einsamer Rekord. 1965 hätte Bruno der größte Wrestler aller Zeiten werden können, denn er bekam zusätzlich noch den Gürtel des NWA-Champions Lajos »Lou Thesz« Tiza angeboten. Damit hätte Sammartino allerdings noch mehr Matches bestreiten müssen, deshalb lehnte er dankend ab. Bruno ging auch so an die Grenzen des Machbaren, allein im Madison Square Garden zu New York bestritt er über 200 Hauptkämpfe. Ebenfalls ein einsamer Rekord.

1971 verlor Sammartino seinen Titel im Kampf gegen den »Russen« Oreal »Ivan Koloff« Perras (eigentlich ein kanadischer Wrestler), was für Bestürzung unter den Fans sorgte. Ein Russe gewinnt gegen ihren Helden? Sammartino durfte sich den Gürtel alsbald zurückholen und trat bis in die Achtzigerjahre als Wrestler auf, unter anderem auch gemeinsam mit Hulk Hogan oder Robert »Sgt. Slaughter« Remus. Er arbeitete zudem als Trainer und bildete diverse Nachwuchstalente aus, nicht aber seinen 1960 geborenen Sohn David. Tatsächlich versuchte Bruno sogar, ihm einen Einstieg ins Wrestling-Geschäft zu verbieten, was dieser aber ignorierte und trotzdem seine Karriere startete. Nach diversen Auftritten in unbedeutenden Promotions wechselte er in die WWF, allerdings nur, weil sein Vater dort immer noch angestellt war. Vince McMahon wusste, dass David allein kaum jemanden interessierte. Sein Vater Bruno allerdings, der nunmehr in erster Linie als Manager auftrat, begeisterte die Massen noch immer. Vater und Sohn bekamen sich über dieses Thema in die Haare, David verließ die WWF wieder, während Bruno versuchte, zwischen McMahon und seinem Sohn zu vermitteln.

Aber der alte Held hatte zusehends seine Probleme mit dem Wrestling-Zirkus insgesamt. Mitte der Achtziger gab es kaum noch einen Wrestler, dessen aufgeblasene Muskeln nicht vor Babyöl tropfend vor der Kamera zuckten. Bruno lehnte die Einnahme von anabolen Steroiden strickt ab, allerdings sah sein eigener Sohn das ganz anders. Um mithalten zu können, schluckte auch er, was das Zeug hielt. Sein Vater war darüber so wütend, dass er den Kontakt komplett abbrach. Er sprach öffentlich über die Abhängigkeit, die sein Sohn entwickelt hatte, was dieser (nachdem er sich in eine Entzugsklinik begeben hatte) Jahre später zähneknirschend bestätigte. Bruno gab aber nicht nur seinem Sohn die Schuld an seinem Drogenproblem, sondern griff auch seinen alten Arbeitgeber, die WWF, scharf an. Bruno Sammartino verweigerte schließlich jegliche Zusammenarbeit mit McMahon und seinem Unternehmen, gab keine Interviews mehr und wollte anfangs sogar nicht mal in die Hall of Fame aufgenommen werden. Paul »Triple H« Levesque überredete Sammartino schließlich, sodass dieser im Jahr 2013 feierlich eingeführt wurde. Die Laudatio hielt Sammartinos enger Freund Arnold Schwarzenegger. Der dürfte zum Thema Steroide sicher auch einiges zu erzählen haben, aber das werden die beiden schon unter sich ausgemacht haben. Brunos Sohn David arbeitet heute übrigens als Wrestling-Trainer und versucht seine Schützlinge davon zu überzeugen, die Finger von illegalen Muskelaufbaupräparaten zu lassen. Am Ende werden wir halt doch alle wie unsere Eltern.

35. GRUND

WEIL SAUFENDE PROLETEN ERFOLG HABEN KÖNNEN

Er gehörte zu den fiesesten Knochen im Ring, sah aus wie ein Kneipenschläger aus Liverpool und besaß eine Stimme, die selbst einen tollwütigen Rottweiler zurück in den Zwinger getrieben hätte. William »Dick the Bruiser« Afflis (1929-1991) war einer der Vorreiter der Bewegung der »bösen Buben«, seine Gegner fürchteten seine Brutalität und die Fans verachteten und feierten ihn gleichzeitig. Ein echtes Original aus der ersten Hochphase des Wrestling eben.

Anfang der Fünfzigerjahre des vergangenen Jahrhunderts startete Afflis seine Karriere als Football-Spieler der Green Bay Packers und konnte sich schnell einen Namen machen. Diesen nutzte Afflis, der als Football-Profi eine Verletzung der Speiseröhre erlitt, was seine Stimme beschädigte, um nach seiner aktiven Zeit in den Ring zu steigen. Der bullige Typ, dessen Nacken deutlich breiter war als sein Schädel, konnte nur die Rolle eines »Heels« bekleiden. Und die bekleidete er mit Leidenschaft. Zusätzlich wurde von den Promotions alles getan, um »The Bruiser« (übersetzt so viel wie »Kraftmeier«) im passenden Licht dastehen zu lassen. So bekam es Afflis vor allem in seiner Anfangszeit in erster Linie mit Kanonenfutter zu tun. Junge, unerfahrene und unbekannte Kämpfer, die der Wrestler nach Lust und Laune auseinandernehmen konnte. Zu seinen Markenzeichen gehörten eine dicke Zigarre und ein Bier in der Hand. Bisweilen übrigens auch im Ring während des Matches.

Doch Afflis war weit mehr als ein saufender und prügelnder Prolet. Gemeinsam mit dem Wrestler Wilbur Snyder (1929-1991) kaufte er die Promotion NWA Indianapolis und formte daraus die World Wrestling Association, die bis Ende der Achtzigerjahre Bestand hatte und erst dann von der damals übermächtigen WWF geschluckt wurde. Und auch sportlich konnte sich der »Bruiser« nicht beklagen. Gemeinsam mit Reginald »The Crusher« Lisowski (1926-2005) bildete Afflis eines der erfolgreichsten Tag Teams aller Zeiten. Das Team blieb knapp 20 Jahre zusammen und blieb zehn Jahre davon ohne jede Niederlage. Weil die beiden Wrestler sich sowohl vom Stil her als auch von der Optik glichen, wurden sie lange Zeit als Cousins vermarktet. Das Publikum liebte vor allem eine besondere Macke der beiden: Wenn sie sich im Match nicht genug gefordert fühlten, verkloppten sie sich anschließend einfach gegenseitig. Man möchte schließlich etwas geleistet haben, wenn die Sonne am Horizont verschwindet.

»Dick The Bruiser« beendete seine aktive Karriere im Jahr 1986, blieb den Fans aber als Gastkommentator, Schiedsrichter und Talentscout erhalten. 1991 verstarb er an einem Herzinfarkt, nachdem er sein morgendliches Gewichthebeprogramm durchgezogen hatte. Bei den Fans wird er als »The World's Most Dangerous Wrestler« in Erinnerung bleiben. Dieser Mann hat das Wrestling wirklich geprägt.

36. GRUND

Weil die Protagonisten wie John Wayne sind

Die Superstars des Wrestling sind athletische Muskelberge, deren Bizeps jedes Shirt sprengt und die Frauenherzen zum Schmelzen bringen? Ja, das mag für die meisten Helden des Rings gelten, aber eben nicht für alle. Virgil Runnels Jr., besser bekannt als »The American Dream Dusty Rhodes« (geboren 1945) stellte so ziemlich das genaue Gegenteil dar. Er war moppelig (na gut, er war fett), nicht sonderlich beweglich und besaß ein Babyface. Seine blonden Haare, gerne durch eine Dauerwelle verunstaltet, sahen aus, als wären sie auf dem Kopf festgeklebt. Ein vierschrötiger Typ mit seltsamer Aura, von dem man sicher keinen Gebrauchtwagen gekauft hätte. Aber er gehört zu den größten Legenden des Wrestling.

Rhodes startete seine Karriere als leidlich erfolgreicher Football-Spieler, lief Gary »Hart« Williams (selbst Wrestler und Promoter) über den Weg und ließ sich für den neuen Sport begeistern. 1968 absolvierte er sein erstes Match, bereits unter dem Namen »Dusty

Rhodes«. Dies war eine Idee seines Förderers Williams, der sich wiederum von dem Film *Ein Gesicht in der Menge* (1957) und der Hauptfigur Larry »Lonesome« Rhodes inspirieren ließ. Runnels alias Rhodes übernahm aufgrund seines Aussehen zuerst die Rolle des Bösewichts und trat vor allem im Tag Team gemeinsam mit Hoyd »Dick« Murdoch in Erscheinung. Anfang der Siebzigerjahre wechselt er zum »Face« und brachte seine Solo-Karriere voran. Dabei stellte er den sympathsichen Arbeiter von nebenan dar, was bei den Fans sehr gut ankam. Er sammelte Titel wie andere Leute Strafzettel fürs Falschparken, die Fachpresse lobte ihn über den grünen Klee. So wurde er beispielsweise von der Zeitschrift *Pro Wrestling Illustrated* in den Jahren 1978, 1979 und 1987 zum populärsten Wrestler des Jahres gewählt. Vom *Wrestling Observer Newsletter* wurde er 1980 zum besten »Babyface« gewählt. Die gleiche Zeitschrift wählte ihn 1990 allerdings auch zum peinlichsten Wrestler.

Rhodes wechselte mehrfach die Promotions und lieferte sich zum Ende seiner Karriere noch einige überraschend brutale Matches mit Steve Corino. 2007 trat er endgültig zurück und widmete sich der Arbeit hinter den Kulissen. Schon früh in seiner Karriere hatte er sich für das Booking interessiert, verdingte sich aber auch als TV-Kommentator und Manager. Unter anderem kümmerte er sich um die Karriere seiner beiden Söhne Cody (»Stardust«) und Dustin (»Goldust«). Aber Rhodes musste immer kürzer treten, da er an Magenkrebs erkrankt war. Im Juni 2015 brach Runnels in seinem Haus zusammen. Seine Frau wählte den Notruf, wurde aber angeblich barsch abgewiesen. Der Krankenwagen kam schließlich doch noch, aber Rhodes verstarb am nächsten Tag im Krankenhaus. Ein Internetportal stellte daraufhin das Gespräch zwischen Runnels Frau und ihrem Gesprächspartner in der Notrufzentrale online, was einen Proteststurm seiner Fans zu Folge hatte.

Rhodes sagte in seinen Interviews als Wrestler gerne, dass es nur zwei wirklich fiese Typen auf dieser Welt geben würde. Der eine hieße John Wayne, und der sei tot. Der andere würde genau hier stehen. Ironie der Geschichte, auch John Wayne starb an Magenkrebs, auf den Tag genau 36 Jahre vor Runnels.

37. GRUND

Weil es sogar im Weissen Haus verfolgt wird

Jede Sportart hat ihre Legenden und Gründerväter. Und was Leônidas da Silva für den Fußball, das ist Frank Gotch (1876-1919) für das Wrestling. Der erste echte Superstar seiner Zeit. Und die liegt in diesem Fall eine ganze Weile zurück.

Gotch wurde irgendwann 1876 bis 1878 in Iowa geboren, seine Eltern stammten aus Deutschland. Seinen ersten Profikampf absolvierte er bereits im Alter von 21 Jahren und hielt zwei Stunden gegen den etablierten Wrestler Dan McLeod durch. Wohlgemerkt zu einer Zeit, in der die meisten Kämpfe in diesem Sport noch nicht abgesprochen waren. Eine beeindruckende Leistung, die Gotch viel Zuspruch brachte. Aber der ehrgeizige Kämpfer wollte mehr. Wenige Monate darauf forderte er einen weiteren Star heraus, Martin »Farmer« Burns. Dieses Mal endete der Kampf bereits nach elf Minuten, aber Burns, der auch als Trainer arbeitete, erkannte das Talent seines Gegners und nahm ihn unter seine Fittiche. Er wollte aus Gotch den größten Wrestler aller Zeiten machen, was ihm mehr oder minder auch gelang. Und dabei spielen die Anzahl der Titel gar keine große Rolle, ganz davon abgesehen, dass es noch längst nicht so viele unterschiedliche Organisationen (und damit Titel) gab. Denn bereits 1903 forderte Gotch den amtierenden American Heavyweight Champion Tom Jenkins heraus, verlor, holte sich in der Revanche im Januar 1904 aber den Titel, den er insgesamt drei Mal erringen konnte. Doch auch das war Gotch noch nicht genug, sein eigentliches Ziel war die World Heavyweight Championship, die zu diesem Zeitpunkt von dem aus Estland stammenden Georg(e) Hackenschmidt (»Der russische Löwe«) gehalten wurde.

Der erste Kampf der beiden Sportler fand am 3. April 1908 vor rund 40.000 Zuschauern in Chicago statt- Der ungefähr gleichaltrige Gotch konnte sich lange keine Vorteile gegen den erfahrenen Hackenschmidt erarbeiten, der Kampf dauerte über zwei Stunden. Doch am Ende hielt Frank Gotch den Titel in Händen. Er sollte ihn über sieben Jahre nicht mehr abgeben. 1911 kam es zur Revanche, die Gotch dieses Mal nach rund 27 Minuten für sich entscheiden konnte. Hackenschmidt beschwerte sich anschließend über die Unfairness seines Gegners. Dieser habe sich mit Öl eingerieben, um seinen gefürchteten Haltegriffen zu entkommen. Zudem soll Gotch Hackenschmidt Öl in die Augen geschmiert haben. Auch gab es das Gerücht, Gotchs Seite hätte den Sparringspartner von Hackenschmidt geschmiert, damit dieser ihn verletzten würde. Bewiesen werden konnte diese Vorwürfe allerdings nicht. Tatsächlich war der Kampf sehr wahrscheinlich abgesprochen, Hackenschmidt, der tatsächlich eine Knieverletzung aus dem Sparring davongetragen hatte und eigentlich gar nicht kampffähig war, sollte die erste Runde gewinnen, Gotch das Match. Der setzte sich aber über die Storyline hinweg und demütigte seinen Gegner, bevor er ihn mit einem Ankle Lock besiegte. Hackenschmidt zog sich nach diesem Gefecht aus dem Geschäft zurück. Er veröffentlichte ein mehrbändiges philosophisches Werk, legte seine Kampfbörsen gut an und lebte ein langes Leben. Er starb in England im Alter von 90 Jahren.

Sein Kontrahent stand ebenfalls auf der Sonnenseite des Lebens, jedenfalls vorerst. Egal, welcher Gegner nach der World Heavyweight Championship griff, Gotch räumte sie aus dem Weg. 1913 beendete Gotch dann freiwillig seine Karriere und schloss sich dem Sells-Floto-Circus an (in dem unter anderem auch Buffalo Bill auftrat) und forderte jeden Abend in der Manege einen oder mehrere Zuschauer heraus. Hätte jemand gegen den Wrestler gewonnen, hätte er eine Kampfbörse von 100 Dollar (andere Quellen sprechen sogar von bis zu 250 Dollar) erhalten. Angeblich trat dieser Fall bis 1916 nie ein. 1917 verschlechterte sich Gotchs Gesundheitszustand rapide, im Dezember des gleichen Jahres verstarb er. Als offizielle Todesursache wurde Nierenversagen angegeben, allerdings gilt es als wahrscheinlich, dass er an Syphilis starb.

Mit sieben Jahren und drei Monaten gehört er bis heute zu den drei Wrestlern, die den Titel des Heavyweight Champions am längsten ohne Unterbrechung führen durften. Gotch war ein echter Superstar, er wurde sogar von US-Präsident Theodor Roosevelt ins Weiße Haus eingeladen. Eine Ehre, die seinem alten Kontrahenten Hackenschmidt allerdings auch zuteilwurde. Daneben trat Gotch in Theaterstücken auf (heute würde man wohl von Cameo-Auftritten sprechen) und gab immer wieder Interviews. Bei seiner Beerdigung in Iowa sollen ihm über 2.000 Menschen die letzte Ehre erwiesen haben. Auch heute noch kann die Familiengrabstätte der Familie Gotch im kleinen Städtchen Humboldt besucht werden. Auf der Plakette am Familienmausoleum ist als Geburtsjahr im Übrigen 1877 angegeben.

38. GRUND

WEIL AUS TARZAN EIN KILLER WIRD

Sie glauben, sie haben schon alle albernen Wrestler-Psedonyme gehört? Wie wäre es mit dem hier: Killer Kowalski. Der Kanadier Walter Kowalski (1926-2008) trat tatsächlich unter diesem Namen an. Nun könnte man meinen, dass der arme Mann ja gar nichts dafür kann, schließlich heißt er nun mal so. Aber das stimmt nicht, denn geboren wurde der Kollege als Edward Spulnik, was jetzt auch nicht unbedingt sexy klingt. Aber freiwillig den Namen Kowalski anzunehmen, wie es unser Walter im Jahr 1963 tat? Na ja, die Geschmäcker sind halt verschieden.

Seiner Karriere war der Name jedenfalls nicht abträglich, »Killer Kowalski« gehörte zu den echten Superstars in den Fünfziger- und Sechzigerjahren. Sein Debüt feierte er im Jahr 1947, dort allerdings noch unter dem Namen »Tarzan«. 1953 bestritt er das erste Wrestling-Match, das in Kanada im Fernsehen übertragen wurde, gegen seinen Kontrahenten Eric »Yukon Eric« Holmback (1924-1965). Die beiden Wrestler pushten sich gegenseitig in Sachen Popularität, ihre Fehde ging in die Geschichte ein, da Kowalski Holmback bei einem Match im Jahr zuvor (versehentlich) ein Teil seines Ohres abgerissen hatte. Damit hatte er sich den Namenszusatz »Killer« redlich verdient. Außerdem ist überliefert, dass er Holmback nach dem Unfall einen Besuch im Krankenhaus abstattete, die beiden konnten über die Geschichte lachen. Jahre später traten die beiden wieder gegeneinander an, allerdings in einer kleinen Halle irgendwo in der Pampa. Holmback meinte damals zu Kowalski: »Was für ein lausiger Schuppen. Ich glaube, ich opfere auch noch mein anderes Ohr.« Kowalski lebte als Sportler sehr gesund, ernährte sich vegetarisch, verzichtete auf Alkohol und Milch und rauchte nicht. Der Legende nach stieg er noch nicht mal zu Menschen ins Auto, die rauchten.

Der »Killer« bekleidete fast während seiner gesamten Karriere die Rolle als Bösewicht. Das hing auch mit seiner Erscheinung zusammen, mit fast zwei Metern Körpergröße wirkte er automatisch bedrohlich. Dass er tatsächlich bedrohlich werden konnte, musste der australischer TV-Reporter Don Lane 1967 erfahren. Im Rahmen eines eigentlich freundlichen Interviews versuchte der Journalist, Kowalski mit immer wieder neuen Fragen zum Thema »Absprachen im Wrestling« zu provozieren. Dafür wurde der überraschte Reporter mit einem »Claw Hold« (eine der Spezialitäten von Kowalski) bedacht.

1977 trat er nach unzähligen Titelgewinnen erheblich kürzer und gründete eine Wrestling-Schule, die sich bald einen ausgezeichneten Ruf erarbeiten konnte. Kowalski arbeitete selbst als Trainer und bildete spätere Stars wie Paul »Triple H« Levesque, Curtis »Fandango« Hussey, John »Big John Studd« Minton, George »John Kronus« Caiazzo oder Joan »Chyna« Laurer (auch als Bodybuilderin und Pornodarstellerin bekannt) aus. Im jugendlichen Alter von 79 Jahren trat er zum ersten Mal vor den Traualtar, seine Braut war ein Jahr jünger. Angeblich scherzte Kowalski, er heirate sie nur, weil sie schwanger sei. Als er zwei Jahre später an einem Herzinfarkt verstarb, ging eine der beeindruckensten Persönlichkeiten der Wrestling-Geschichte.

39. GRUND

WEIL SIE MANCHMAL LEBEN, OBWOHL SIE TOT SIND

John Nada hat es echt nicht leicht. Er zieht als Tagelöhner durch die USA und landet schließlich in Los Angeles, wo es nur vordergründig glamourös zugeht. Hinter den Kulissen sieht es aus wie bei Hempels unterm Sofa. John macht sich trotzdem daran, irgendwie sesshaft zu werden, trifft auf seinen Leidensgenossen Frank, der ihn in eine abgehalfterte Unterkunft führt. Hier glotzen alle wie paralysiert auf ihre Fernseher. In der Siedlung findet er einen Karton mit Sonnenbrillen, nimmt sich eine davon und sieht die Welt plötzlich mit ganz anderen Augen.

Fans haben es längst erkannt, dies ist die Geschichte des Films *Sie leben*, einem konsumkritischen Klassiker von John Carpenter aus dem Jahr 1988. Böse Aliens, die gemeinsam mit der so genannten Elite der Erde den Planeten ausbeuten, manipulieren die Menschheit. Was das in einem Buch über Wrestling zu suchen hat? Nun, die Hauptrolle des Frank Nada spielt niemand geringeres als der Kanadier Roderick Toombs (geboren 1954), besser bekannt unter seinem Ringnamen »Rowdy Roddy Piper«. Was viele nicht wissen: Toombs spielt in diesem Streifen ansatzweise seine eigene Geschichte nach. Okay, ohne Aliens. Denn im richtigen Leben riss der spätere Wrestling-Superstar als Teenager von zu Hause aus und schlug sich quer durch Nordamerika. Das Wrestling lag ihm schon damals im Blut, sein erstes Match soll er im zarten Alter von 15 Jahren gehabt haben. Das ging zwar verloren (gegen den Vater des späteren Mr. Perfect), aber Toombs, der neben dem Wrestling auch aktiv boxte und Judo betrieb, konnte sein Talent unter Beweis stellen. Was Vince McMahon Senior nicht so richtig beeindruckte. Er lud Roddy Piper, der aufgrund seiner schottischen Wurzeln gerne mit Dudelsack in den Ring kam, für eine einzelne Show ein, stopfte der Legende nach aber höchstpersönlich die Pfeifen des Dudelsacks mit Toilettenpapier voll. Der Auftritt ging ziemlich daneben.

Es folgten Jahre des Tingelns durch kleinere Promotions, 1976 stach er bei NWA Hollywood Wrestling erstmals nachhaltig hervor. Er entwickelte etwas später den Charakter des »Rowdy«, der mit seinen Wutausbrüchen Hallen zum Toben bringen konnte. Trotzdem gab es immer wieder Rückschläge, bis er 1984 fest zur damaligen WWF wechselte und sich langsam etablierte. Schnell wurde klar, dass Toombs nicht nur ein begnadeter Sportler, sondern auch ein guter Redner und Schauspieler war. Er bekam eine eigene kleine Talkshow mit dem Titel *Piper's Pit*, wo er sich über alles und jeden aufregen durfte. Legendär ist bis heute die Szene, in der er James »Jimmy Superfly Snuka« Smith beschimpfte und ihm schließlich eine Kokosnuss auf dem Schädel zerschlug. Piper war eben der geborene Choleriker. Auseinandersetzungen mit »Mr. T« aus dem *A-Team* oder Hulk Hogan ließen ihn immer populärer werden. Das Publikum mochte Piper und hasste ihn gleichzeitig. Er gilt als der »beliebteste unbeliebteste Wrestler aller Zeiten«.

Piper musste sich allerdings immer wieder mit Verletzungen herumschlagen und fiel für längere Zeiträume aus, was ihn sicher einen noch größeren Status kostete. 2006 war Toombs immer noch aktiv, musste aufgrund einer Krebserkrankung wiederum zwei Jahren aussetzen. 2008 schaffte er es tatsächlich zurück in den Ring, danach war er häufig als Gastkommentator oder in anderer Funktion im Fernsehen zu sehen.

Seine Schauspielkarriere verlief hingegen eher mau. Trotz *Sie leben* und der Unterstützung von John Carpenter reichte es nur für kleinere Rollen und B-Produktionen. Einzig der Horrorfilm *Hell Comes to Frogtown*, der ebenfalls aus dem Jahr 1988 stammt, konnte in gewissen Kreisen Kultstatus erlangen. Trotzdem stand Toombs bis kurz vor seinem Tod relativ regelmäßig vor der Kamera. Auch als Musiker versuchte sich der Wrestler, aber bis auf einen Gastauftritt in einem Video von Cyndi Lauper (die sich selbst als großer Wrestling-Fan outete) und eine eigene Single (*I'm Your Man*) in Großbritannien kam auch hier nicht viel bei rum.

So bleibt die Geschichte von »Rowdy Roddy Piper« unter dem Strich eine tragische. Als Wrestler wie als Schauspieler schaffte er es, Kultstatus zu erlangen. Ein wirklicher Superstar war er nie. Dazu passt sein Tod, er starb im Juli 2015 in seinem Haus im Schlaf überraschend an Herzversagen, hervorgerufen durch eine Lungenembolie. Er hinterlässt eine Frau, vier Kinder und vier Enkel.

40. GRUND

Weil das wahre Leben noch viel härter sein kann

Dynastien sind in asiatischen Königshäusern und im Wrestling nichts Ungewöhnliches. Aber in Sachen Ausdauer und Tragik kann es wohl niemand mit dem Von Erich-Klan aufnehmen, der mittlerweile in der dritten Generation durch die Hallen tobt und mehr Tragödien verkraften musste als jede andere Familie.

Nicht ganz unschuldig an dieser Tatsache, so zumindest die verbreitete Meinung in der Szene, ist der Patriarch des Klans, Jack »Fritz Von Erich« Adkisson. Der wurde 1929 geboren und versuchte, eine Football-Karriere zu starten. Immer wieder wird behauptet, er hätte in der NFL gespielt, was so allerdings nicht stimmt. Er besaß tatsächlich einen Vertrag bei den Dallas Texans, wurde aber ohne Einsatz wieder entlassen. In Kanada konnte er einen Vertrag ergattern und lief dort Stu Hart (der Patriarch einer anderen bekannten Wrestler-Familie) über den Weg. Der begeisterte Jack für den Wrestling-Sport und installierte ihn ab 1958 als bösen »Nazi« Fritz Von Erich, was zu dieser Zeit nichts Ungewöhnliches war. Viele Heels hatten in dieser Zeit einen »deutschen« Hintergrund. Gemeinsam mit seinem angeblichen Bruder Waldo (alias Peter Sieber) gaben die beiden die Bösewichte und mischten die Klondike Wrestling Foundation von Hart ordentlich auf. Fritz erwies sich als talentierter Wrestler, der auch schwierige Moves beherrschte und bald schon zur Legende wurde. Aus diesem Grund nutzten auch alle anderen Adkisson-Wrestler den Fake-Namen Von Erich. Dann aber ereilte Jack der erste Schicksalsschlag, der ihn wahrscheinlich auch als Menschen veränderte.

Als Wrestling-Star war Jack viel unterwegs und konnte sich nicht so um seinen Sohn Jack Jr. (geboren 1952) kümmern, wie er das gerne getan hätte. Im Jahr 1959 erlitt Jack Jr. einen Stromschlag an einem Weidezaun, verlor das Bewusstsein und erstickte im Schneematsch. Sein Vater machte sich große Vorwürfe und stellte für einige Zeit seine Reisen ein. Jack glaubte, dass sein Sohn noch leben würde, wäre er zu Hause gewesen und hätte aufgepasst. Doch der Reiz des Wrestling war zu groß, der Ruf des Geldes zu laut. Nach einigen Auftritten in der Provinz kehrte Jack zurück in die großen Metropolen. Titel folgte auf Titel, er arbeitete zudem als Promoter, bis 1973 Japan rief. Das Land hatte mit der Ermordung von Mitsuhiro »Rikidōzan«

Momota Jahre zuvor einen seiner Superstars verloren und suchte nach Ersatz. Jack Adkisson füllte diese Lücke als großartiger Sportler, der wusste, was er tat. Sein Markenzeichen wurde die »eiserne Klaue« (»Tetso no Tsume«, unter diesem Namen trat Jack auch an), jeder Wrestling-Fan in Japan kennt diesen Move heute noch.

In der Zwischenzeit konnte die Familie massiven Zuwachs verzeichnen, Jacks Frau Doris hatte fünf Söhne geboren. Kevin (1957), David (1958), Kerry (1960), Mike (1964) und Chris (1969). Alle fünf Kinder sollten ihrem Vater folgen und Wrestler werden. Kevin »The Golden Warrior« Adkisson, der einzige der Gruppe, der heute noch lebt, trat hauptsächlich in der Promotion World Class Championship Wrestling (WCCW) an, wo er unter anderem gegen Richard »Ric Flair« Fliehr antrat. Kevin kopierte bis zu einem gewissen Punkt den Stil seines Vaters, unter anderem benutzte er die »eiserne Klaue«. Außerdem trat er barfuss an, was ihm auch den Spitznamen »The Barefoot Warrior« einbrachte. Kevin zog sich bereits 1993 aus dem aktiven Geschäft zurück, taucht aber bis heute gelegentlich als Kommentator oder Interviewpartner auf. Außerdem gilt er als Verwalter des Von Erich-Vermächtnisses und war zum Beispiel persönlich anwesend, als seine Familie als Gruppe 2006 in die Hall of Fame der WWE eingeführt wurde.

Kevins jüngerer Bruder David kämpfte ebenfalls hauptsächlich in der WCCW, konnte daneben aber noch ein paar regionale Titel gewinnen. Wie sein Vater ging auch er nach Japan, um die Familientradition im Land der aufgehenden Sonne fortzuführen. Am 10. Februar 1984 wurde David von seinem Kollegen Frank »Bruiser Brody« Goodish tot im Hotelzimmer aufgefunden. Die offiziell verbreitete Todesursache wurde mit akuter Darmentzündung angegeben. Aber in der Szene war es ein offenes Geheimnis, dass David Drogenprobleme hatte, so dass eine Überdosis wahrscheinlicher erscheint. Gerüchte besagen, dass Brody, der vier Jahre später niedergestochen wurde und kurz danach verstarb, erst die restlichen Drogen im Klo runterspülte und dann den Krankenwagen rief.

Kerry »The Modern Day Warrior« Von Erich gelang die mit Abstand größte Karriere seiner Generation. Er besiegte Ric Flair in einem Titelkampf der National Wrestling Aliance (NWA) und feierte gemeinsam mit David und Kevin als Team große Erfolge. Aber auch er war nicht vom Glück verfolgt. Bei einem Motorradunfall im Jahr 1986, der ihn fast das Leben kostete, wurde sein rechtes Bein schwer verletzt. Nach einigen Operationen versuchte Kerry viel zu früh wieder auf eigenen Beinen zu stehen, was zur Folge hatte, dass sein rechter Fuß amputiert werden musste. Kerry kehrte mit einer Prothese in den Ring zurück, angeblich wussten nicht mal seine Kollegen von der Amputation. Unter der Dusche behielt er einfach seine Stiefel an. Aufgrund der starken Schmerzen entwickelte der Wrestler eine Abhängigkeit von Schmerzmitteln, griff dann auch zu Drogen und kam immer wieder mit dem Gesetz in Konflikt. Als er gegen Bewährungsauflagen verstieß und ihm eine längere Haftstrafe drohte, kündigte seine Frau an, mit den gemeinsamen Kindern auszuziehen. Kerry schoss sich am 18. Februar 1993 ins Herz. Bret Hart sagte später, dass Kerry ihm gegenüber diesen Schritt angekündigt hatte. In einem Interview für das Magazin *Pro Wrestling* im Jahr 1994 erklärte Kevin, dass sich sein Bruder direkt vor der Tat bei ihm telefonisch verabschiedet hatte. Das Gespräch soll eine Stunde gedauert haben, zum Schluss dachte Kevin, er hätte Kerry die Idee ausgeredet. Direkt nach dem Telefonat beging Kerry Selbstmord. Drei Monate später lies sich seine Mutter Doris von ihrem Mann Fritz scheiden.

Mike Von Erich wollte eigentlich einen anderen Weg einschlagen, als seine Brüder, und als Kameramann außerhalb des Rings stehen. Allerdings verpflichtet der Name Von Erich nun einmal, also wurde Mike immer mal wieder vor die Kamera gezerrt, meist zusammen mit einem seiner Brüder. Nach einer Schulteroperation litt Mike unter dem seltenen toxischen Schocksyndrom (ein schweres Kreislauf- und Organversagen). Gerüchten zufolge jagte Fritz seinen Sohn viel zu früh wieder in den Ring, Mike erlangte nie wieder die Ausdauer und Kraft früherer Tage. Er nahm sich am 12. April 1987 mit einer Überdosis Beruhigungstabletten das Leben.

Chris war vielleicht der tragischste aus dem Quintett. Denn er liebte das Wrestling über alles, war wahrscheinlich auch der sportlichste der fünf, allerdings auch der erfolgloseste. Obwohl er Jahre in seine Karriere investierte, kam er nicht vom Fleck. Durch diese Tatsache, und auch den Selbstmord seines Bruders Mike, dem er am nächsten gestanden hatte, verfiel Chris in Depressionen und erschoss sich am 12. September 1991.

Es gibt viele Gerüchte darüber, wie viel Schuld Vater Fritz, der 1997 von einem Gehirntumor und Lungenkrebs dahin gerafft wurde, am Massensterben seiner Nachkommen tragen soll. Nach dem Unfalltod von Jack Jr. begann er mit dem Trinken, er triezte und quälte seine anderen fünf Söhne, damit diese seine Nachfolge antreten. Den Konsum von Schmerzmitteln und Drogen tolerierte er, damit die Jungs schneller wieder in den Ring steigen konnten. So berichten es zumindest ehemalige Kollegen der Von Erich-Brüder, die dies aus Gesprächen mit der Familie erfahren haben wollen. Es gibt aber auch eine andere Seite. Im bereits erwähnten Interview von Kevin für die Zeitschrift *Pro Wrestling* widerspricht Kevin den Gerüchten vehement. Sein Vater sei weder besonders streng, noch alkoholabhängig gewesen. Und er habe nie eines seiner Kinder zu irgendetwas gezwungen. Vielmehr beschreibt Kevin sich und seine vier Brüder als wilde Bande, die keiner Gefahr aus dem Wege gingen. Sie seien auf den Dächern fahrender Züge oder Autos oder auf Brückengeländern herumgeturnt. Es sei nicht ihr Vater gewesen, der die vier umgebracht habe, sondern sie selbst. Und zu einem kleinen Teil das Wrestling-Business, das immer fordernder und nervenaufreibender wurde.

Inwieweit diese Darstellungen den Tatsachen entsprechen, kann heute nur noch schwer nachvollzogen werden. Fakt ist, dass drei der vier Kinder, die Kevin hat, ebenfalls im Wrestling Business gelandet sind. Seine Söhne Ross (1988) und Marshall (1992) sind heute noch aktiv, seine attraktive Tochter Lance (1986), die wie ihr Vater auch häufig barfuß antrat, beendete ihre Karriere nach drei sehr erfolgreichen Jahren (unter anderem in der WWE), um ihre eigene Werbeagentur zu führen. Auch Lacey hat bereits drei Kinder, die Von Erich-Familie dürfte trotz aller Rückschläge ihr letztes Match noch nicht absolviert haben.

KAPITEL 5

DIE ORGANISATOREN

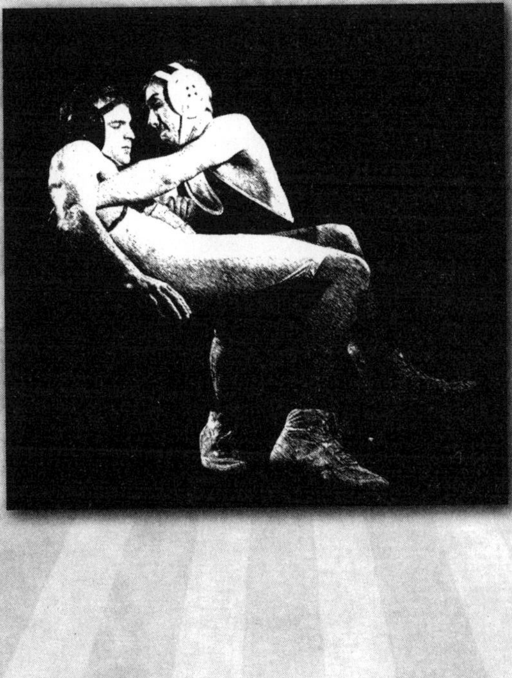

41. GRUND

Weil man Football und Wrestling nicht mischen sollte

Sie ist die Mutter aller Wrestling-Promotions, das kommerzielle Flagschiff, der Inbegriff des Kommerzes und das Hassobjekt vieler Neider. Die Promotion World Wrestling Entertainment prägte wie niemand sonst das Bild des Wrestlings in der Öffentlichkeit. Aber in der bewegten Geschichte der Firma lief es auch nicht immer rund. Und das ist noch sehr freundlich ausgedrückt.

Die Ursprünge der Promotion reichen bis in die dreißiger Jahre des letzten Jahrhunderts zurück. In dieser Zeit veranstaltete der Boxpromoter Roderick »Jess« McMahon (der Opa des heutigen Firmenbesitzers) erste Wrestling-Matches, allerdings unter dem Namen Capitol Wrestling Federation. Da der verhältnismäßig junge Sport bei den Zuschauern prima ankam, konzentrierte sich McMahon auf diesen Sektor, holte sich den erfahrenen Promoter James »Toots« Mondt ins Boot, kaufte eine eigene Arena in Washington und veranstaltete hier 1952 schließlich die erste komplett eigene Show. 1954 verstarb Jess an einer Hirnblutung, sein zweiter Sohn Vince übernahm die Geschäfte. 1956 stieg der erste kleine lokale Fernsehsender ein, 1957 gründete McMahon die Capitol Wrestling Corporation (WCW), die natürlich Mitglied im Dachverband der National Wrestling Alliance (NWA) wurde. Die NWA hatte das Land in Territorien unterteilt, damit sich die Promotions gegenseitig nicht in die Quere kamen. Jede offizielle Promotion durfte in ihrem Gebiet schalten und walten, nicht aber in fremden Gegenden. Wenn doch, musste der Wrestler eine Kaution in Höhe von 10.000 Dollar, später dann 25.000 Dollar hinterlegen. Eine Praxis, die vielen Athleten, aber auch den Verantwortlichen der WCW nicht gefiel.

Als der bei der WCW unter Vertrag stehende »Nature Boy« Buddy Rogers (bürgerlich Herman Rohde Junior) 1961 World Heavyweight Champion wurde, spitzte sich die Situation zu, da Rogers sich weigerte, das Geld zu hinterlegen, und im Territorium von McMahon blieb. Dadurch konnten andere Promotions keinen Titelkampf mehr organisieren, weshalb die NWA 1963 beschloss, den Titel an den kooperativeren Lou Thesz zu geben. McMahon trat daraufhin aus dem Dachverband der NWA aus (nicht aber aus der NWA selbst) und gründete die World Wide Wrestling Federation (WWWF). Die ernannte Rogers zum ersten Champion (den Titel hatte angeblich in einem Match in Brasilien errungen, tatsächlich hatte es diesen Kampf nie gegeben). Zweiter Titelträger der WWWF-Geschichte wurde wenige Wochen später Bruno Sammartino.

Trotz des Verlassens des NWA-Dachverbandes und der Neufirmierung als WWWF durfte die Promotion ihre Wrestler immer noch nicht in fremden Territorien auftreten lassen, dafür griff Jim Crockett Promotions die WWWF auf ihrem Territorium an und versuchte (allerdings erfolglos), die Geschäfte zu übernehmen. Mondt zog sich Mitte der Sechzigerjahre aus dem Geschäft zurück und überließ McMahon die Verantwortung. Toots litt angeblich unter Spielsucht, was seine Verhandlungsposition oft schwächte, wenn die Gegenseite Wind davon bekam. Es wird sogar gemunkelt, dass er seine Anteile an der WWWF an McMahon verkaufen musste, um Schulden zu begleichen. Außerdem interessierte er sich nicht fürs immer wichtiger werdende Fernsehgeschäft. Der Veteran Mondt und der »Neuling« McMahon waren sich insgesamt nicht mehr grün und hatten häufig unterschiedliche Meinungen. Angeblich empfahl Mondt McMahon zum Abschied aus der Chefetage, sich auf Sammartino zu verlassen und die Firma um diesen Wrestler herum aufzubauen. McMahon glaubte hingegen, Sammartino hätte nicht mehr als zwei oder drei Jahre als durchschnittlicher Wrestler vor sich. Mondt, der als Angestellter noch einige Zeit bei der WWWF arbeitete, sollte Recht behalten.

Das half ihm allerdings auch nicht viel, er starb 1976, ohne einen Cent zu hinterlassen.

1972 schlüpfte die WWWF wieder beim Dachverband der NWA unter, McMahon band seinen Sohn Vincent Junior immer stärker in die Geschäfte ein. Aber dem gefiel die konservative und zurückhaltende Art seines Vaters immer weniger, also bemühte er sich, die Kontrolle über die Firma zu erhalten. Sein Ziel war es, die WWWF zur größten Wrestling-Promotion der Welt zu machen. Und dafür musste er zuerst vor der eigenen Haustür kehren. Denn die USA waren immer noch in rund 30 Territorien untergliedert, in denen jede Promotion machen konnte, was sie wollte. Es gab immer noch so gut wie keine Zusammenarbeit unter den einzelnen Verantwortlichen (von McMahon Junior verächtlich »Landlords« genannt). 1979 taufte der alte McMahon die Firma noch in World Wrestling Federation (WWF) um, 1982 kaufte Vince Junior schließlich die komplette Firma von seinem Daddy. Seine erste Aktion war es, gezielt nach kleineren Promotions zu suchen, die in Geldproblemen steckten und diese einzukassieren. Das erweiterte nicht nur den Machtbereich, sondern erlaubte der WWF auch, im eigenen Land auf Tour zu gehen, was vorher kaum möglich gewesen war. Zudem wollte McMahon, dass die Matches seiner Promotion im ganzen Land zu sehen waren, nicht nur in seinem Territorium. Das verärgerte den konservativen Flügel des Wrestling-Geschäftes, der an den in den Vierzigerjahren eingeführten Gebietsaufteilungen festhalten wollte. Aber McMahon ließ sich nicht aufhalten. Seine Vision war es, dass Wrestling nicht nur etwas für eingefleischte Fans, sondern Unterhaltung für die ganze Familie sein sollte. Er verpflichtete aus diesem Grund Prominente wie Muhammad Ali, die in seinen Shows auftraten. Zu den ersten Wrestlern, die in der neuen WWF arbeiteten, zählten unter anderem Jonathan »Greg Valentine« Wisniski, James »Jimmy« Snuka oder Richard »Ricky Steamboat« Blood Senior. Hulk Hogan als Held erwies sich als absoluter Glücksgriff.

McMahons Ideen funktionierten, verschlangen aber auch eine Menge Kapital. Wenige Jahre nach seinem Antritt als Chef stand die WWF vor der Pleite. Entweder McMahons nächste Idee zündete oder die Firma seines Großvaters würde von der Bildfläche verschwinden. Und jene Idee namens »WrestleMania« zündete tatsächlich, sie wurde ein Riesenerfolg, der bis heute anhält. Die Idee, alle Superstars des eigenen Rosters (plus eventueller Gäste) an einem Abend bei einer riesigen Show auftreten zu lassen, war nicht neu. Andere Promotions hatten das bereits Jahrzehnte zuvor gemacht. McMahon setzte aber noch einen drauf, bot mehr Spektakel, mehr Skandale, mehr Action und mehr Drumherum. »WrestleMania« wurde schnell als »Super Bowl des Wrestling« bezeichnet und machte die Promotion samt ihren Athleten weltberühmt. In den Achtzigerjahren wurden von der WWF diverse Rekorde gebrochen, darunter das Wrestling-Match mit den meisten Live-Zuschauern (über 93.000 bei »WrestleMainia III« 1987) oder das Wrestling-Match mit den meisten TV-Zuschauern (Hulk Hogan gegen André The Giant, 1988).

Aber was hoch fliegt, kommt irgendwann auch wieder runter. McMahon hatte sich vielleicht ein wenig zu sehr auf seinen Erfolg verlassen, und als der Boom wenige Jahre später nachließ, hatte er nicht das geniale Konzept zur Hand, das er benötigt hätte. 1992 wurde die WWF vom Steroide-Skandal heimgesucht. Mehrere ehemalige Wrestler und andere sagten aus, dass sie von der WWF und von McMahon persönlich dazu genötigt worden seien, illegale Muskelaufbaupräparate zu nehmen. Superstar Hulk Hogan gab zu, sich ebenfalls diverses Zeug eingefahren zu haben, sprach aber sowohl die medizinische Abteilung der WWF als auch McMahon von einer Mitschuld frei. Letztlich kam bei den Prozessen nicht viel heraus, aber der Imageschaden war gewaltig. Es wird geschätzt, dass allein das Bekanntwerden des Vorwurfs die WWF fünf Millionen Dollar gekostet hat. Ein Jahr später geisterte McMahons Name ein weiteres Mal durch die Gazetten, einige ehemalige Angestellte warfen ihrem Chef vor, sie sexuell belästigt zu haben. McMahon wurde freigesprochen, aber der Ruf war im Eimer.

Die WWF versuchte, mit einer neuen Generation von Wrestlern dagegenzuhalten. Innerhalb kurzer Zeit wurden Wrestler wie Kevin »Diesel« Nash oder Mark »The Undertaker« Calaway, die schon vorher bekannt waren, als neue Superstars aufgebaut. Oder es wurde zumindest versucht. An der Spitze dieser Bewegung stand Bret Hart, der als der »neue Hulk Hogan« präsentiert werden sollte. Der Hintergedanke von McMahon dabei war, dass Hart weder so groß noch so aufgepumpt aussah wie Hogan und deshalb die Kritiker in Sachen Steroide-Missbrauch zum Verstummen bringen sollte. Mit der neuen TV-Sendung *Monday Night Raw* sollten neue Zielgruppen erschlossen werden.

Aber McMahon hatte seine Rechnung ohne die World Wrestling Championship (WCW) gemacht. Die wurde erst 1988 gegründet, hatte in den folgenden Jahren aber massiv an Boden gewonnen und schickte sich an, die WWF zu überrunden. Ab 1995 sendete sie zur gleichen Zeit die Sendung *WCW Monday Nitro*, was schließlich in den *Monday Night Wars* mündete. So wurden die Kämpfe um die besten Quoten zwischen den beiden Promotions genannt. McMahon beschwerte sich darüber, dass die WCW zeitgleich sendete. Aber da er in früheren Zeiten ebenfalls keine Rücksicht auf Konkurrenten genommen hatte, verhallten seine Meckereien ungehört.

Während die WCW weiter an Fahrt aufnahm und der WWF einen Star nach dem anderen abluchsen konnte, schlitterte die WWF in die nächste Krise. Der »Montreal Screwjob«, bei dem Michael Shawn »Michaels« Hickenbottom seinen Kollegen Bret Hart in dessen Heimat Kanada vorführte wie einen Schuljungen, kostete weitere Sympathiepunkte. Es musste schnell etwas passieren, also entwickelte der McMahon-Clan unter Federführung von Vincents Sohn Shane ein Konzept, das als die Attitude-Ära in die Geschichte einging. Die Zielgruppe waren nicht länger Familien, sondern junge männliche Erwachsene. Es gab mehr Kraftausdrücke, mehr Sex (die WWF-Divas durften mehr Matches austragen, dafür aber weniger anziehen), mehr schmutzige Details und sogar ein eigenes Logo. McMahon trat selber als Wrestler in Erscheinung, das Image der Athleten rückte noch weiter in den Vordergrund, die Interviewsequenzen dauerten länger, es wurden sogar Sketche eingebaut. Damit wollte man dem schwindenden Interesse entgegenwirken. Und der Plan ging auf, die Quoten erholten sich. McMahon konzentrierte sich wieder mehr auf das TV-Geschäft und schloss Verträge für neue Formate ab. Außerdem ging die WWF an die Börse, was die Geldsorgen erst mal eliminierte.

Im Jahr 2000 fühlte sich McMahon sogar Manns genug, um einen völlig absurden Plan in die Realität umzusetzen. Der sah vor, die Vorzüge des American Football mit denen des Wrestling zu verbinden. Während der spielfreien Zeit, so der Plan von McMahon und der Firma NBCUniversal, sollten die Fans in die Stadien strömen, um sich eine Art »Wrestling-Football« anzuschauen. Grundsätzlich sollten die Football-Regeln gelten, es war allerdings mehr körperliche Härte erlaubt und die Spielsituationen sollten dramatischer gestaltet werden. Die XFL hielt mit Teams wie den San Francisco Demons oder den Memphis Maniax tatsächlich eine komplette Saison durch, aber nach anfangs hohen Quoten interessierte sich buchstäblich niemand mehr für den Blödsinn, die Liga wurde wieder eingestampft. Und das obwohl McMahon zuvor großspurig gesagt hatte, dass die NFL für »no fun league« stehen würde, während seine XFL für »extra fun league« stünde.

»Extra Spaß« dürfte McMahon im Jahr 2002 gehabt haben, da war der einstige Konkurrent WCW, der Jahre zuvor angekündigt hatte, eines Tages die WWF zu übernehmen, am Ende, und der Geschäftsmann Vince McMahon ließ sich die Chance nicht entgehen. Er schluckte die WCW und übernahm viele Superstars, zwei Jahre später musste auch Extreme Championship Wrestling (ECW) dran glauben. Im Frühjahr 2002 wurde bekannt, dass sich die WWF in WWE (World Wrestling Entertainment) umbenennen würde, offiziell, um den Entertainment-Charakter weiter zu betonen. Tatsächlich hatte es in den Jahren zuvor immer wieder Ärger mit dem World Wide Fund for Nature gegeben, der sich ebenfalls mit WWF abkürzt und ebenfalls seit 1979 aktiv ist.

Heute ist die WWE der unumstrittene Weltmarktführer im Wrestling. Und auch wenn die Zeiten nicht mehr so rosig sind wie Ende der Achtzigerjahre, macht die Firma, die unzählige Tochtergesellschaften auf dem ganzen Planeten unterhält, Millionenumsätze. Das reicht von Wohlfahrtsorganisationen und Bodybuilding-Studios über einen eigenen Verlag bis hin zu einer Firma, die sich ausschließlich um die Organisation von Privatjets kümmert. Die WWE beschäftigt insgesamt über 700 Angestellte. Irgendwas scheint der McMahon-Klan, der wegen seiner rücksichtslosen Methoden und seinen eher rauen Umgangsformen oft kritisiert wird, also richtig zu machen.

42. GRUND

Weil schlecht kopiert nicht halb gewonnen ist

Es war das Jahr 1988, als sich der Medienmogul, CNN-Gründer und Milliardär Ted Turner (er besitzt Grundstücke, die insgesamt die Hälfte der Fläche von Thüringen ergeben) fragte, was er noch so anstellen könnte. Wahrscheinlich lief im Fernsehen gerade ein Match der WWF, also dachte er sich, warum nicht eine eigene Wrestling-Promotion gründen? Okay, ganz so wird es wahrscheinlich nicht gelaufen sein. Aber die World Championship Wrestling gründete Ted Turner doch. Und für einige wenige Jahre sah es tatsächlich so aus, als würde sie das Urgestein WWF verdrängen können.

Der Name World Championship Wrestling (WCW) existiert wesentlich länger als die Firma selbst. Von 1964 bis 1978 gab es in Australien eine große Promotion gleichen Namens, in dieser Zeit wurde auch versucht, in den USA eine Zweigstelle zu errichten, was aber nicht so richtig klappte. Allerdings gab es Anfang der Achtzigerjahre eine Fernsehsendung mit diesem Titel. Turner und sein Team rissen sich die Bezeichnung unter den Nagel und gingen selbst damit an den Start. Ursprünglich wollte der Milliardär sein neues Baby Universal Wrestling Corporation nennen, entschied sich dann schnell um.

In den ersten Jahren hatte die WCW trotz des finanziellen Backgrounds nichts zu melden, unerfahrene oder zu alte Verantwortliche konnten der Strahlkraft und der Expansionslust der WWF nichts entgegensetzen. Das änderte sich erst, als der TV-Produzent Eric Bischoff auftauchte, der schon einige Erfahrungen in der Wrestling-Branche besaß. Er begann 1991 als Ringansager, wurde aber schon 1993 ausführender Produzent und schließlich Vize-Präsident der Firma. Er war das Gegenstück zu Vince McMahon, bereit alles dafür zu tun, um die Promotion nach oben zu führen. Er engagierte Hulk Hogan, im Nachhinein wahrscheinlich sein größter Fischzug. Denn mit Hogan kamen weitere Stars wie Kevin »Diesel« Nash oder Scott »Razor Ramon« Hall. Diese Helden des Wrestling formierten 1996 ein Stable mit dem Namen New World Order (nWo), dessen Geschichte tausende von Fans vor die Bildschirme und in die Hallen lockte. Die nWo wurde als Outsider-Gruppe etabliert, die angeblich auch gegen die eigene Promotion agierte. Diese Idee hatte Bischoff aus Japan geklaut.

Für einige Monate durfte Bischoff wirklich davon träumen, der WWF das Wasser abzugraben, aber als die ihre »Attitude-Ära« einläuteten, wendete sich das Blatt schnell wieder. Dazu traf Bischoff falsche Entscheidungen. Der Wrestler William »Bill« Goldberg arbeitete hinter den Kulissen sehr erfolgreich als Chef-Booker, aber Bischoff ersetzte ihn 1998 durch Kevin »Diesel« Nash. Ein kleiner Mosaikstein des Zusammenbruchs.

Bischoff verlor immer mehr an Boden und versuchte nun, das frühere Erfolgskonzept der WWF zu kopieren, in dem er immer mehr Stars in die Sendungen einlud, darunter viele Bands wie Megadeth oder Kiss. Die Fans wollten aber lieber Sport sehen. Hatte sich die Promotion wenige Jahre zuvor noch von der »Schauspielerei« der WWF distanziert, gingen sie nun den gleichen Weg. Allerdings mit wesentlich weniger Erfolg. Im Jahr 1999 fuhr die WCW angeblich fünf Millionen Dollar Miese pro Monat ein, Bischoff wurde schließlich entlassen und wenige Monate später wieder eingestellt, weil man hoffte, mit ihm und dem ehemaligen WWF-Autor Vince Russo ein Team zu haben, das die WCW retten könnte. Aber auch das funktionierte nicht.

Im Jahr 2000 kamen Gerüchte auf, die WCW stünde zum Verkauf, was Bischoff nutzte, um auf Investorensuche zu gehen. Aber seine Suche war nicht sonderlich erfolgreich, außerdem kam ihm Vince McMahon zuvor, der sich die WCW und all ihre Stars für 4,2 Millionen Dollar (andere Quellen sprechen von sieben Millionen) sicherte. Seitdem existiert die WCW als Marke nicht mehr, einzig DVDs von früheren Matches erscheinen hier und da noch unter diesem Namen. Das Geld dafür fließt allerdings an McMahon, der wahrscheinlich heute noch in seinem Büro sitzt und diabolisch lacht.

43. GRUND

WEIL ES NACH DER WELTHERRSCHAFT GREIFT

Wer das asiatische Gegenstück zur WWE in Asien sucht, wird früher oder später bei der New Japan Pro Wrestling-Promotion (NJPW) landen. Dieses traditionsreiche Unternehmen, das bereits 1972 von Kanji Inoki gegründet und konnte innerhalb weniger

Jahre die Herzen der einheimischen Wrestling-Fans gewinnen. Die konkurrierende Promotion Pro Wrestling Noah mag mehr Umsatz machen (angeblich schreibt sie als einzige japanische Wrestling-Promotion überhaupt schwarze Zahlen), aber bekannter ist die NJPW.

Das liegt unter anderem daran, dass Inoki schon früh die Wichtigkeit ausländischer Märkte erkannte und mit Ligen aus aller Welt kooperierte. Heute eine Selbstverständlichkeit, damals etwas Besonderes. Inoki, der seine Firma 2005 verkaufte, schickte seine Athleten rund um den Globus. Egal ob Australien, Deutschland, Mexiko, Kanada, die USA oder Mexiko. Überall war schon das Logo von NPJW zu sehen. Und oft besaßen die Veranstaltungen richtig geschmackvolle Namen, wie »Global Wars«, »Attack on East Coast« oder »War of the Worlds«. Ein bisschen Weltkriegstrauma steckt halt in jedem Volk. Pearl Harbor, irgendwer?

In den letzten Jahren gibt es auch vermehrt Cross-Promotions mit anderen japanischen Verbänden. Gleichzeitig kündigte der aktuelle Besitzer von NPJW, der Spielkartenhersteller Bushiroad aus Tokio, aber an, das globale Engagement zu verstärken. Freuen wir uns also auf weitere Live-Events, die nach Schlachten benannt sind, an die sich niemand mehr erinnern möchte. Man darf das alles nicht so eng sehen.

44. GRUND

Weil die Mutter von Sylvester Stallone mitmischt

Der Begriff »Glow« bedeutet übersetzt so viel wie »das Leuchten« oder »das Glühen«. Wer seine Promotion so nennt, muss also etwas

Besonderes anzubieten haben. Und das schaffte GLOW zumindest in der Anfangszeit.

Denn die Abkürzung steht für Gorgeous Ladies of Wrestling, im Ursprung eine TV-Reihe, die es zu Kultstatus brachte. Die Idee, eine Serie mit weiblichen Wrestlern, ein bisschen Musik und einigen albernen Sketchen zu produzieren, stammt von Dave McLane, einem Sport-Promoter, der in seiner Jugend den Fanclub von »Dick the Bruiser« leitete und später auch in dessen Promotion arbeitete. Jackie Stallone, die Mutter von Sylvester, hatte Jahre zuvor große Erfolge mit einem Fitnessstudio gefeiert, das nur für Frauen gedacht war. Warum also keine Wrestling-Sendung nur mit Frauen? Der Regisseur Matt Cimber wurde mit ins Boot geholt, veränderte noch einiges am Konzept und startete schließlich Ende 1985 mit der Produktion. Nach kurzen Anlaufschwierigkeiten sprangen immer mehr TV-Sender auf den Zug auf, auch weil das Männer-Wrestling zu dieser Zeit einen ungeahnten (zweiten) Boom erlebte. Zuerst in den USA, später weltweit. Auch in Deutschland lief GLOW für eine kurze Zeit über den Bildschirm.

Anders als bei anders Promotions wurden bei GLOW die Zeiträume nach Saisons aufgeteilt. Innerhalb einer Saison konnten sich die ausgewählten Damen beweisen, danach wurden die schwächsten (oder langweiligsten) ausgetauscht. Das ganze war eher ein Scherz als ernsthafter Sport, zumindest in den Anfangstagen. Es gab »gute« und »böse« Mädchen, Jackie Stallone persönlich spielte die Herbergsmutter für die Engelchen. Die wurden zuvor gecastet, ein paar Wochen von Wrestler und Stuntman Mando Guerrero trainiert und durften dann vor der Kamera loslegen. Ein spezielles Gimmick war die Tatsache, dass alle Mädels die gleiche Einmarschhymne hatten, nur der Text passte zum jeweiligen Charakter. Die meisten der Gelegenheits-Sportlerinnen unter ihnen versuchten sich im Anschluss weiter als Schauspielerinnen, nur wenige (wie zum Beispiel Lisa »Ivory« Moretti) schafften den Sprung ins Profigeschäft. Dafür gab es für eine Glow-Grazie einen denkwürdigen

Gastauftritt in der bekannten Serie *Eine schrecklich nette Familie*. Al Bundy muss in der Doppelfolge »Las Vegas« seiner Peggy ins Spielerparadies hinterher reisen, wo die die komplette Familienkohle auf den Kopf gehauen hat. Um wieder an Geld zu kommen, steigt Al Bundy zu »Big Bad Momma« in den Ring. »Big Bad Momma« war tatsächlich ein Charakter aus der GLOW-Serie, hinter der Voodoo-Maske verbarg sich Lynn Braxton, die im Jahr 2013 an Krebs starb.

GLOW existierte bis 1992 und wurde dann eingestellt. 2001 wurde die Marke von Ursula Hayden, die hinter den Kulissen bereits an den letzten Staffeln mitgewirkt hatte, reaktiviert. Allerdings gab und gibt es kein Revival der Fernsehshow. Vielmehr finden in den USA immer mal wieder Live-Auftritte ehemaliger und neuer GLOW-Girls statt, dazu gibt es Autogrammstunden und Fan-Veranstaltungen. Die Organisation übernehmen meist Mädels, die in der guten alten Zeit selbst dabei waren. Bei GLOW bleibt also alles in der Familie. Nur Jackie Stallone spielt nicht mehr mit. Aber die Dame geht ja auch bald auf die 100 zu.

45. GRUND

Weil es Menschen gibt, die sich Mitzi Mueller nennen

Wer in Großbritannien nach einer rührigen Wrestling-Promotion sucht, landet unter Garantie ganz schnell bei All Star Wrestling, die auch Veranstaltungen unter den Namen Superslam Wrestling oder Big Time Wrestling veranstaltet. Angesiedelt in Liverpool, ist All Star die älteste und am längsten aktive englische Wrestling-Promotion überhaupt.

Der Startschuss fiel 1970, damals noch unter dem handlichen Namen Wrestling Enterprises of Birkenhead. Birkenwas? Das ist der Geburtsort der Promotion, eine kleine Hafenstadt ganz in der Nähe von Liverpool. Der Wrestling-Referee Brian Dixon, bis heute Chef des Ladens, wollte seiner damaligen Freundin und späteren Frau unter die Arme greifen. Die war britische Meisterin im Wrestling, hatte aber Probleme mit dem damaligen Marktführer Joint Promotions. Da kann der liebe Mann auch gleich eine neue Promotion gründen. Die Dame trat übrigens unter dem Namen Mitzie Mueller an. Muss man auch erst mal drauf kommen. Der erste Start von Wrestling Enterprises of Birkenhead war allerdings Martin »Giant Haystacks« Ruane (1946-1998), ein Bild von einem englischen Wrestler, der mit rund 2,11 Metern und geschätzten 300 Kilogramm Lebendgewicht (darf es ein bisschen mehr sein?) eine echte Weltkarriere hinlegte.

In den Siebzigerjahren entwickelte sich die Promotion prächtig und schaffte es bald, zumindest in Liverpool kleinere Stadien zu füllen. Ein weiterer Star im Stall war Adrian Street (geboren 1940), der später in die USA auswanderte. Street gehört zu den ganz wenigen Wrestlern, die sich offen zu ihrer Homosexualität bekennen. Während die Achtzigerjahre weitere Erfolge brachten – unter anderem auch durch den Konkurrenzkampf mit Joint Promotions, der beide Parteien beflügelte – etablierte All Star Wrestling auch eine eigene TV-Sendung, die die Popularität weiter anfeuerte. Bekannte Stars wie Peter »Kendo Nagasaki« Thornley (ein maskierter Samurai, der seine Gegner hypnotisieren konnte) wurden zu Zugpferden. Als Thornley vom aktiven Sport zurücktrat, konzentrierte sich All Star Wrestling wieder mehr auf reine Live-Shows. Joint Promotions machte die Schotten dicht, die kleineren Promotions auf der Insel versuchten, die erfolgreiche WWF zu kopieren. Es gab sogar Matches, bei denen britische Wrestler als »Doppelgänger« der bekannten US-Stars auftraten. Das ist so, als würde sich der SV Schlappmannshausen aus der Kreisliga Wuppertal Süd einfach Trikots von Bayern München überziehen.

Nichtsdestotrotz durften der »UK Undertaker« und andere Plagiate auch bei All Star Wrestling auftreten, zumal Brian Dixon immer noch beständig junge Talente einbaute. Anfang des neuen Jahrtausends versuchte Scott Conwall mit seiner Promotion The Wrestling Alliance (TWA) All Star das Wasser abzugraben, was allerdings nicht gelang.

Seit einigen Jahren sind die britischen Wrestler dieser Promotion auch vermehrt in den USA, Kontinentaleuropa und Japan zu sehen, gleichzeitig organisiert All Star viele Live-Events, die in den Hallen und Clubs stattfinden, aus denen in den Achtzigerjahren live übertragen wurde. Eine Mischung aus neuen Ufern und alten Werten, die bei den Anhängern hervorragend ankommt.

46. GRUND

Weil es die Erotikindustrie inspiriert

Unter der Abkürzung ACW existieren gleich eine ganze Reihe von verschiedenen Wrestling-Promotions. In den USA, aber auch in Deutschland ist dieses Akronym ziemlich beliebt. Eine dieser ACWs ist allerdings eine besondere Promotion. Denn hier tummeln sich keine Wrestler mit erotischer Ausstrahlung, sondern Erotik-Models mit Grundkenntnissen (hüstel) in Sachen Wrestling.

Die meisten Menschen werden schon einmal den Begriff »Catfight« gehört haben, wenn auch nur von einem Freund, der also ein ziemliches Ferkel ist. Damit wird ein fingierter Kampf zweier (oder mehrerer) Damen bezeichnet, die per se schon mal ziemlich luftig angezogen sind. Und wenn der Kampf richtig Fahrt aufnimmt, fliegen auch noch die letzten Fetzen. Diese (eigentlich recht offensichtliche) Verbindung zwischen Sex und Kampf macht sich ein

Anbieter zunutze. Die »Models« treten in Bikinis oder ähnlichen Kleidungsstücken gegeneinander an, offenbar meist in irgendwelchen Hotelzimmern oder auf der Couch des Seitenbetreibers. Dabei geht es nicht nur darum, sich die Klamotten vom Leib zu reißen, nein, in der ACW gibt es richtige Titel (samt Gürtel und tollen Bezeichnungen wie »Intercondominium Title« oder »D-Cup Champion«). Und auch sonst orientieren sich die Macher an diversen Mätzchen der Wrestling-Welt. So gibt es zum Beispiel »Hair-Matches«, bei denen die Verliererin zukünftig mit Mütze rumlaufen muss. Auch die Rollenverteilung erinnert an das »echte« Wrestling. Es gibt Brawler, Faces und Heels. Manchmal dürfen die »Stars« der Seite sogar Pressekonferenzen geben wie die Großen. Und die Damen gehen tatsächlich auf Tour. Unter anderem in Japan, wo die Page besonders viele Anhänger zu haben scheint.

Wer also auf seinen Lieblingssport nicht verzichten möchte (kicher), gleichzeitig aber so etwas Ähnliches wie erotisches Knistern sucht (noch mal kicher), der kann sich die Sache ja mal anschauen. Die genaue Adresse steht im Internet.

47. GRUND

Weil das Know-how aus Kanada kommt

Das altehrwürdige Logo der »Stampede Wrestling Promotion« hat schon einige Jahrzehnte auf dem Buckel. Und auch wenn der Laden seit einigen Jahren (mal wieder) geschlossen ist, gehört diese kanadische Promotion doch zu den wichtigsten ihres Fachs.

Die Geschichte beginnt bereits 1930, als der Wrestler und Promoter Larry Tillman in Calgary ein Banner mit dem Namen »Stampede Wrestling« aufstellt und erste Veranstaltungen organisiert. 18 Jahre später ist Stewart »Stu« Hart, der Begründer einer ganzen Wrestler-Dynastie, ebenfalls in Kanada unterwegs, gründet einen Sportverein und veranstaltet unter dem Namen »Klondike Wrestling« eigene Shows. Tillman und Hart fusionieren kurz darauf und treten gemeinsam unter dem Banner »Stampede Wrestling« an. Tillman tütet eine Zusammenarbeit mit der US-amerikanischen, nicht minder traditionsreichen »National Wrestling Association« (NWA) ein, überlässt Hart aus Altersgründen aber schon bald die Geschäfte. Der beweist einen unglaublichen Riecher und viel Geschick. Bereits 1957 etabliert er in Kanada eine Fernsehsendung mit dem Moderator Ed Whalen (1927-2001), die bis 1989 laufen soll, er bildet Wrestler aus und denkt sich Gimmicks aus, die einige Jahre später die Wrestling-Welt dominieren sollen. Nach erfolgreichen Jahrzehnten in Kanada nähert sich »Stampede Wrestling« Anfang der Achtziger seinem ultimativen Höhepunkt, Hart vereinbarte eine Zusammenarbeit mit der damals aufstrebenden »World Wrestling Federation« und bringt hier gleich ein gutes Dutzend seiner Schüler unter. Dazu gehören auch seine Söhne Bret und Owen. Doch 1983 bekommt die Erfolgsgeschichte einen gehörigen Kratzer.

Bei einer von »Stampede Wrestling« organisierten Show in Calgary kommt es während eines Kampfes von Bret Hart zu Tumulten im Publikum, die schließlich in eine Massenschlägerei gipfeln. Eine Zuschauerin wird von den Fans niedergetrampelt, Ed Whalen (auch »die Stimme von Stampede« genannt) gibt vor laufenden Kameras bekannt, dass er angesichts dieser Bilder nicht mehr mit »Stampede« zusammenarbeiten möchte. Die Stadt Calgary verhängt gegen Stu Hart und seine Firma ein sechsmonatiges Auftrittsverbot. Einige Monate später wurde überraschend bekannt, dass Vince McMahon »Stampede« gekauft hätte. Die WWF profitierte stark von der Erfahrung der kanadischen Promotion, ohne sie hätte die WWF sich ihren Status wahrscheinlich nicht erarbeiten können.

Nur ein Jahr später kauft die Hart-Familie »Stampede« zurück, bleibt aber eng mit der WWF verbunden. 1989 schließt die Promotion zum ersten Mal ihre Pforten. Zehn Jahre später versuchen Bruce und Ross Hart (Brüder von Owen und Bret) die Promotion ihres Vaters wieder aufleben zu lassen. Sogar ein TV-Programm wird wieder installiert, doch dann stirbt Owen Hart bei einem Auftritt im Ring, die Promotion wird wieder eingestellt. 2005 dann ein neuer Versuch, »Stampede« wieder ins Geschäft zu bringen, aber auch dieses Mal hält sich der Erfolg in Grenzen. 2008 gehen die Lichter wieder aus. 2011 erwirbt ein Geschäftsmann die Markenrechte an der Promotion, man wird sehen, ob und wann sich »Stampede« wieder zurück in den Ring wirft. So einflussreich wie in der Vergangenheit, das scheint fest zu stehen, wird sie aber wohl nie wieder werden.

48. GRUND

WEIL GOLD IST, WAS GLÄNZT

Da dieses Buch in Deutschland geschrieben, veröffentlicht und (hoffentlich) gelesen wird, ist es an der Zeit, auch mal eine teutonische Promotion vorzustellen. In diesem Fall fiel die Wahl auf die Westside Xtreme Wrestling (wXw), die seit 2000 existiert und (nicht nur) im Ruhrgebiet schon so manchen Skeptiker vom Wrestling überzeugen konnte.

wXw versteht sich als Promotion von Fans für Fans. Trotz wachsender Zuschauerzahlen möchte sich die Liga nicht von ihrem Untergrund-Charme trennen, was viele Fans genau so hören möchten. Die Veranstaltungen finden zumeist nicht in sterilen Gemeindehallen, sondern in Clubs und Diskotheken statt, wo die Fans direkt am Ring dabei sein können, wenn Blut, Schweiß und Tränen fließen. Dabei veranstaltet wXw nicht nur in NRW oder in Deutschland, sondern wagte sich früh daran, international zu agieren. Die Belohnung dafür: Bekannte Stars wie Jake »The Snake« Roberts oder das japanische Technikwunder Kenta Kobashi waren schon zu Gast.

Als wichtigstes Event der Promotion gilt das »16 Carat Gold Tournament«, ein hochkarätig (muss ja) besetztes Turnier, das auch international immer mehr Aufmerksamkeit erhält. Wer also sehnsuchtsvoll in die USA blickt, weil die da drüben so viele tolle Shows haben, sollte vielleicht mal in Essen (oder bei den diversen Gastspielen) vorbeischauen. Auch hierzulande wird auf sehr ordentlichem Niveau gewrestlet.

49. GRUND

Weil Talentschmieden noch was zählen

Mexiko gehört zu den wichtigsten Märkten im professionellen Wrestling, logisch, dass hier auch wichtige Promotions beheimatet sind. Dazu gehört die erst 1992 gegründete Asistencia Asesoría y Administración, kurz AAA, die nicht nur in ihrer Heimat bekannt ist, sondern Fans in der ganzen Welt mit ihren Matches begeistert.

Als Urvater der AAA gilt der ehemalige Wrestler Antonio Peña (1951-2006), der die Liga noch während seiner aktiven Zeit ins Leben rief und innerhalb weniger Jahre ganz an die Spitze führte. Dabei kamen dem Mann, der unter Namen wie »El Genios« oder »The Rose« in den Ring gestiegen war, seine Erfahrungen zugute, die er ausgerechnet beim größten Konkurrenten, der Empressa Mexicana de Lucha Libre (EMLL) gesammelt hatte. Dort war Peña seit vielen Jahren für das Booking verantwortlich und war mitverantwortlich für den riesigen Erfolg der Promotion. Doch schließlich bekamen sich Peña und EMLL-Boss Paco Alonso (ein Enkel von Francisco Lutteroth, dem »Erfinder« des mexikanischen Wrestlings) in die Haare, was die zukünftige Ausrichtung der Promotion anging. Peña ging im Streit und gründete die AAA. Eine Tatsache, die Alonso im Nachhinein wahrscheinlich gerne rückgängig gemacht hätte.

Denn die AAA besaß nicht nur das Know-how, sie konnte diverse Superstars von der EMLL zu sich locken oder sie ihnen vor der Nase wegschnappen, darunter der kubanische Wrestler Charles »Konnan« Ashenoff (aufgrund seiner Popularität auch der »mexikanische Hulk Hogan« genannt), Carmelo »Cien Caras« González (»Der Mann mit den hundert Gesichtern«) oder Felipe »Canek« Estrada. Dazu bewies Peña einen unglaublich guten Riecher, was Talente anging, er entdeckte unter anderem Óscar »Rey Misterio« Guitérrez, Adolfo »La Parka« Ibarro oder Dionicio »Psicosis« Torres. Zwischen 1993 und 1995 drehte die AAA richtig auf, etablierte unter anderem die extrem erfolgreiche »TripleMania«-Reihe (vergleichbar mit »WrestleMania«) und andere Events. Doch die mexikanische Wirtschaft machte Peña und seinem Team einen Strich durch die Rechnung.

Schon Ende 1994 deutete sich an, dass es zu Problemen kommen könnte. Die Gagen wurden niedriger, die Zuschauer hatten auch kein Geld mehr in der Tasche, die Wirtschaft lag am Boden. Peña hatte eine Kooperation mit der US-amerikansichen WCW gestartet und dort kam der »Highfly«-Stil der Mexikaner extrem gut an. Also wanderten die Superstars nach Norden ab, weil es dort einfach mehr zu verdienen gab. Peña versuchte mit weiteren Kooperationen das Blatt zu wenden, aber wirklich aufwärts ging es erst nach seinem plötzlichen Tod im Jahr 2006. Eine Zusammenarbeit mit TNA und anderen Promotions sowie die Etablierung von weltweiten Events machte AAA wieder populärer. Heute zieht der große Konkurrent EMLL (der heute CMLL heißt) zwar durchschnittlich immer noch mehr Fans in die Hallen, aber die AAA hat sich als Talentschmiede und Global Player etabliert.

50. GRUND

Weil es ein Herz für Altstars hat

Wo könnte eine Promotion mit dem Namen »American Wrestling Rampage« (AWR) wohl beheimatet sein? Natürlich in Irland! Die AWR gehört zu den bekanntesten europäischen Ligen. Hier dürfen einheimische Talente (sogar die vom Festland) zum ersten Mal zeigen, ob sie vor größerem Publikum bestehen können. Um den Fans nicht nur Nachwuchs-Wrestler anzubieten verpflichtet die AWR auch gerne dezent abgehalfterte US-Stars, vornehmlich ehemalige WWE-Akteure. Das sehen einige Fans skeptisch, andere freuen sich, ihre Helden noch einmal live erleben zu dürfen. Wobei damit auch die eine oder andere Überraschung verbunden sein kann. Denn wer Wrestler wie zum Beispiel Christopher »Tatanka« Chavis (geboren 1961) noch aus seiner Hochphase vor Augen hat und ihn dann bei der AWR nach über 20 Jahren wiedersieht, muss schon zweimal hinschauen. Auch Wrestler werden nicht jünger.

Gegründet wurde die AWR erst im Jahre 2008 in Dublin, die Promotion ist auch in Frankreich oder Osteuropa auf Tour. In letzter Zeit ist es auffällig still geworden um die Iren, die Homepage wurde schon seit längerer Zeit nicht mehr aktualisiert. Bleibt zu hoffen, dass Europa diese Liga nicht verliert.

KAPITEL 6

KURIOSITÄTEN

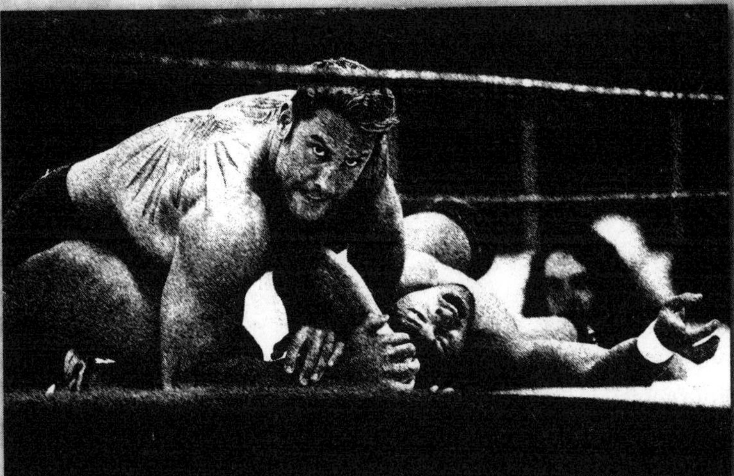

51. GRUND

Weil sich nicht mal die Stärksten mit der Mafia einlassen sollten

Der Boxsport ist berühmt für seine Verbindungen zum organisierten Verbrechen. Aber auch das Wrestling hat da so seine Erfahrungen machen müssen. Extreme Sportarten ziehen extreme Menschen an. Und die überschätzen sich auch manchmal extrem. So wie der Wrestler Dino Bravo, der unter dem Namen Adolfo Bresciano in Italien geboren wurde und später nach Kanada auswanderte. Was ihn aber nicht vor dem langen Arm der Mafia schützte.

Bravo (Jahrgang 1948) begann 1970 ernsthaft mit dem Wrestling und kämpfte sich durch die kanadischen Promotions und der National Wrestling Alliance, bis sein Name genug Strahlkraft für die USA und die WWF besaß, was ab 1978 der Fall war. Er holte im Tag Team (mit Dominic DeNucci) gleich einen Meisterschaftstitel, hatte in der Folgezeit aber mit mangelnder Popularität zu kämpfen. Mit seinen 1,83 Metern konnte er gegen die Superstars der WWF nicht mithalten. Trotz seiner Muskeln, die ihm auch das Gimmick »Stärkster Mann Kanadas« und später »Stärkster Mann der WWF« einbrachte. 1988 stemmte er vor laufenden Kameras angeblich 325 Kilo, was gleichbedeutend mit dem Weltrekord gewesen wäre. Allerdings waren die Gewichte »nicht ganz« der Norm entsprechend. Aber Bravo konnte sich anstrengen wie er wollte, für den ganz großen Durchbruch reichte es nie. Dazu kam eine Portion Pech, weil zum Beispiel ein groß angekündigter Kampf zwischen ihm und Hulk Hogan Mitte der Achtzigerjahre im letzten Moment abgesagt wurde.

Aber Bravo gab nicht auf, versuchte sich als USA beschimpfender Heel und konnte so zumindest an größeren Events teilnehmen. Der

Liebling der Massen wurde er allerdings nie. Als er sich 1992 von der aktiven Laufbahn zurückzog, um als Trainer zu arbeiten, hätte das wohl niemand bemerkt, wenn es nicht im Jahr darauf diesen Vorfall gegeben hätte. Denn im März 1993 wurde der ehemalige Wrestler mit sieben Schusswunden tot in seiner Wohnung aufgefunden. Die Öffentlichkeit stand vor einem Rätsel, einige Wrestling-Kollegen wussten aber offensichtlich mehr. Denn Bresciano entstammte einer Mafia-Familie, sein Onkel Vincenzo »Das Ei« Cotroni war bis zu seinem Tod 1984 (ausnahmsweise mal natürlichen Ursprungs) eine große Nummer. Aber eben nur bis 1984. Bresciano besserte sich sein Salär als Wrestler durch Zigarettenschmuggel auf, was in der Wrestling-Szene offenbar kein Geheimnis war. Aufgrund seiner Popularität als Sportler hatte es Bresciano leicht, neue Kundschaft zu akquirieren, was der örtlichen Mafia-Niederlassung nicht so recht schmeckte. Kollegen wie Bret Hart oder Richard »Rick Martel« Vigneualt gaben nach der Ermordung an, Bresciano hätte häufiger erwähnt, dass er in Lebensgefahr schwebe, weil er im Revier von jemand anderem wildere.

Aber gegen Pistolenkugeln kann eben auch der stärkste Mann der Welt nichts ausrichten (Ausnahme: Bud Spencer). So bleibt nur ein weiterer kurioser Tod eines bekannten Wrestlers zu beklagen.

52. GRUND

Weil manchmal der Spiess umgedreht wird

Randall »Randy« Orton, auch »Legend Killer« bekannt, ist kein Engel in Zivil. Der 1980 in Tennessee geborene Wrestler hat in seinem Leben schon so einiges durch. Unerlaubtes Entfernen von der Truppe in seiner Militärzeit (inklusive Knast), verschiedene

Drogenvergehen und Verstöße gegen Doping-Auflagen. Im Jahr 2013 wurde er allerdings das Opfer eines durchgedrehten Fans und konnte über dessen Aktion gar nicht lachen.

Wir schreiben den 30. Juli 2013. Die WWE ist mal wieder auf großer Tour, dieses Mal in Kapstadt, Südafrika. Orton bestreitet einen Kampf gegen Ettore »Big E Langston« Ewen, den er für sich entscheidet. Wie es sich für einen stolzen Matador gehört, klettert er auf die Ringseile, um sich feiern zu lassen, als sich quer durch den Ring ein männlicher Fan anschleicht, sich direkt hinter ihm aufbaut und ihm dann mit Schmackes von hinten den Schritt zu langen. Orton zuckt überrascht zusammen, da hat die Security den Herrn auch schon überwältigt und zerrt ihn aus dem Ring. Orton ist stinksauer, gibt seinem Angreifer noch einen Tritt mit auf den Weg und lasst sich dann noch eine Runde weiterfeiern. Die WWE gibt kurz darauf ein Statement heraus, dass dieser Angriff auf das Gemächt von Orton nicht zu einer Storyline gehörte (was ebenfalls häufig genug vorkommt), der Angegriffene selbst beschwert sich hinterher, dass die Security geschlafen habe.

Ein Einzelfall? Beileibe nicht. Immer wieder glauben Fans, sich in die Angelegenheit im Ring einmischen zu müssen. Sei es, weil sie den Unterhaltungsaspekt hinter dem Sport nicht durchschauen, sei es, weil sie einen bestimmten Wrestler nicht leiden können. Wieder andere sind einfach nur verrückt, high, betrunken oder alles zusammen. Und manche wollen auch einfach nur die 15 Sekunden Ruhm, die sie sonst niemals erreichen würden. Dabei gehen nicht alle so plump vor, wie der Eierkneifer von Kapstadt. Manche verkleiden sich als Athleten oder sogar Schiedsrichter, um unbehelligt so nah wie möglich an ihre Opfer heranzukommen. Aber auch andere öffentliche Auftritte wie Pressekonferenzen oder Autogrammstunden werden nicht selten für Attacken genutzt. Selbst der mächtige Hulk Hogan machte eine Bauchlandung, als beim Händeschütteln mit Fans ein junger Mann beherzt zugriff und den »Hulkster« zu einer ziemlich uneleganten Flugeinlage zwang. Da ist das eigene Image innerhalb von wenigen Augenblicken Makulatur.

Besonders interessant wird es immer dann, wenn sich gerade zwei absolute Erzfeinde im Ring vermöbeln und ein ungebetener Gast dazu stößt. Die beiden Gegner von eben schließen sich so schnell zusammen, so schnell kann der Eindringling nicht mal »Bump« sagen. Auch vermeintlich ohnmächtig geschlagene Wrestler, die reglos am Boden liegen, werden auf einmal wieder sehr munter, wenn jemand unerlaubt den Ring betritt.

Manchmal nimmt der Fanangriff allerdings auch richtig groteske Züge an. Der Undertaker wurde nach einem gewonnen Match noch im Ring von einem offenbar verwirrten Fan mit rotem Käppi angegriffen. Oder zumindest hat es der Fan versucht. Allerdings war dieser ziemlich genau halb so groß wie sein »Opfer«, der Wrestler schien eher belustigt als verängstigt, ließ den komischen Vogel ein paar Mal anrennen, hielt ihn dann mit ausgestrecktem Arm von sich und gab ihm zum Schluss einen sanften Schubser Richtung Ausgang. Die Zuschauer fanden es ziemlich unterhaltsam. Nicht minder spannend war ein Vorfall, der sich im Jahre 1997 in der WCW ereignete. Dionicio »Psicosis« Torres hatte sich gerade mit Dean »Malenko« Simon in der Wolle, als ein Fan versuchte, in den Ring zu stürmen. Der junge Mann hatte gerade seinen Kopf zwischen das unterste Seil gesteckt, als Schiedsrichter Brian Hildebrand (alias »Mark Curtis«), selbst ein ehemaliger Wrestler, ihm erst sein Knie ins Gesicht rammte und ihn dann mit einem »Guillotine Choke« festhielt, bis die Security vor Ort war. Simon und Torres schauten nur kurz fragend, gingen einige Schritte zur Seite und spulten dann weiter ihr Programm ab, als wäre nichts gewesen. Wem bei diesen Szenen vor Lachen nicht die Tränen in die Augen schießen, der hat kein Herz.

53. GRUND

Weil man es in Bratensauce tunken kann

Wrestling im Ring, im Match, zwischen brennenden Ringseilen oder mit einem Swimmingpool in der Mitte? Alles langweilig. In England, genauer im Örtchen Bacup nordwestlich von Manchester, hat man die ultimative Sauerei erfunden: Wrestling in Bratensauce. Hmm, lecker!

Eine lokale Firma in Bacup stellt die Bratensauce als Spezialität her und kam vor einigen Jahren auf die glorreiche Idee, die »World Gravy Wrestling Championships« auszurufen. Diese wurde erstmals im Rahmen einer Lebensmittelmesse veranstaltet. Die Messe existiert schon lange nicht mehr, aber das Wrestling-Turnier hält sich bis heute. 2015 kletterten 16 Männer und sechs Frauen (nicht alle gleichzeitig) in ein Kinderplanschbecken, angefüllt mit feinster Bratensauce (»Gravy«). Die Athleten, allesamt Amateure, verkleiden sich zu diesem Anlass wie ihre Wrestling-Helden, als Huhn oder als Rugby-Spieler und müssen zwei Minuten lang durchhalten. Wer das nicht schafft, fliegt raus und darf duschen gehen. Punkte gibt es immer dann, wenn man seinen Kontrahenten von den Beinen holt, aus einem Haltegriff entkommt oder den Gegner für drei Sekunden mit der Schnute in die Sauce tunkt. Extrapunkte gibt es für das Kostüm und für Lacher im Publikum. Wer sich unangemessen rüde verhält, auf seinen Gegner springt, betrunken antritt oder das Planschbecken verlässt, wird disqualifiziert.

2015 wurde der 36jährige Joel Hicks zum dritten Mal Meister der Sauce. Er sammelt, wie alle Teilnehmer des Turniers, Geld für einen guten Zweck. Trotz des Spaßcharakters der Veranstaltung ist Bratensaucen-Wrestling eine gefährliche Angelegenheit. Laut Veranstalter Andy Holt mussten in einem Jahr gleich zwei Wrestler ärztlich behandelt werden. Einer war als Nonne verkleidet, der andere als Kobold. Und noch eine weitere Gefahr droht den mutigen Matadoren. Denn der Geruch der Bratensauce zieht Wespen an, die glauben, zwischen der Tunke noch irgendwo ein Stück Fleisch zu erhaschen. Deshalb wurde die Zusammensetzung der Sauce für dieses Event extra verändert, durch viel Speisestärke sollen die geflügelten Störenfriede abgehalten werden. Glaubt man den Aktiven, schmeckt der dunkle Saft aber immer noch nach Würstchen. Oder das, was Engländer so für Würstchen halten.

Den Wrestling-Fans außerhalb von Bacup bleibt nur zu wünschen, dass sich endlich mal eine der großen TV-Stationen um diese Veranstaltung bemüht und sie live überträgt. Zur Not als Pay-per-view. Hier bietet sich ein neuer Markt an, der noch nicht ansatzweise erschlossen wurde. Und wenn erst mal ein bisschen Kohle im Spiel ist, treten demnächst ganz sicher auch der Undertaker und Hulk Hogan im »Giants of Gravy«-Match gegeneinander an.

54. GRUND

WEIL MANCHMAL HEAVY METAL-STARS GEBOREN WERDEN

Heavy Metal und Wrestling, das gehört irgendwie zusammen. Langhaarige Männer mit furchterregenden Stimmen und noch furchterregenderen Klamotten, Schreie, Schweiß, tobende Fans, der ultimative Kampf. Da kann man nicht mit *Atemlos* von Helene Fischer in die Halle geschlurft kommen. Nein, da dürfen schon ein paar E-Gitarren krachen. Zum Beispiel wie bei dem legendären Tag Team »Road Warriors« (Michael »Hawk« Hegstrand und Joseph »Animal« Laurinaitis), die auch als »Legion of Doom« für Furore sorgten. Die Anhänger des gespickten Schulterpolsters ließen sich unter anderem von einer Neueinspielung des Black Sabbath-Klassikers *Iron Man* in den Ring geleiten, wo sie das Tag Team-Wrestling revolutionierten und zu den erfolgreichsten Vertretern überhaupt wurden. »Uuuuuuuuuuuuuuaaaaaaah O Whhhhhat a Ruuuuuush«, würde Hegstrand dazu wohl sagen, wenn er noch am Leben wäre.

Adam »Edge« Copeland hingegen ist noch quicklebendig. Der Titelrekordhalter der WWE, mittlerweile nicht mehr aktiv, ließ gerne den heftigen Beginn von *Metalingus* (Alter Bridge) durch die Halle dröhnen, wenn er einlief. Aber auch Rob Zombie durfte »Edge« akustisch in die Halle geleiten. Heute ist der ehemalige Publikumsliebling, der vor ein paar Jahren mit dem (wahrscheinlich gefakten) Ausspannen der Frau eines Kollegen für Schlagzeilen sorgte, in anderen Rollen auf dem Bildschirm zu bewundern. Er versucht sich als Schauspieler, unter anderem in den TV-Serien *The Flash* und *Haven*. Das legendäre Tag Team »The Rockers« (Michael Shawn »Shawn Michaels« Hickenbottom und Fredrick »Marty« Jannetty) ging sogar noch einen Schritt weiter. Sie ließen sich nicht nur von rockigen Klängen ankündigen, sondern imitierten mit ihren Frisuren und Klamotten sogar die Ende der Achtzigerjahre angesagten Pop-Rocker. Kein Wunder, dass diese Truppe mit dem Auftauchen von Grunge und dem zeitgleichen Ende von Ratt, Cinderella und Co. An Popularität einbüßten. Deutlich deftiger durfte es für den »Undertaker« sein. Die Älteren unter den Lesern werden sich an Gänsehautmomente erinnern, wenn der Hüne zu den apokalyptischen Klängen von *For Whom the Bell Tolls* (Metallica) erschien. Später passte sich sein Musikgeschmack seiner Leistung im Ring an, Limp Bizkit und Kid Rock sorgten für deutlich modernere Töne, die echte Metal-Fans eher erschaudern lassen. Da sind »Stone Cold« Steve Austin oder Paul »Triple H« Levesque schon von anderem Kaliber. Letztgenannter lässt sich gerne von seiner Lieblings-Band Motörhead präsentieren (Lemmy und Co. schneiderten ihm mehrere Stücke wie *The Game* oder *King of Kings* auf den Leib) und durfte sich 2002 sogar auf dem Album *Hammered* verewigen. Triple H spricht die unheilvollen Worte des Rausschmeißers *Serial Killer*. 1995 erschien die Compilation *WFF Full Metal: The Album*. Neben härteren Einmarschhymnen waren auch zwei eigens komponierte Metal-Songs enthalten. Zu den WWF-Superstars gesellten sich diverse Profis in Sachen Schwermetall, Mitglieder von Bands wie Anthrax, Savatage, Pro-Pain, Type O Negative und sogar die Braunschweiger Crossover-Helden von Such A Surge verewigten sich auf dem Silberling.

Ein paar Jahre später hatte der damalige WCW-Chef Eric Bischoff, der mit seiner Promotion die einst mächtige WWF Ende der Neunzigerjahre fast in die Knie gezwungen hatte, eine grandiose Idee. Bischoff heckte eine Zusammenarbeit mit der Band Kiss aus, die sogar in der Sendung *WCW Monday Nitro* auftraten. Der Hintergedanke: Jedes Mitglied von Kiss sollte einen entsprechenden Charakter im Ring bekommen. Als Erster wurde Bassist und Sänger Gene Simmons, auch bekannt als die Figur The Demon, auserwählt, der vom relativ erfahrenen Wrestler Brian Adams (ausgerechnet, hihi) verkörpert wurde. Das Problem: Die Zuschauer fanden die Idee eher mal so mittelspannend und straften das vermeintliche Kiss-Monster ab, die Idee verschwand in der Mottenkiste. Die anderen drei Charaktere sollten nie den Ring betreten, aber natürlich waren für die Rechte an den Kostümen, der Musik und der Maskerade massive Lizenzgebühren geflossen. Doch nicht nur für Bischoff wurde es ungemütlich, auch die Karriere von Adams ging den Bach runter. In den nächsten Jahren wurden die Veranstaltungen immer kleiner, die Verletzungen immer schwerer. Schließlich zog er sich ins Privatleben zurück und endete wie leider so viele Wrestling-Stars vor ihm und nach ihm. Er starb 2007 an einer Überdosis Medikamente (Schmerzmittel, Antidepressiva, diverse andere Stoffe).

Einer aus der jungen Garde, namentlich Heath »Slater« Miller (Jahrgang 1983), versucht in den letzten Jahren, in der WWE einen auf Rocker zu machen. Er hat lange Haare, läuft zu den Klängen von lauten E-Gitarren auf und ist sogar tätowiert. Leider kann er sein Gesicht aber mit einem nassen Handtuch rasieren, zudem wirkt sein Image dermaßen aufgesetzt, dass jeder Laiendarsteller aus dem Bauerntheater vor Lachen vom Stuhl kippt. Und wenn »Slater« dann noch seine Matte schüttelt (was aussieht, als hätte ein dreijähriges Mädchen eine Wespe im Haar), dann ist der Ofen ganz aus. Vielleicht die größte Fehlbesetzung im Wrestling-Zirkus seit vielen Jahrzehnten. Apropos, auch ganz harte Musiker müssen noch nicht zwangsläufig gute Wrestler sein. Siehe Gerard »Jerry Only« Caiafa Jr. Das Gründungsmitglied der Horrorpunk-Legende Misfits wagte sich 1999 tatsächlich in den Ring. In einem Steel Cage-Match gegen Steve »Dr. Death« Williams stümperte sich der Bassist und Sänger über die Zeit und ließ sich vermöbeln, während seine Band-Kollegen draußen den Manager von »Dr. Death« mit Barbecue-Soße vollspritzten. Ja, es gab eine Zeit, in der es der WWF finanziell richtig dreckig ging und sie mit mehr oder minder populären Musikern versuchte, die Aufmerksamkeit der Fans zu erhaschen. Abgesehen davon gab und gibt es in den Wrestling-Promotions dieses Planeten diverse Sportler, die unter dem Namen »Heavy Metal« in den Ring stiegen. Der bekannteste unter ihnen dürfte der immer noch aktive Mexikaner Erick Francisco Casas Ruiz sein, der für eine kurze Zeit auch in der WWF zu sehen war, heute aber wieder in seiner Heimat durch die Ringseile fliegt. Mit Musik hat er allerdings nichts am Hut.

Das ist bei dem wohl leuchtendsten Beispiel für die Verquickung zwischen Wrestling und Heavy Metal ganz anders. Christopher »Chris Jericho« Irvine aus dem Bundesstaat New York (sein kanadischer Vater spielte dort Eishockey) ist der wohl einzige Mensch, dem es gelungen ist, auf beiden Gebieten echte Karrieren hinzulegen. Als Wrestler begann er bereits mit 19 bei Independent-Veranstaltungen aufzutreten, gemeinsam mit seinem alten Kumpel Lance »Storm« Evers bildete er das erfolgreiche Tag Team »Sudden Impact«. Im

Laufe seiner Karriere bestritt Jericho Auftritte in Japan, Mexiko, Kanada und den USA. Allein in der WWF/WWE heimste er 21 Titel ein, dazu kommen fünf Titel in der WCW sowie diverse Auszeichnungen kleinerer Promotions. 1999 stieg er in die Cover-Band Fozzy Osbourne ein, zu Beginn noch unter dem Pseudonym Moongoose McQueen, um sich von seinem Wrestling-Alter-Ego abzugrenzen. Eigentlich hatte Jericho, dessen Ringname sich je nach Quelle entweder von einem Comic oder dem Album *Walls of Jericho* der deutschen Band Helloween ableitet, gar nicht vor, ernsthaft Musik zu machen. Seine Wrestling-Karriere lief einfach viel zu gut. Als er verletzungsbedingt pausieren musste, forcierte er sein Engagement in der Band, die bald nur Fozzy hieß und sich zunehmend auf eigene Kompositionen konzentrierte. Das erste Album, das ausschließlich aus eigenen Stücken bestand, trägt den Titel *All That Remains* und erschien 2005. Musikalisch wird damals wie heute melodischer, moderner Heavy Metal geboten. Zeitgleich nahm Jericho sich 2005 eine zweijährige Auszeit vom Wrestling, um auf Tour gehen zu können. Seitdem pendelt er zwischen Schwitzkasten und Mikrofon hin und her, die Songs seiner Band werden oft als Titelstücke verschiedener Wrestling-Veranstaltungen genutzt, und Jericho genießt die Vorteile beider Welten. Was für ein glücklicher Kerl!

55. GRUND

Weil Rhetorik keine grosse Rolle spielt

Der Wrestler als solcher zeichnet sich nicht nur durch seine Technik, seinen Kampfeswillen und seine Gnadenlosigkeit aus, sondern auch durch sein loses Mundwerk. Trommeln gehört eben zum Handwerk. Und in dieser Hinsicht sind die Helden dieses Buches so etwas wie Curt Cress, Peter Criss, Ian Paice und Cozy Powell in Personalunion.

Interviews sind im Wrestling ein wichtiges Werkzeug, um dem Image den letzten Schliff zu geben. Nur wenn Optik und Sprache im Einklang stehen, ergibt sich ein rundes Bild. Manche Wrestler denken sich selbst ihre Sprüche aus, die meisten aber werden von Autoren entwickelt, die auch für die Gimmicks und die Storylines verantwortlich sind. Und bei wieder anderen ergibt sich der prägnante Satz, der die Figur mit wenigen Worten zusammenfasst quasi von alleine. So wie beim Undertaker, der mit »Rest in Peace« (»Ruhe in Frieden«) keine Weltmeisterschaft der Kreativität gewinnen würde, aber wenigstens seiner Rolle treu bleibt. Dwayne »The Rock« Johnson konnte ja in Hollywood lernen, wie man sich mit einer großen Klappe möglichst gut verkauft. Und er hat scheinbar ziemlich gut aufgepasst, denn seine Sprüche scheinen immer arroganter zu werden. Mal fährt er einem Kontrahenten über den Mund (»Halt die Klappe, dann kannst du hören, dass sie den Namen von ›The Rock‹ rufen«), dann stellt er unlogische Fragen (»Wie ist dein Name?« – »Mein Name ist …« – »Halt die Fresse, niemanden interessiert dein Name.«). Bret »The Hitman« Hart hat es auch nicht so mit der Bescheidenheit, er verkündete zu seinen Hochzeiten gerne mal, dass er »der Beste« sei, »den es gibt, den es gab und den es jemals geben wird.« Jawohl, so preisen sich nur Champions an. Oder Größenwahnsinnige. Alvin »MVP« Burke Jr. scheint Hart gut zugehört zu haben, denn sein Wahlspruch lautet: »Ich bin MVP, und ich bin besser als du!« Noch schneller kommt Paul »Triple H« Levesque auf den Punkt, wenn er sagt: »Ich bin so verdammt gut.«

Peter »Tazz« Senerchia geht da etwas subtiler vor. Mit der Betonung auf »etwas«. Sein Wahlspruch lautet: »Schlag mich, wenn du kannst. Überlebe, wenn ich dich lasse.« William »Bill« Goldberg hingegen räumt seine Kontrahenten meist wortlos aus dem Weg, schaut noch einmal mitleidig auf das Häufchen Elend, das es gewagt hat, ihn herauszufordern und fragt dann unschuldig: »Wer ist der Nächste?« Fast schon goldig, dieser Goldberg. »Stone Cold« Steve Austin ist da schon wesentlich poetischer unterwegs gewesen. Sein »Fuck Fear, Drink Beer« (etwa: »Scheiß auf Angst, trink Bier«) reimte sich sogar. Apropos Poeten, Scott »Raven« Levy wandelte gleich ganze Passagen aus Shakespeares »Der Rabe« ab, um sich in Szene zu setzen. Leider kam dabei nur sinnloser Wortbrei heraus, der nicht mal eine Übersetzung lohnt. Wenn das der gute William hören könnte … Bevor aus Levy der düstere Raven wurde, turnte er als »Johnny Polo« durch die WWF, wo er einen überheblichen Manager in pastellfarbenen Ekelklamotten gab. Aus dieser Zeit stammt der Satz: »Ich wurde nicht mit einem silbernen Löffel im Mund geboren. Er war aus Platin.« Roderick »Rowdy Roddy Piper« Toombs war im Vergleich dazu in einer anderen Liga unterwegs. Sein Spruch »Wenn du glaubst, die Antwort zu kennen, ändere ich die Frage« hat fast schon etwas Hintersinniges.

Scott »Razor Ramon« Hall kam in seiner langen Karriere mit noch viel weniger aus, er brüllte einfach »Heyyy yooooo«, und die Leute flippten aus. Warum weiß wohl niemand so genau. Phillip »CM Punk« Brooks hingegen gab Einblick in seine private Lebensweise, natürlich gewürzt mit einer Prise große Klappe. »Ich bin ›Straight Edge‹, das heißt, ich trinke keinen Alkohol, ich nehme keine Drogen. Ich bin besser als du.« Wer würde da widersprechen wollen?

Fakt ist, dass wohl kein Wrestler eine Auszeichnung für brillante Rhetorik verdient hätte. Aber das muss ja auch nicht sein. Denn wie sagte Booker »T« Huffman einmal so schön: »Hasst nicht den Spieler, hasst das Spiel.«

56. GRUND

Weil es Männer zum Fliegen bringt, die vorher schon geflogen sind

Es gab mal einen Jungen namens Tim, der wurde 1981 in Bergisch Gladbach geboren und erwies sich als sportlich talentiert. Er spielte als Stürmer in einem Fußballdorfverein, wurde von den Scouts von Bayer Leverkusen entdeckt und schließlich zum Torwart umfunktioniert. Auf dieser Position erwies sich der Bube als noch talentierter, spielte sich immer weiter in den Fokus, um über Fortuna Köln schließlich beim 1. FC Kaiserslautern zu landen. Hier war ein gewisser Gerry Ehrmann Torwarttrainer, der selbst nicht nur den Spitznamen »Tarzan« trug, sondern auch gerne Gewichte stemmte. Als Spieler hatte er seine Emotionen bisweilen nicht so ganz im Griff, vor der Trainerbank vollführte er endgültig Tänzchen auf, die jedem Profi-Wrestler zu Ehren gereicht hätten. Ehrmann bildete seinen neuen Schützling aus und hielt große Stücke auf den jungen Mann, der 2005 zu Werder Bremen wechselte und sich dort nach einiger Zeit einen Stammplatz erkämpfte. Grobe Schnitzer glich der selbstbewusste Keeper durch gehaltene Elfmeter wieder aus, die gegnerischen Fans provozierte er auch schon mal mit einem schreiend pinkfarbenen Trikot. Die eigenen Fans liebten ihren unangepassten, rebellischen Keeper mit der penibel durchgestylten Frisur abgöttisch, er war der Held der Kurve. Und so hätte es immer weiter gehen können. Wenn da nicht 2012 gewesen wäre.

In diesem unglückseligen Jahr entschied sich unser Held, der es sogar auf einige Einsätze in der Nationalmannschaft gebracht hatte, seine treuen Fans von der Weser zu verlassen und zur TSG 1899 Hoffenheim zu wechseln. Dort gibt es zwar nicht ganz so viele treue Fans (das Gerücht, dass zu Auswärtsfahrten ein handelsüblicher

Kleinbus vollkommen ausreicht, hält sich hartnäckig), aber viele schöne raschelnde Scheine. Unser Held begann die Saison auf seiner angestammten Position und sogar als Kapitän, was sich aber ziemlich schnell erledigt hatte. Aufgrund von nicht befriedigenden Leistungen und disziplinarischen Unzulänglichkeiten wanderte der ehemalige Spitzentorwart erst auf die Bank, dann auf die Tribüne und schließlich in die legendäre »Trainingsgruppe 2«, wo die aussortierten Hoffenheimer Spieler auf Kosten des Vereins weitab von der eigentlichen Mannschaft Rasen kaputt treten durften. Im Januar 2014 hatten beide Parteien irgendwie keine Lust mehr auf das Theater, sagten sich Lebewohl und gingen ihrer Wege. Unser Held wurde bei diversen Vereinen im In- und Ausland gehandelt, aber Tim entschied sich für einen ganz anderen, überraschenden Weg.

Er pumpte sich innerhalb weniger Monate dermaßen auf, dass selbst seinem ehemaligen Trainer Ehrmann vor Überraschung das Frühstück aus dem Gesicht fiel. Dazu kritzelte er sich mit undefinierbaren Tattoos zu, die seine gewaltigen Muskelberge komplett bedeckten. Wer würde so einen Torhüter einstellen? Natürlich niemand, dafür meldete sich der deutsche Ableger der WWE, um sich mal ernsthaft mit unserem Sportler zu unterhalten. Zur Überraschung der meisten lachte Tim nicht, sondern nahm das Gespräch an. Ein ehemaliger Bundesliga-Torwart, der durch den Ring fliegt? Na ja, in den USA waren viele Wrestler im früheren Leben Footballer, Baseballer oder Boxer. Außerdem machte unser Held ja auch schon zu aktiven Zeiten durch verrückte Moves auf sich aufmerksam. Nationalspieler Thomas Müller bekam das unter anderem schon zu spüren, als ihm Tim in einer fließenden Bewegung erst in den Bauch trat und dann in den Rücken sprang. Kollege Ivica Olić hingegen musste gar mal einen missglückten »Big Boot« hinnehmen, der mit Stollenschuhen sicher besonders viel Spaß gemacht hätte, wäre er im Gesicht gelandet. So wurde »nur« die Schulter des Fußballprofis in Mitleidenschaft gezogen.

Im November 2014 war es dann so weit, die WWE machte auf ihrer Tour in Frankfurt am Main halt, und unser Held durfte zum ersten Mal auf dem roten Teppich posieren. Wer ihn da so sah, mochte nicht glauben, dass dieser Mann in seinem Leben schon einmal etwas anderes gemacht hatte. Während der Kämpfe nahm Tim in der ersten Reihe direkt am Ring Platz und wurde von den Zuschauern mit Sprechchören gefeiert. Der fremde Herr in dem schicken weißen Unterhemd wurde auch von Cody »Stardust« Runnels und seinem Halbbruder Dustin »Goldust« Runnels bemerkt und, nach alter Wrestler-Sitte, gleich mal ordentlich bepöbelt. Das ließ sich der ehemalige Star des grünen Rasens nicht zweimal sagen, pöbelte zurück und stieg unter dem lauten Gejohle der Zuschauer in den Ring. Dort vollführte er gemeinsam mit dem samoanischen Tag Team »The Usos« ein Stammestänzchen und poste hinterher alle vier Ringecken in Grund und Boden. Seitdem (Stand: August 2015) ist es allerdings verdächtig still um die Wrestling-Karriere unseres Helden geworden. Ob die Geschichte ein Happy End haben wird?

Fakt ist, dass ein Einstieg von Tim Wiese in das Wrestling-Geschäft für den deutschen Markt von besonderer Bedeutung wäre. Seit der Hochphase Ende der Achtziger/Anfang der Neunziger ist das Interesse zurückgegangen. Nicht zuletzt Wieses Auftritt in Frankfurt hat bewiesen, dass er ein Mann ist, dem das Publikum folgt. Millionen von Fußballfans würden sich zumindest mal anschauen, was der Mann da so treibt. Fakt ist aber, dass viele Profi-Wrestler davor warnen, ohne genügend Training in den Ring zu steigen. Tim Wiese wird also noch viel Schweiß in muffigen Trainingshallen vergießen müssen, bis er wirklich in den Ring steigen darf. Der deutsche Fernsehsender Sport 1 veranstaltete auf seiner Homepage schon mal einen Wettbewerb, in dessen Rahmen der Kampfname des Ex-Keepers gefunden werden sollte. Ganz vorne dabei waren Vorschläge wie »Tim the Gym«, »Eraser From The Weser«, »The Holy Goalie«, »The Underkeeper« oder »Vin Wiesel«. Auch die Tageszeitung *Die Welt* beteiligte sich und legte mit »Tim

Panse« oder »Fiese Wiese« nach. Da kann eigentlich kaum noch etwas schief gehen.

57. GRUND

Weil manchmal ein bisschen Pipi ausreicht

Damit ein Star zu einer Legende wird, müssen einige Punkte erfüllt sein. Neben Talent, Ausstrahlung und Glück benötigt der Athlet auch Unterstützung von außen. Er muss zur richtigen Zeit am richtigen Ort sein und die richtigen Ideen haben. Der 1924 im heutigen Nordkorea geborene Mitsuhiro »Rikidōzan« Momota (gest. 1963) brachte all das mit und endete doch tragisch.

Momota, der eigentlich Kim Sin-nak hieß, seinen koreanischen aber gegen einen japanischen Namen tauschte, kämpfte bereits als Jugendlicher als Sumo-Ringer. Er debütierte im Alter von 16 Jahren und konnte sich in den Vierzigerjahren des vergangenen Jahrhunderts bis an die Spitze der japanischen Liga vorarbeiten. Parallel dazu interessierte sich Momota auch für das Wrestling, 1950 absolvierte er seinen ersten Kampf. Da Japan zu den Verlierern des Zweiten Weltkriegs zählte und die Bevölkerung unter einem schweren Trauma litt, stieg Momotas Beliebtheit rasant, auch weil er gerne häufig US-Amerikaner kämpfte und diese besiegte. Schnell bemerkte der Mann aus Korea, der aus Marketing-Gründen angab, aus Nagasaki zu stammen, dass die Menschen in Japan extrem auf den für sie neuen Sport ansprangen. Deshalb beendete er seine Karriere als Sumo-Ringer und wurde professioneller Wrestler. Ein Schachzug, der sich auszahlen sollte.

Innerhalb der nächsten Jahre etablierte Momota das Wrestling in Japan, gründete die Japan Pro Wrestling Alliance, kämpfte aber auch in den USA (wo er, anders als in seiner Heimat, die Rolle des Bösewichts übernahm). Er gilt bis heute als Vater des japanischen Wrestling (»Puroreso«), der nicht nur aktiv im Ring stand, sondern auch Nachwuchstalente ausbildete. Zu seinen Schützlingen gehörten mit Antonio Inoki (heute Politiker) und Shōhei »Giant« Baba (starb 1999 an Leberversagen) die wohl populärsten japanischen Wrestler aller Zeiten. So war es nur folgerichtig, dass Momota innerhalb kurzer Zeit ein Vermögen anhäufte, das er zum Teil wahrscheinlich in zwielichtigen Geschäften anlegte. Momota stand außerdem in Verbindung zur Yakuza, der japanischen Mafia, was ihn schließlich das Leben kosten sollte.

Die genauen Umstände seines Todes sind bis heute nicht geklärt. Vielleicht ging es um Wetten, um abgesprochene Kämpfe (Momota war auch in der Boxwelt unterwegs) oder um andere Geldgeschäfte, vielleicht auch um einen Streit innerhalb der Wrestling-Szene. Am 8. Dezember geriet der Superstar im Nachtclub »New Latin Quartier« in Tokio mit dem Yakuza Katsuji Murata aneinander und wollte ihn aus dem Etablissement entfernen. Murata zog auf der Toilette ein Messer und fügte Momota eine Stichwunde im Bauch zu. Das hielt den Sportler aber nicht davon ab, den Herren eigenhändig aus dem Club zu werfen. Was Momota nicht ahnte: Die Klinge des Messers war mit Urin befeuchtet. Frei nach dem Motto »Ist nur ein Kratzer« weigerte sich der Wrestler, sich ärztlich behandeln zu lassen und feierte einfach weiter. Noch in der gleichen Nacht kam Murata zur Wohnung von Momota und entschuldigte sich für seine Tat, was der Wrestler akzeptierte. Eine Woche später starb »Rikidōzan« an einer Bauchfellentzündung. Sein Mörder Murata ging für sieben Jahre ins Gefängnis und bereute seine Tat bitter. Nach seiner Entlassung aus dem Gefängnis meldete er sich jedes Jahr am Tag von Momotas Tod bei dessen Familie, um sich zu entschuldigen und besuchte an diesem Datum auch immer das Grab seines Opfers. Murata starb 2013 an Diabetes.

Mit dem Tod des Idols starb auch fast das Wrestling in Japan. Im Zuge der Berichterstattungen um diesen Vorfall deckte die Presse nämlich auf, dass der Ausgang der Kämpfe abgesprochen war, was vielen Japanern bis dahin nicht bewusst war. Unzählige Anhänger wandten sich enttäuscht von der Sportart ab. Erst die Momota-Schüler Inoki und Baba schafften es, die Massen wieder zu begeistern und die Hallen zu füllen.

58. GRUND

Weil es heruntergekommenen Schauspielern ihre erste Oscar-Nominierung einbringt

Es war einmal ein Schauspieler, der 1952 in den USA geboren wurde und trotz schwerer Kindheit (Alkohol, Scheidung der Eltern, Haue usw.) einen glänzenden Karrierestart hatte. Nach Auftritten beim Theater riefen Hollywood, Steven Spielberg, Francis Ford Coppola und der große Ruhm. Mit Filmen wie *9 ½ Wochen*, *Angel Heart*, *Barfly* oder *Wilde Orchidee* setzte er Millionen an den Kinokassen um. Doch dann kam der Karriereknick, der Schauspieler, nennen wir ihn einfach mal Mickey Rourke, entschied sich, den Beruf zu wechseln und Boxer zu werden. Dort bekam er ordentlich sein Beverly Hills-Lächeln versohlt, er klopfte wieder in Hollywood an, musste sich mit miesen Rollen abfinden, leerte diverse Hektoliter Alkohol, schluckte alles, was sich in seiner Jackentasche anfand und sah schließlich so aus, wie ein Mensch mit diesem Lebenslauf nun mal aussieht. Doch dann kam der Regisseur Darren Aronofsky und rettete unseren Helden aus den Fängen der Bedeutungslosigkeit.

Der Streifen *The Wrestler* (2008) mit Rourke in der Hauptrolle als abgewrackter Kämpfer, der weit über seinen Zenit ist und der sich nach einer Herzattacke (die bösen Steroide) im Leben neu zurecht finden muss, mag bisweilen ein wenig arg rührselig geraten sein. Doch die Geschichte um Randy »The Ram« Robinson dürfte näher an der Realität vieler ehemaliger Wrestling-Stars aus den Achtzigerjahren sein, als vielen Fans lieb ist. Und an der von Rourke selbst sowieso. Robinson ist nur noch ein Schatten seiner selbst, muss sich mit miesen Jobs durchs Leben kämpfen und tritt nur noch in miefigen Turnhallen vor ein paar unentwegten Fans auf. Sein Privatleben ist eine Katastrophe, die Gesundheit durch Medikamente und Drogen im Eimer. Seinen Kollegen geht es nicht besser, sie sitzen im Rollstuhl oder sehen aus wie Senioren kurz vor der letzten Reise gen Walhalla. Und doch zieht es ihn immer wieder zurück in den Ring, wo er wenigstens noch ein wenig Zuneigung und Aufmerksamkeit bekommt. Sein letzter Kampf wird so etwas wie sein Vermächtnis, ein Mensch, der nichts anderes kann und auch nichts anderes will als Wrestler zu sein.

The Wrestler wurde ein Überraschungserfolg, bei einem geschätzten Budget von sechs Millionen Dollar spielte er weltweit rund 45 Millionen ein und brachte Rourke neben diversen Auszeichnungen (Golden Globe Award, BAFTA Award) auch seine erste Oscar-Nominierung überhaupt ein. Ein zweiter Karriereschub für den Schauspieler, der den meisten Wrestlern versagt bleibt.

Neben Rourke sowie Marisa Tomei in der weiblichen Hauptrolle sind in dem Streifen auch einige Profi-Wrestler zu sehen. So kämpft Robinson in seinem letzten Kampf gegen »Ayatollah«, gespielt von Ernest »The Cat« Miller. Der war zu seiner aktiven Zeit (bis 2010) in den Promotions WCW, WWA und WWE unterwegs, auch wenn er nie die ganz großen Erfolge feiern konnte. In Nebenrollen sind zudem Steven »Desmond Wolfe« Haworth (immerhin neun Titel in verschiedenen Promotions), Claudio »Cesaro« Castagnoli (manchen Fans vielleicht noch als Gewinner des »André The Giant Memorial Battle Royal« 2014 in Erinnerung) oder Ronald »R-Truth« Killings (zweimal WWF Hardcore-Champion) zu sehen. Das einzige echte Hardcore-Match im Film findet zwischen Dylan »Necro Butcher« Summers (der für seinen Auftritt in dem Streifen viel Häme von den Kollegen einstecken musste) und Tommy »Suede« Farra statt. Als Wrestling-Coach für Rourke und Choreograf der Kämpfe fungierte die samoanische Wrestling-Legende Gataivasa Afa Anoa'i vom bekannten Tag Team »The Wild Samoans«. Die Aufnahmen der verschiedenen Kämpfe wurden bei den Promotions Ring of Honor in Philadelphia und Combat Zone Wrestling in New Jersey aufgenommen.

59. GRUND

Weil Namen mehr als Schall und Rauch sind

Ringnamen von Wrestlern sind das Salz in der Suppe, das Maggi im Nudelauflauf, die Krönung des Gimmicks. So sollte es zumindest sein. Nur die wenigsten Muskelberge haben allerdings bürgerliche Namen, die zu ihrem Alter Ego im Ring passen. Man nehme nur Michael Shawn Hickenbottom (»Shawn Michaels«), Robert Szatkowski (»Rob Van Dam«) oder Frank Gerdelman (»Kazarian«) als einfache Beispiele. Mit solchen Namen wird man vielleicht Kartenabreißer im örtlichen Lichtspielhaus, aber kein Wrestling-Star. Und einem Terry Bollea (»Hulk Hogan«) kauft man maximal drei Kugeln Eis ab, aber bestimmt keine Superkräfte.

Während es früher tatsächlich in erster Linie darum ging, dem Gimmick den entsprechenden Pfiff zu geben (diverse Sportler traten auch unter ihrem richtigen Namen an, sofern er einigermaßen klang), geht es heute auch um Markenrechte. Denn die Promotions sichern sich die Rechte an den Namen. Spurt ein Wrestler nicht oder verletzt er sich schwer, wird einfach der nächste unter dem gleichen Namen und im gleichen Kostüm auf die Bretter geschickt. Die Fans finden solche Spielchen in der Regel nicht so berauschend, aber das Geschäft geht in diesem Fall (und in diversen anderen) einfach vor. Da die Wrestler zum Teil nicht nur ihr Image, sondern auch die Promotion wechseln, kommt es vor, dass manche Aktive (gerade aus der zweiten Reihe) im Laufe ihrer Karriere unter zehn verschiedenen Namen antreten. Sich unter solchen Bedingungen einen selbigen zu machen, ist natürlich nicht ganz einfach. Aber irgendwie muss die Miete ja bezahlt werden.

Wer im heimischen Garten oder im Park mit seinen Freunden den Superstars nacheifert, braucht natürlich ebenfalls einen passenden Kampfnamen. Also entweder die eigenen grauen Zellen anstrengend (in manchen Fällen durchaus gefährlich) oder ins Internet schauen. Ein interessantes Tool findet sich auf der Seite www.wrestlingname.com. Hier kann man seinen richtigen Namen eingeben, der Computer generiert (nach welchen Regeln auch immer) daraus den perfekten Kampfnamen. Der Autor dieser Zeilen würde demnach als »Sonic Dog« durch den Ring wirbeln, während eine gewisse Angela Merkel als »Master Demon« für Angst und Schrecken sorgen könnte. Zumindest, wenn man ihren Namen bei den Männern eingibt. Die gleiche Seite existiert auch für Divas, hier wäre die deutsche Kanzlerin »Missy Chick«. Aus Rex Gildo wird »Queen Ninja« und aus Boris Becker »Macho Bomber«. George W. Bush wird zu »War Criminal«. Irgendwer scheint da wirklich Humor zu besitzen. Wer Bill Clinton in die Maschine eingibt, erhält übrigens den Hinweis, dass dieser Name doch recht gut klinge und nicht mehr verändert werden müsse. Bei Terry Bollea erscheint »Hulk Hogan«, sowie eine dezente Beschimpfung des Users. Vollkommen verdient. Wer dumme Fragen stellt, bekommt dumme Antworten.

60. GRUND

WEIL ES MANCHMAL EINFACH DER HAMMER IST

Hulk Hogan wird an anderer Stelle in all seinen Facetten beleuchtet, aber sein Debüt als Hauptdarsteller in Kinofilmen verdient es, in diesem Buch eine besondere Würdigung zu erhalten. Denn *Der Hammer* (Originaltitel: *No Holds Barred*) aus dem Jahr 1989 ist ein Leuchtfeuer des guten Geschmacks, ein cineastischer Leckerbissen, ein zu unrecht belächelter Meilenstein der Action-Komödie. Nicht!

Die Story dieses Machwerkes ist schnell erzählt: Der herzensgute, extrem faire und kinderfreundliche Wrestler Rip (Hulk Hogan, ist klar) soll die Promotion wechseln. Der skrupellose Fernsehchef Brell (Kurt Fuller) versucht mit allen Mitteln, ihn auf seine Seite zu ziehen. Aber Rip ist natürlich viel zu integer, um sich auf so einen Schmierlappen einzulassen. Also greift Brell zu einer List und inszeniert in einer verruchten Kneipe (und die ist wirklich verrucht) einen »Kampf der harten Männer«, den er von seinem Sender mit großem Erfolg übertragen lässt. Denn was gibt es Schöneres, als ein paar grenzdebile Hinterwäldler, die sich gegenseitig eins auf die Mappe hauen? Eben, nichts. Als mit Zeus (Thommy Lister Jr.) ein farbiger, wahnsinniger Hüne auftaucht, der alles in Grund und Boden kloppt, ist Brell sich sicher, seinen Köder für Rip gefunden zu haben. Zusätzlich schickt er die kühle Samantha (Joan Severance) los, um sich als Spionin bei Rip anzuwanzen. Das klappt ganz gut, allerdings verliebt sich Samantha in unseren Helden und bereut schon bald ihr doppeltes Spiel. Sie wechselt die Seiten (wird vom Heel zum Face, wenn man so will) und muss nun vor Brells Leuten beschützt werden. Um einen Kampf zwischen Rip und Zeus zu erzwingen, den Zeus gewinnen soll, lässt Brell Zeus erst Rips Bruder vermöbeln und entführt dann Samantha. Rip willigt ein, steigt in den Ring, verliert den Kampf fast und erblickt schließlich seine Herzensdame, die sich aus den Fängen ihrer Peiniger befreien konnte. Nicht gut für Zeus, der jetzt mächtig einstecken muss. Anschließend will sich Rip den bösen Brell vorknöpfen, doch der erledigt sich mittels Stromschlag von selbst. Am Ende haben die Guten gewonnen, die Bösen verloren und der Kinozuschauer fragt sich, warum er in diesem 90 Minuten nicht einfach stumpf an eine weiße Wand gestarrt hat. Der Effekt wäre der gleiche gewesen.

Tatsächlich weist die Geschichte diverse Parallelen zum Wrestling-Business auf. Die eindeutige Positionierung der Charaktere ohne Grauzonen, das Wechseln der Seiten, der Ausgang des entscheidenden Matches, das comichafte Auftreten aller Beteiligten. Warum die stumpfe Story aber so dilettantisch umgesetzt wurde, wissen nur Hulk Hogan und Vince McMahon. Denn auf deren Mist ist die Idee gewachsen, aus Hulk Hogan nach seiner Wrestling-Karriere einen Filmstar zu machen. Sie fungierten also als Produzenten des Streifens, der eindeutig belegt, warum der »Hulkster« nicht zum neuen Tom Cruise oder Brat Pitt wurde. Denn er beherrscht unfallfrei genau einen Gesichtsausdruck: wütend gucken. Das mag für den Ring vollkommen ausreichend sein, auf der Leinwand sieht es aus, als hätte ein älterer Herr mit schütterem, semmelblonden Haar einen Frosch verschluckt.

Abgesehen davon, dass im Film natürlich ein paar »Prominente« aus der WWF auftauchen (darunter die Halbglatze Harald Finkel als Ringsprecher), hatte *Der Hammer* auch Auswirkungen auf die Realität der WWF. Um den Streifen zu bewerben, setzte McMahon einige Kämpfe mit »Zeus« an. Das Problem: Lister war ein professioneller Basketballer und ist ein professioneller Schauspieler, hat vom Wrestling aber keine Ahnung. Dementsprechend sahen die Kämpfe aus. Man könnte von »sinnlosem Herumschubsen« sprechen. Im Dezember 1989 fand sogar ein Kampf mit dem Titel des Films statt, ausgetragen als Team-Match zwischen Hulk Hogan und Edward »Brutus Beefcake« Leslie auf der einen und Randall

»Randy Savage« Poffo und Zeus auf der anderen Seite. Es war ein ziemliches Desaster, das das zwischenzeitliche Ende von Listers Wrestling-Karriere bedeutete. 1995 wagte er einen zweiten Anlauf in der WCW (unter dem Namen »Ze Gangsta«) und kämpfte mit mäßigem Erfolg wiederum gegen Hulk Hogan, konzentrierte sich dann aber auf seine Schauspielkarriere. Schaut man sich Filme mit ihm wie *Das fünfte Element, The Dark Knight* oder die kultige *Friday*-Reihe an, eine weise Entscheidung.

Der Hammer landete in den US-Kinocharts direkt nach seinem Start auf einem beachtlichen zweiten Platz, floppte unter dem Strich mit einem Einspielergebnis von rund 16 Millionen US-Dollar aber trotzdem an den Kassen. Die Ausstrahlung des Streifens im deutschen Fernsehen in der großartigen »SchleFaZ«-Reihe auf Tele 5 im Sommer 2015 scheint der deutlich passendere Platz für diesen Schund, der seinen Platz im Kuriositätenkabinett mehr als verdient hat.

Aus diesem Debakel wollten die Verantwortlichen allerdings nicht lernen und gründeten 2002 die WWE Studios, Inc. sowie weitere Unterfirmen, um irgendwie doch noch Kasse in den Lichtspielhäusern zu machen. 2005 erschien zum Beispiel *The Condemned* (deutscher Titel: *Die Todeskandidaten*) mit »Stone Cold« Steve Austin in der Hauptrolle. Der *Con Air*-Abklatsch ging baden und spielte einen Verlust von über 15 Millionen Dollar ein. Erfolgreicher war da schon *The Marine* mit John Cena in der Hauptrolle aus dem Jahr 2006. Der Actionstreifen wartet zwar nicht mit einer guten Story, dafür aber mit jede Menge Explosionen auf, was die Zuschauer honorierten. Der im gleichen Jahr erschienene Horrorfilm *See No Evil* mit Glenn »Kane« Jacobs an vorderster Front schnitt kommerziell ähnlich positiv ab. Das lag in diesem Fall wahrscheinlich an der bemerkenswerten Brutalität, die im Film gezeigt wird. Kane gibt hier einen Massenmörder, der seinen Opfern die Augen aus dem Schädel pult. 2009 durfte Cena wieder ran, dieses Mal an der Seite von renommierten Mimen wie Danny Glover und Patricia Clarkson. Mit dem Drama *Legendary* (deutscher Titel: *Legendary – In jedem steckt ein Held*) bewegte sich die WWE erstmals deutlich weg von allen Klischees und wurde dafür nicht nur von den Kritikern, sondern auch vom Publikum abgestraft. Etwas mehr als 200.000 Dollar Umsatz an den Kinokassen sind nicht die Welt, zumal nicht, wenn das Budget des Streifens fünf Millionen verschlungen hat. Nicht besser erging es der Komödie *The Chaperone* mit Paul »Triple H« Levesque in der Hauptrolle. Hier kamen nicht mal 15.000 Dollar in den Lichtspielhäusern zusammen. Wer will Triple H auch als fürsorglichen Vater sehen? Offenbar niemand. Das Comedy-Drama *That's What I Am* war der erste von der WWE produzierte Film, der gänzlich ohne Wrestler, dafür aber mit US-Star Ed Harris daher kam. Überflüssig zu erwähnen, dass auch dieses Werk den Bach runter ging. Also musste wieder Cena ran, als muskelbepackter Cop ohne Skrupel in *The Reunion*. Aber auch Dylan »Hornswoggle« Postl (*Leprechaun: Origins*), Paul »Big Show« Wight (*Knucklehead*), Randy Orton (*12 Rounds 2: Reloaded*) oder Anthony »Santino Marella« Carelli (*Jingle All the Way 2*) durften in den letzten Jahren zeigen, was sie können. Oder eben nicht. Wirklich erstaunlich, mit welcher Beharrlichkeit McMahon und sein Klan an ihrer Idee festhalten.

KAPITEL 7

LEGENDÄRE MATCHES

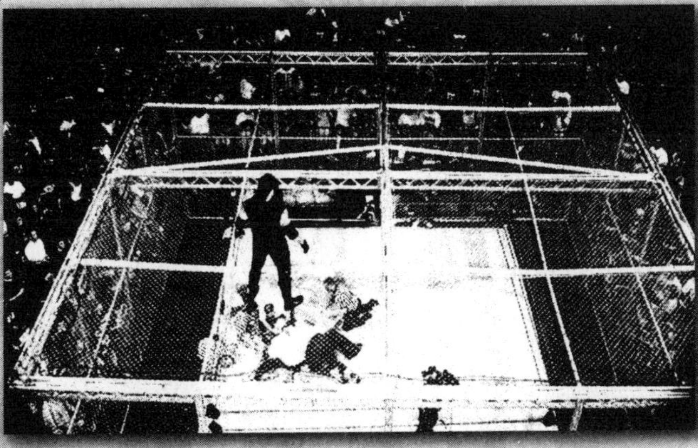

61. GRUND

Weil ein Fingerzeig grosse Wirkung haben kann

Manchmal werden Matches durch Kleinigkeiten entschieden. Manchmal sieht das ziemlich albern aus. Und in ganz wenigen Fällen sind die Kleinigkeiten so klein und die Albernheiten so albern, dass das Match in die Geschichte eingeht. Der »Fingerpoke of Doom« (übersetzt: Stupser der Verdammnis«) ist so ein Beispiel.

Am 4. Januar 1999 standen sich die ehemaligen Stable-Kollegen Kevin »Diesel« Nash und Hulk Hogan im Ring gegenüber. Es ging um nicht weniger als um den Titel. Nach einer langen Vorgeschichte voller Dramatik und Emotionen (hüstel) war es nun soweit. Der eigentlich in Rente gegangene Hogan in Straßenkleidung und Nash umkreisten sich eine Weile, bevor Nash Hogan in die Ringecke schubste. Hogan baute sich vor seinem Gegner auf und deutete einen Schlag an, auf den Nash allerdings nicht reagierte. Dann stupste Hogan Nash mit dem Zeigefinger vorsichtig auf die Brust, was dieser zum Anlass nahm, wie vom Blitz getroffen umzufallen. Hogan pinnte seinen Gegner, war der Gewinner und das ehemalige Stable wieder vereint.

Die Zuschauer in der Halle mochten ihren Augen nicht trauen. Nach einer Schocksekunde, ob die beiden Wrestler das wirklich ernst gemeint hatten, flogen halbvolle Getränkebecher, angebissene Sandwiches und Hotdogs in den Ring. Was immer sich die verantwortlichen Autoren und Booker (die sich die Schuld für dieses Desaster gegenseitig zuschoben) dabei gedacht hatten, es ging mächtig in die Hose. Die Anhänger fühlten sich veralbert, auch Hulk Hogan sprach später davon, dass er die Idee für ziemlich bescheuert hielt und an diesem Abend der Niedergang der WCW begann.

Tatsächlich hielt der Abend noch ein weiteres Leckerli parat. Die Konkurrenz von der WWF sendete an diesem Tag die Aufzeichnung eines Titelkampfs von Mick »Mankind« Foley gegen Dwayne »The Rock« Johnson, der bereits sechs Tage zuvor stattgefunden hatte. WCW-Vize Bischoff hatte das Ergebnis herausgefunden und ließ den Ringsprecher Tony Schiavone den Ausgang live verkünden. Der Hintergedanke: Wenn alle wüssten, wer das Match gewinnen würde (in diesem Fall Foley), würden sie nicht umschalten. Das Gegenteil war der Fall. Nachweislich 600.000 Fans wechselten den Kanal und zur WWF, wenige Augenblicke nach der Durchsage. Damit konnte die WWF-Sendung *Raw* erstmals nach langer Zeit eine bessere Einschaltquote als das Konkurrenzprodukt *Nitro* verzeichnen. Das erholte sich nie wieder von dieser Niederlage. Ein komplett schwarzer Tag für die WCW, die sich damit ihr eigenes Grab geschaufelt hatte. Eric Bischoff als Hauptverantwortlicher für diese Katastrophe meinte einmal lakonisch, dass bei der WCW so viel schief gelaufen sei. Da würde es auf diesen einen Tag auch nicht mehr ankommen.

62. GRUND

WEIL ES SOGAR RICHTIG ERNST WIRD

Wrestling ist ein gefährlicher Sport, das steht außer Frage. Und das selbst bei den Profis etwas schief gehen kann, ist auch kein Geheimnis. Aber wenn es zu Todesfällen im Ring kommt, ist eindeutig eine Grenze überschritten. Zum Glück handelt es sich bei solchen Unfällen um absolute Einzelfälle, aber das macht sie nicht weniger tragisch. Der bekannteste ist wohl der Absturz von Owen »The Blue Blazer« Hart im Jahr 1999.

Das Unglück ereignete sich am 2. Mai 1999 in der Kemper Arena in Kansas City. Der Abend stand unter dem Namen »Over the Edge« und war eine Pay-per-view-Veranstaltung, die TV-Zuschauer weltweit gegen eine Gebühr verfolgen konnten. Das Event war in den Wochen zuvor in den verschiedenen regulären Sendungen der WWF vorbereitet worden, diverse neue Streitigkeiten waren ausgebrochen und sollten an diesem Abend »geklärt« werden. Als Zugpferd des Abends diente ein Kampf des »Undertaker« gegen »Stone Cold« Steve Austin, andere beteiligte Wrestler waren »Triple H«, »The Big Boss Man« oder Dwayne »The Rock« Johnson. Mit großer Spannung wurde auch das Match um den »Intercontinental Champion« zwischen Owen Hart und Charles »The Godfather« Wright erwartet. Dieser Kampf wurde mit einem besonderen Effekt eröffnet, der »Blue Blazer« sollte von einem Steg unter der Hallendecke springend in den Ring geflogen kommen. Dieses Gimmick wurde bereits von anderen Wrestlern benutzt (zuerst von »Sting«, später auch vom »Undertaker«). Und auch Hart selbst hatte diesen Stunt ein halbes Jahr zuvor schon einmal ausprobiert. Hart, so wurde später bekannt, hatte im privaten Kreis geäußert, dass er Angst davor habe, sich aus 25 oder 30 Meter Höhe abseilen zu lassen. Aufgrund der angespannten Situation zwischen der Hart-Familie und der WWF (der bekannte »Montreal Screwjob« lag gerade einmal anderthalb Jahre zurück) traute sich Hart allerdings nicht, sein Veto gegen die Aktion einzulegen. Das sollte ihn das Leben kosten.

Wie bereits erwähnt, wurde das Abseilen von Athleten mehrfach eingesetzt und war bis dato immer gut gegangen. Allerdings dauerte es den Verantwortlichen zu lange, bis sich der Kämpfer aus den Sicherungen der Seile gelöst hatte. Sie wollten einen flüssigeren Übergang von Einschweben in den Ring und Starten der Kampfaktivitäten. Deshalb wurde am 23. Mai 1999 ein neues Sicherungssystem eingesetzt, das mit nur einem Handgriff zu öffnen war. Keine gute Idee.

Obwohl es Videoaufnahmen von Owen Harts Todessturz gibt, konnte nie ganz geklärt werden, was genau passierte. Wahrscheinlich erscheint, dass Hart im Flug selbst an den Auslösemechanismus kam und ihn öffnete. Andere Stimmen, darunter auch aus Harts Familie glauben, die Sicherung hätte schlicht versagt. So oder so, das Ergebnis bleibt das gleiche. Owen stürzte aus 21 Metern Höhe (andere Quellen sprechen von 24 Metern) in den Ring und schlug mit der Brust auf eine der Ringecken auf. Er fiel zurück in den Ring und blieb regungslos liegen. Die rund 16.500 Zuschauer in der Kemper Arena hielten den Unfall anfangs für einen Teil der Show. Erst als immer mehr Sanitäter zu Hart liefen und hektische Zeichen machten, begriffen einige, was wirklich passiert war. Sie verließen geschockt die Halle, die meisten Fans konnten das Gesehene aber nicht einordnen. Hart lebte noch sechs Minuten lang, bis er an seinen schweren inneren Verletzungen noch im Ring verstarb. Im Krankenhaus konnte nur noch sein Tod festgestellt werden.

Die Zuschauer an den Fernsehgeräten bekamen von der Tragödie nichts mit, da just in diesem Moment ein Einspielfilm gezeigt wurde. Als der Regisseur wieder auf das Live-Bild schaltete, lag der Wrestler bereits im Ring, die Kamera schwenkte augenblicklich auf die Zuschauer, von denen manche jubeln und andere fassungslos in den Ring starren. In den nächsten Minuten brachen Tumulte aus, erst wurde die Veranstaltung für 15 Minuten unterbrochen, dann für eine Stunde. Anschließend wurden die Fernsehzuschauer von Moderator Jim Ross informiert, dass früher am Abend eine Tragödie stattgefunden habe und Owen Hart gestorben sei. Diese Ansage war ausschließlich für die Fans vor dem TV bestimmt, in der Halle war sie nicht zu hören und wurde auch nicht nachgeholt (einige wenige bekamen trotzdem mit, was geschehen war und verließen aus Protest die Halle). Denn die Verantwortlichen entschieden, die Veranstaltung fortzusetzen, was im Nachhinein für viel Unverständnis sorgte, auch wenn die WWF nie wieder eine Veranstaltung unter dem Namen »Over the Edge« veranstaltete (obwohl dies geplant war) und nach dem Unfall auch mehrere andere Wrestling-Veranstaltungen in den USA und Kanada absagte. Auch wurde die geplante DVD-Veröffentlichung der Kampfnacht ersatzlos gestrichen.

Doch insbesondere Owens älterer Bruder Bret und einige andere Mitglieder der Familie erhoben schwere Vorwürfe, speziell gegen WWF-Chef Vince McMahon. Der habe den Tod von Owen Hart billigend in Kauf genommen, nur um spektakuläre Bilder zu bekommen. Am Tag nach dem Unfall zeigte die WWF eine (als normale Sendung schon länger geplante) Sondersendung, bei der die Wrestler selbst entscheiden durften, ob sie antreten oder nicht. Zwischen den Kämpfen äußerten sich Kollegen über Hart. Bret Hart sah darin eine respektlose Ausschlachtung des Todes seines Bruders. Auf der Beerdigung, die am 31. Mai 1999 in Calgary, Kanada stattfand, kamen 300 Gäste, darunter viele Kollegen und Wegbegleiter des Wrestlers. McMahon war ausdrücklich eingeladen worden, aber unter der Bedingung, ohne Kamerateam aufzutauchen. Daran hielt er sich nicht, was die Familie weiter erzürnte. Angeblich unterbreitete McMahon Bret auf der Beerdigung sogar ein neues Vertragsangebot für die WWF. Hulk Hogan, ebenfalls unter den Gästen, merkte an, dass der Wrestling-Sport einige Grenzen überschritten habe und Owens Tod manchen Menschen hoffentlich eine Lehre sei. Die meisten Fans schlugen sich auf die Seite von Hart und warfen McMahon ungebührliches Verhalten vor. Es gab aber auch Gegenstimmen, die meinten, es war richtig, die Veranstaltung weiterzuführen, um Massentumulte zu verhindern.

Die Witwe des Opfers, Dr. Martha Hart, verklagte die WWF auf Schadenersatz. Eine Klage gegen den Hersteller des Sicherungssystems wurde ebenfalls eingereicht, später aber wieder zurückgezogen, da die WWF 18 Millionen Dollar zahlte. Dr. Martha Hart gründete mit Teilen dieses Geldes und zusammen mit ihrem Schwager Bret die »Owen Hart Foundation«, die sich unter anderem um die Ausbildung von Kindern aus benachteiligten Familien kümmert. Owen selbst hinterlässt neben seiner Witwe einen Sohn (geb. 1992) und eine Tochter (1995). Ob sein Tod wirklich dazu beigetragen hat, den Wrestling-Sport sicherer zu machen, ist spekulativ. Fest steht nur, dass er vollkommen überflüssig war.

63. GRUND

WEIL ES GRATIS FLUGSTUNDEN GIBT

Käfig-Matches (oder »Hell in a Cell«, wie es in diesem speziellen Fall bei der WWE heißt) sind per se spektakuläre Angelegenheiten. Den Maßstab für alle weiteren Auseinandersetzungen dieser Art setzen 1998 Mark »Undertaker« Calaway und Michael »Mankind« Foley, die bis an die Grenze (und weit darüber hinaus) gingen, um den Fans ein Spektakel zu bieten. Und das ist ihnen gelungen.

Es war erst das dritte »Hell in a Cell«-Match in der Geschichte der WWF überhaupt. Das zweite hatte der Undertaker gegen Shawn Michaels bestritten und einige spektakuläre Moves gezeigt. Das Problem war nun, wie dieses Match getoppt werden konnte. Laut Foley saß er mit dem ehemaligen Wrestler und seinem Vorbild Terry Funk zusammen, als dieser scherzhaft anmerkte, Foley könne sich ja vom Dach des Käfigs schmeißen lassen. Foley gefiel diese Idee, sie wurde umgesetzt. Während des Matches kletterten beide Athleten auf das Dach und teilten gegenseitig Schläge aus, bis der Undertaker seinen Kontrahenten schnappte und tatsächlich vom Dach des Käfigs war. Foley landete aus fünf Metern Höhe mit dem Rücken auf dem Tisch des Ringsprechers, der zusammenbrach. Der Undertaker starrte bewegungslos auf seinen Kontrahenten herunter, der sich lange Zeit nicht bewegte. Später sagte Calaway in einem Interview, dass er wirklich Angst hatte,

Foley sei tot. Doch der Wrestler lebte, wurde mit einer Trage aus der Halle geschafft, kam aber unter dem Jubel der Massen zurück, nur um ein weiteres Mal eine Flugstunde einzulegen. Dieses Mal brach er durch das Dach des Käfigs in den Ring, was so angeblich nicht geplant war, und landete wiederum auf dem Rücken. Für einige Momente hatte Foley das Bewusstsein verloren, kam aber schließlich wieder zu sich. Funk war als Beobachter in Ringnähe und glaubte, dass es Foley dieses Mal wirklich erwischt hätte. Aber »Mankind« kam erneut zurück. Nach einem ungewöhnlich harten Match, der Undertaker hatte eine Platzwunde auf der Stirn und war schon mit einem gebrochenen Fuß angetreten, Foley unter anderem eine gebrochene Nase, eine ausgekugelte Schulter, blutete aus dem Mund und ein abgebrochener Zahn hing ihm im Gesicht, beendete der Undertaker das Match wie abgesprochen als Sieger. Sofort nach dem Ende stürmten mehrere Ärzte in den Ring und führten Foley aus der Halle. Selbst Vince McMahon zeigte sich ernsthaft beunruhigt. Und das will was heißen.

Die Zuschauer spendeten den beiden Akteuren Standing Ovations, während sie in den Backstage-Bereich geführt wurden. Dort kümmerten sich sofort Ärzte um sie. Foley gab später zu, an das Match so gut wie keine Erinnerungen mehr zu haben. Er weiß nur noch, dass McMahon danach zu ihm kam und sich für seinen Einsatz für die WWF bedankte, woraufhin Foley erwiderte, dass er so etwas nie wieder tun würde. Auch berichtete der Wrestler später, dass er nach dem Match mit seiner Frau telefoniert habe, die ihm unter Tränen darum bat, mit dem Wrestling aufzuhören, was er knapp zwei Jahre später tatsächlich tat.

Eine lustige Anekdote zu diesem Match stammt ebenfalls von Foley. Bei der Untersuchung durch die Ärzte fragte er Calaway, ob sie eigentlich die Reißzwecken benutzt hätten. Calaway soll geantwortet haben: »Mitch, guck mal auf deinen Arm.« Da steckten immer noch 20 von den Dingern.

64. GRUND

Weil es in die Verlängerung geht

Der Begriff »Iron Man« steht für einen besonders anstrengenden Triathlon, der auf Hawaii erfunden wurde oder für den Milliardär Tony Stark, der in seiner Freizeit in einen Blechanzug hüpft und die Welt rettet. Im Wrestling gibt es ein »Iron Man Match«, das in die Geschichte einging. Bret »The Hitman« Hart gegen Michael »Shawn Michaels« Hickenbottom bei der WrestleMania XII am 31. März 1996 in Kalifornien.

Die Regeln eines »Iron Man Match« sind einfach. Vorher wird eine gewisse Zeitspanne festgelegt (in diesem Fall 60 Minuten), in der die beiden Kontrahenten durch Count-out, Pinfall, Aufgabe oder Disqualifikation des Gegners punkten können. Wer nach 60 Minuten mehr Punkte hat, gewinnt. Steht es unentschieden, wird das Match entweder so gewertet oder es gibt einen Sudden Death, das heißt, der nächste Punktgewinn zählt für das ganze Match.

1996 stand ein großes Ereignis bevor, das war allen bewusst. Der Vorlauf in den Monaten zuvor war selbst für WWF-Verhältnisse extrem, es wurden unzählige Berichte über die beiden Kontrahenten gesendet. Am Abend dann enterte zuerst Michaels mexikanischer Trainer Guadalupe »José Lothario« Robledo den Ring und deutete nach oben. Michaels ließ sich an einem Seil vom Dach der Arena in den Ring gleiten. Hart wählte einen konservativen Einmarsch, die Show konnte beginnen. Und es war eine Show, die die beiden Athleten für 60 Minuten boten. Allerdings schaffte keiner der beiden einen Pinfall oder konnte anders punkten, so dass es nach einer Stunde 0:0 stand. Es ging in den Sudden Death, den Michaels nach rund drei Minuten für sich entscheiden konnte. Hart fing sich einen Tritt, den »Sweet Chin Music«, was allerdings nicht so überzeugend aussah. Also wurde die Aktion wiederholt, Michaels gewann das Match.

Damals konnte noch niemand ahnen, dass rund anderthalb Jahre später der »Montreal Screwjob« mit den beiden Kontrahenten in der Hauptrolle für einen der größten Skandale in der Wrestling-Geschichte sorgen würde. Das Match in Kalifornien markierte den Anfang vom Ende der WWF-Karriere von Hart und gehört zu den größten Triumphen in der Karriere von Michaels. Die Fans sahen eines der intensivsten Matches der »WrestleMania«-Geschichte überhaupt. Wer live dabei gewesen ist, darf sich glücklich schätzen.

65. GRUND

WEIL ES TROTZ ALLEM VERDAMMT GEFÄHRLICH IST

Der 21. März 2015 sollte in die mexikanische Wrestling-Geschichte eingehen. Der legendäre Óscar »Rey Mysterio« Gutiérrez kehrte nach einem längeren Engagement bei der WWE in die mexikanische Liga AAA zurück. Der Wrestler wurde zwar in Kalifornien geboren, besitzt aber mexikanische Wurzeln und wird von den Fans als einer der »ihrigen« verehrt. Sein Gegner an diesem Abend in Tijuana ist der 35jährige Pedro Aguayo Ramirez, besser bekannt unter seinem Kampfnamen »El Hijo del Perro Aguayo«. Der Sohn der »Lucha Libre«-Legende Perro Aguayo gilt in Mexiko ebenfalls als Star. Die beiden Kontrahenten treten vor ausverkaufter Halle in einem Tag Team-Match gegeneinander an. »El Hijo« wird von »Rey Mysterio« ziemlich unsanft aus dem Ring geschleudert, rollt sich aber wieder zurück zwischen die Seile. Gemäß der Absprache soll der im Aufstehen begriffene »El Hijo« offenbar von einem Sprungtritt von »Mysterio« zurück in die Seile befördert werden. Der Tritt trifft »El Hijo« mitten ins Gesicht, er sackt auf die Knie, aufgestützt auf das mittlere Seil mit dem Gesicht vom Ring abgewandt. »Mysterio« setzt zu einem weiteren Sprung an, erkennt in diesem Moment aber wohl, dass etwas nicht stimmt und verfehlt seinen Gegner absichtlich, dessen Kopf zur Seite sackt. Nach einer kurzen Phase der Verwirrung, in der sich alle Athleten fragend ansehen, wird ihnen der Ernst der Lage bewusst. Der Wrestler und Promoter Carlos Santiago Espada Moisés, Ringname »Konnan«, ist als erster vor Ort und versuchte, dem leblosen »El Hijo« Erste Hilfe zu leisten. Schließlich erreichen auch Sanitäter den Verletzten und legen ihn auf einen Holztisch (!), weil die einzige Liege in der Halle von einem anderen verletzten Sportler belegt ist. Auch der Ringarzt kommt viel zu spät zu Ramirez, weil er sich gerade mit dem Kollegen auf der Trage beschäftigt. Schließlich wird »El Hijo« ins Krankenhaus gefahren, verstirbt aber auf dem Weg dorthin. Die Autopsie ergibt später, dass er sich drei Wirbel im Nacken gebrochen hat. Tod durch Genickbruch. Óscar »Rey Mysterio« Gutiérrez und viele Kollegen brachten ihre Bestürzung via Twitter zum Ausdruck.

Das Match mit seinem tragischen Ausgang hat weltweit für Diskussionen gesorgt. Wie sicher ist Wrestling, und wie lassen sich Unfälle wie dieser vermeiden? Die Antwort ist eindeutig, komplett vermeidbar sind solche Dinge nicht. Trotz Absprachen und gut trainierter Athleten bleibt ein Restrisiko, selbst bei Manövern, die auf den ersten Blick weder sonderlich spektakulär noch gefährlich wirken. Pedro Aguayo Ramírez musste dafür mit seinem Leben bezahlen.

66. GRUND

Weil es vor Rekordkulisse stattfindet

Was kann schon schief gehen, wenn ein seit 15 Jahren ungeschlagener Wrestler gegen seinen alten Kumpel antritt, der sich seit drei Jahren WWF-Champion nennen darf? Eben, nicht viel. Und so lieferten sich Hulk Hogan und André The Giant ein Match, das von vielen Fans als der Höhepunkt des an Wrestling-Höhepunkten sicher nicht armen Jahrzehnts angesehen wird. Bühne frei in Michigan, wir schreiben den 29. März 1987.

Über 93.000 Fans (Rekord für eine Indoor-Sportveranstaltung in den USA bis 2010) fiebern im Silverdome in Pontiac dem Main Event des Abends entgegen. Aretha Franklin singt *America the Beautiful*, in vorherigen Auseinandersetzungen toben sich unter anderem Hossein »The Iron Sheik« Vaziri, Roy »The Honky Tonk Man« Ferris, Adolfo »Dino Bravo« Bresciano oder Aurelian »Jake Roberts« Smith Junior (gemeinsam mit Alice Cooper, der auf Roberts Schlange aufpasst) aus. Aber jeder an diesem Abend wartet auf die beiden Hauptdarsteller. Die ließen sich dann auch nicht lange bitten, wobei der Einmarsch nicht unterschiedlicher hätte verlaufen können. Der ehemalige Fan-Liebling André wird vom Publikum regelrecht in Grund und Boden gebuht und mit Müll beworfen, während der »Hulkster« von den Massen gefeiert wird.

Im Ring selbst kann das Match den hohen Erwartungen nicht ganz stand halten, was aber auch nicht zu erwarten war. Dafür ist der »Gigant« einfach nicht gemacht. Aber die beiden Akteure mühen sich redlich, auch spektakulären Sport zu zeigen. Nach wenigen Minuten hat André den Hulk bereits am Boden, schafft es aber nicht, ihn lange genug unten zu halten. Kurz darauf schleudert der französische Riese Hogan in die Seile und will ihn mit einem »Big

Boot« ausschalten, aber der »Hulkster« weicht aus, serviert seinem Gegner einen »Clothesline« und bringt ihn damit zu Fall. Hogan schnappt sich den am Boden liegenden, hebt ihn in die Höhe (weniger als 230 unhandliche Kilo dürften das auf keinen Fall gewesen sein) und lässt ihn mit einem »Scoop Slam« zu Boden krachen. Ein »Leg Drop«, Hogans Spezialität, beendet diesen Kampf bereits nach 12 Minuten.

Technisch gesehen gab es sicher unzählige bessere Matches als dieses. Aber die Tatsache, dass sich hier zwei absolute Legenden dieses Sports gegenüberstanden, die Storyline mit dem eifersüchtigen André, der Hogan seinen Ruhm nicht gönnt, und die fanatische Rekordkulisse machen aus dieser Auseinandersetzung etwas ganz besonderes.

67. GRUND

WEIL ES ÜBERRASCHEND KOMMT

Wenn eine Wrestling-Legende den Ring verlässt, um woanders ihr Glück zu suchen (oder die Karriere zu beenden), so ist es üblich, dass das letzte große Match so ausgeht, wie es sich der Scheidende wünscht. Zumal, wenn dieses in der Heimat des Protagonisten stattfindet. Dies ist eine Art Ehrenkodex, an den sich alle halten. Na ja, fast alle.

1997 ereignete sich einer der größten Skandale, die das moderne Wrestling bis dahin gesehen hatte. Die Aktion, um die sich bis heute die Legenden ranken, ging unter dem Namen »Montreal Screwjob« in die Geschichte ein. Wobei der Terminus »Screwjob« im Wrestling bedeutet, dass die Auseinandersetzung anders ausgeht als vorher abgesprochen. Leidtragender in diesem Fall war

Bret Hart, einer der Superstars der WWF. Der ging es Ende der Neunzigerjahre wirtschaftlich alles andere als gut, sodass die hoch bezahlten Sportler reihenweise zur Konkurrenz wechselten. Auch Hart, der zu diesem Zeitpunkt angeblich 30.000 Dollar pro Woche verdiente, hatte andere Angebote. WWF-Chef Vince McMahon versuchte, seinen Schützling zum Bleiben zu überreden, bot ihm einen Rentenvertrag an (den er kurz darauf zurückziehen musste) und machte verschiedene Vorschläge, um eines seiner Zugpferde bei der Stange zu halten. Bret Hart ließ sich trotzdem nicht erweichen, sondern kündigte mit auslaufendem Vertrag einen Wechsel zum Konkurrenten WCW an. In einem letzten, spektakulären Kampf sollte sich Hart gegen Shawn Michaels noch einmal den Titel holen und diesen einen Tag später wieder abgeben. In seiner Heimat Kanada aber wollte er noch einmal als strahlender Held dastehen.

Die Storyline stand fest, was Hart jedoch nicht wusste: McMahon hatte mit Michaels und dem Ringrichter ein anderes Ende vorgesehen, was Hart vor heimischem Publikum bloßstellen sollte. Angeblich hatte der Boss der WWF Angst, Hart würde sich nicht an die Vereinbarung halten und den Titel unerlaubterweise in die neue Promotion mitnehmen. Also nahm das Match vor fanatischen Hart-Fans seinen Lauf. Kurz vor Ende hatte Michaels seinen Gegner wie vereinbart kurz vor der Niederlage mit seinem eigenen Signature Move (der »Sharpshooter«) am Boden. Eigentlich hätte sich Hart nun noch einmal befreien und den Spieß umdrehen sollen. Doch der Ringrichter Earl Hebner, der in die Geschehnisse eingeweiht war, läutete die Ringglocke und beendete den Kampf. Harts Blick in diesem Augenblick spricht Bände. Zwar gab es immer wieder Gerüchte, auch der »Screwjob« sei abgesprochen gewesen, um noch mehr Wirbel zu erzeugen. Aber die Entrüstung des Sportlers scheint tatsächlich echt. Die seiner Fans sowieso. McMahon eilte nach dem Aus sofort an den Ring, wahrscheinlich um Hart zu beruhigen. Der ließ sich aber nicht besänftigen und spuckte seinem Boss mitten ins Gesicht. Anschließend demolierte er unter dem Jubel der Zuschauer ein Kommentatorenpult und verschwand in den Katakomben, in die sich McMahon, Michaels und Hebner schon lange zurückgezogen hatten. In der sehenswerten Dokumentation *Wrestling with Shadows* ist unter anderem zu sehen, wie ein konsternierter Bret Hart in der Umkleidekabine seinen Kollegen Shawn Michaels fragt, ob er davon gewusst habe. Michaels lügt und antwortet: »Ich hatte keine verdammte Ahnung.«

McMahon, der sich backstage verbarrikadiert hatte, versuchte einige Zeit später, das Gespräch mit Hart zu suchen, um ihm sein Vorgehen zu erklären. Der frisch geduschte Wrestler war aber immer noch nicht zu einem Pläuschen aufgelegt und verpasste seinem Chef ein Veilchen. Später sagte er in verschiedenen Interviews, dass er so fest zugeschlagen habe, wie es nur ging.

Vince McMahon verfolgte mit seinem linken Spiel allerdings nicht nur ein Ziel (den Schutz seines Meistertitels), sondern gleich mehrere. Durch die Aktion wurde Shawn Michaels einer der meistgehassten Heels in der Geschichte der WWF/WWE, was ordentliche Einschaltquoten garantierte. Und der ehemalige Wrestler McMahon, der sich die Jahre zuvor mit wenigen Ausnahmen eher im Hintergrund gehalten hatte, wurde als neuer Oberbösewicht etabliert. Ringrichter Hebner, zu allem Überfluss ein langjähriger Freund der Hart-Familie, litt vielleicht am meisten. Denn Hart und sein Clan kündigten ihm die Freundschaft, und es sollte Jahre dauern, bis die beiden sich aussprachen und versöhnten. Hart sprach danach davon, dass der »Screwjob« von McMahon und Michaels ausging und Hebner von beiden gezwungen wurde, das Spiel mitzuspielen. Davon abgesehen gibt es allerdings auch Stimmen, die behaupten, Hebner habe Hart vor dem Kampf über die Absprache informiert, sodass dieser sich darauf einstellen konnte. In *Wrestling with Shadows* gibt Hart an, dass er in seiner aktiven Karriere ein verlässlicher und loyaler Partner gewesen sei, dem gewisse Werte etwas bedeuten würden. Dies bestätigen auch diverse ehemalige

Mitstreiter. Ob das von allen anderen Beteiligten gesagt werden kann, erscheint zweifelhaft.

68. GRUND

WEIL MANCH FINSTERE PLÄNE NICHT AUFGEHEN

Am 24. November 1993 kam es im Rahmen der »Survivor Series« zu einer der kontroversesten Tag Team-Auseinandersetzungen in der Geschichte des Wrestling. Um das zu erreichen, hatten die Autoren monatelang aus allen Rohren geschossen, um die Meute so richtig aufzuwiegeln. Es ging um nicht weniger als um die Ehre der Vereinigten Staaten (schnüff). Die All-Americans traten gegen die Foreign Fanatics an. Und wem allein bei der Bezeichnung der Teams nicht übel wird, der hat einen verdammt starken Magen.

1993, die jüngsten Anschläge auf das World Trade Center sowie das Pentagon und der Zweite Golfkrieg sind erst wenige Monate her. Die USA fühlen sich von allen Seiten bedroht und müssen ihr eigenes Selbstbewusstsein pflegen. Wrestling ist dafür das perfekte Mittel. Glorreiche US-Wrestler treten gegen einen Haufen zwielichtiger Ausländer an, die zumindest den Sturz der Weltmacht im Sinn haben, wenn nichts Schlimmeres. Deshalb wird über Monate an einer Story gebastelt, die die Foreign Fanatics in einem sehr schlechten Licht dastehen lässt. Zu den Foreign Fanatics gehören am Matchtag der Finne Tony »Ludvig Borga« Halme, Rodney »Yokozuna« Anoa'i (US-Bürger, allerdings samoanischer Abstammung), sowie der kanadische Wrestler Jacques »The Mountie« Rougeau und Brian »Crush« Adams. Der kommt immerhin aus Hawaii, was laut Homer Simpsons ja zu den Freak-Staaten gehört und somit nicht mehr so richtig zu den USA. An den Ringseilen werden die Fieslinge unterstützt von Scott »Johnny Polo« Levy (in Philadelphia geboren, aber auch egal), James »Jim« Cornette (hm, aus Kentucky) und Harry »Mr. Fuji« Fujiwara (ebenfalls aus Hawaii). Auf der anderen Seite formieren sich fürs Vaterland der Undertaker, Lex Luger sowie die Steiner Brothers Rick und Scott (bürgerlich: Rechensteiner) mit William »Paul Bearer« Moody als seelischem Beistand.

Wie bei solchen Auseinandersetzungen üblich, wurde im Vorfeld fiel Staub aufgewirbelt. Mitglieder des gegnerischen Tag Teams wurden »verletzt« und mussten ausgetauscht werden, es gab Interviews, die in Schlägereien endeten usw. Am Tag des Kampfes selbst fährt die WWF alle Geschütze auf, die sie zur Verfügung hat. Die Zuschauer werden im Vorfeld mit US-Fähnchen ausgestattet, vor dem Match läuft ein Film über die Schirme, in dem unter anderem John F. Kennedy auftaucht, der Austragungsort Boston wird dank seines revolutionären Potentials auch noch mit eingebaut (inklusive dem legendären »Tea Party«-Schiff). Beim Einlaufen der Akteure machen sich die Foreign Fanatics lautstark über das patriotische Publikum lustig und kassieren dafür eine Menge Heat. Die All-Americans kommen in Flaggen eingehüllt und lassen sich feiern. Auf den Videoleinwänden steht zu lesen: »USA Love It Leave It Foreign Freaks« (USA, liebt sie, verlasst sie, ausländische Freaks«).

Wer die Aufnahmen von damals heute sieht, wird erschreckt sein, wie unglaublich plump die WWF hier Ausländerhass schürt. Vor allem die kleinen Kinder, die mit verzerrten Gesichtern die Foreign Freaks ausbuhen, machen nachdenklich. Vince McMahon scheint selbst eingesehen zu haben, dass er hier eine Grenze überschritten hat, in den nächsten Jahren wird er den Bogen nicht mehr so weit überspannen, auch wenn er die Patrioten-Karte als Republikaner weiter sehr gerne spielt. Rein kommerziell hat sich der Ausflug ins Lager der Rednecks jedenfalls nicht gelohnt, denn die »Survivor Series 1993« erreichte sowohl in Sachen Ticketverkäufen (15.000) als auch im Pay-per-view die bis dahin schlechtesten Werte überhaupt. Die Wrestling-Kommentatoren waren sich einig, eines der schwächsten Events der WWF überhaupt gesehen zu haben.

Ach ja, es gab ja auch noch das besagte Match selbst. In selbigem flog erst Rick Steiner aus dem Ring, gefolgt von Crush, Rougeau und Scott Steiner. Der Undertaker und Yokozuna spielten außerhalb des Rings Verstecken, weshalb sie disqualifiziert wurden und schließlich nur noch Lex Luger und der Finne Ludvig Borga übrig blieben. Borga sollte trotz seiner fragwürdigen persönlichen Einstellung (er gehörte in Finnland tatsächlich einer rechtsradikalen Partei an und hatte SS-Runen auf seiner Wade tätowiert, weshalb er in der WWF nur mit hohen Stiefeln antreten durfte) nach dem Match als neuer Super-Heel aufgebaut werden, verletzte sich aber real, trat nie wieder für die WWF auf, lief Jahre später in seiner Heimat im Alkohol- und Drogenrausch Amok und brachte sich kurze Zeit später um. An diesem Abend war er nur dazu da, den Startschuss für die US-Party zu geben, denn Luger schaltete den Mann aus dem hohen Norden mit einem Ellbogenschlag aus und durfte sich als neuer nationaler Held feiern lassen. Luger war damit auf dem Höhepunkt seiner Karriere, die Zeitschrift *Pro Illustrated Wrestling* wählte ihn sogar zum beliebtesten Wrestler des Jahres 1993. Der Versuch, Lex als Nachfolger von Hulk Hogan zu installieren, kann im Nachhinein allerdings als gescheitert bewertet werden.

69. GRUND

Weil sie immer wieder aufstehen

Als Match, das eigentlich »zu groß für WrestleMania« ist, wurde es angekündigt – die Revanche des Undertakers gegen Brock Lesnar im Jahr 2015. Aber auch die Vorgeschichte und die niedlichen

Zwischenspiele tragen dazu bei, dass diese Auseinandersetzung für immer in den von Ringseilen umspannten Herzen der Fans haften bleiben wird.

Die Rivalität zwischen dem Sensenmann aus der Hölle und Lesnar geht zurück bis ins Jahr 2002, wo die beiden zum ersten Mal im größeren Rahmen aufeinander prallten. Im September und Oktober des Jahres kam es zu verschiedenen Meetings der beiden, entweder inner- oder außerhalb des Rings. Lesnar, amtierender Titelträger, griff sogar die (tatsächliche) Ehefrau des Undertakers an, was selbst im Wrestling als nicht sonderlich nett empfunden wird. Die Storyline bereitete den Weg für ein Championchip-Match bei der Veranstaltung »Unforgiven« vor, das nach 20 Minuten mit einer doppelten Disqualifikation endete. Die Neuauflage folgte vier Wochen später beim »No Mercy«-Event, dem wiederum diverse Streitigkeiten in den TV-Sendungen der WWE vorangegangen waren. Ganz im Sinne des Zeitgeistes Anfang des neuen Jahrtausends präsentierten Lesnar und sein Manager Paul Heyman zum Beispiel eine junge Dame namens Tracy, die angeblich eine Affäre mit dem Undertaker gehabt hatte, während dessen Frau zu Hause schwanger auf ihn wartete. Es wurden sogar Szenen gezeigt, wie der Undertaker mit seiner Sara telefoniert und ihr versichert, dass ja alles ganz anders sei. Was lernen wir daraus? Selbst Männer aus der Hölle wollen keinen Ärger mit ihrem Eheweib. Ach ja, das Match gewann Brock Lesnar, da der Undertaker mit einer (wirklich) gebrochenen Hand antreten musste.

Im nächsten Jahr trafen der Undertaker und Lesnar im Rahmen von Tag Team- und Handicap-Matches aufeinander, konnten allerdings nicht mehr die große Aufmerksamkeit wie zuvor erzielen, obwohl sogar Vince McMahon persönlich eingriff (auf Seiten von Lesnar). Die Rivalität der beiden schlief ein. Erst 2014 schien sich ein Autor an die damals doch recht ansehnliche Auseinandersetzung zu erinnern. Lesnar hatte sich im Laufe der letzten mehr als zehn Jahre weiter profilieren können, während der Undertaker trotz merklicher Alterserscheinungen immer noch eine Hausnummer war. Dem Revival stand also nichts mehr im Weg.

Das wurde wiederum durch ein bisschen Bohei im Vorfeld eingeleitet (unter anderem schleuderte der Undertaker seinen Kontrahenten in einen Tisch), der erste Showdown fand bei »WrestleMania 30« statt. Der Undertaker hatte bei diesem Match zwar keinen Titel zu verlieren, aber einen Rekord. 21 Kämpfe hintereinander hatte der Undertaker bei verschiedenen WrestleMania-Veranstaltungen nicht verloren. Aber diese Serie sollte nun reißen. Denn Lesnar schaffte es nach einem langsamen und technisch nicht allzu anspruchsvollen Match, den Undertaker zu besiegen. Das Publikum war im ersten Augenblick fassungslos, buhte dann den Sieger nach Leibeskräften aus, während es den Geschlagenen minutenlang mit Sprechchören feierte. Eigentlich ein würdiger Abgang für die Legende.

Aber so ist das mit Zombies, die Biester wollen einfach nicht liegenbleiben. Pünktlich zur WrestleMania 31 kehrte der Undertaker zurück, holte sich seinen 22. Sieg gegen das Greenhorn Windham »Bray Wyatt« Rotunda und tauchte ein paar Monate später völlig unmotiviert bei einem Match von Brock Lesnar auf, um von diesem eine Revanche zu fordern. Diese wurde vom Undertaker in der nächsten Ausgabe von *Raw* erneuert. Nicht, weil Brock die Serie des Undertakers habe reißen lassen. Sondern weil Lesnars Manager Paul Heyman sich immer noch über diese Niederlage lustig mache. Lesnar willigte schließlich ein, was aber nicht dazu führte, dass die beiden Kontrahenten nun Ruhe gaben. Ganz im Gegenteil, die Wortgefechte wurden immer heftiger, bis beide schließlich aufeinander losgingen und eine der schönsten Massenprügeleien der WWE-Geschichte entfachten. Denn nach der Security und weiteren WWE-Mitarbeitern schmissen sich schließlich sogar ein paar »Polizisten« ins Getümmel. Im Backstage-Bereich soll die Schlägerei weitergegangen sein, bis die beiden Streithammel schließlich getrennt werden konnten. Diese Aktion, die sicher nicht ganz so spontan zustande gekommen war, wie es den Anschein hatte, war selbst deutschen Tageszeitungen und politisch orientierten Monatsmagazinen eine Meldung wert. Mission mehr als erfüllt, das Interesse für den SummerSlam 2015 in New York war also geweckt, auf dem Werbeplakat prangten groß die beiden Konterfeis von Lesnar und dem Undertaker.

Für das Match selbst hatten sich die Autoren einen weiteren Dreh einfallen lassen. Technisch war der Kampf anspruchsvoller ausgefallen als die Auseinandersetzung 2014, sicherlich eine Reaktion auf die damalige Kritik von Fans und Experten. Aber das war natürlich noch nicht genug. Nachdem sich beide eine Viertelstunde lang gegenseitig auf die Matte geschickt hatten, hielt Lesnar seinen Kollegen im Kimura-Lock (eine Technik, die eigentlich aus dem Jiu Jitsu stammt und den Gegner schmerzhaft auf den Boden presst). Der Undertaker zeigte per Handbewegung an, dass er aufgibt, was allerdings nur der Zeitnehmer außerhalb des Rings sah und die Glocke läutete. Der blinde Ringrichter brüllte daraufhin den Zeitnehmer an, der zurückbrüllte. In diesem Durcheinander konnte sich der Undertaker befreien, trat seinem Kontrahenten mit Eifer in den Schritt und gewann. Ein atemberaubendes Match mit dezent unbefriedigendem Ergebnis, das alle Möglichkeiten für eine dritte große Auseinandersetzung offen hält.

70. GRUND

WEIL MAN MANCHMAL TASCHENTÜCHER BRAUCHT

Es gibt Matches, die wegen ihres technischen Anspruchs in die Geschichte eingehen. Oder wegen ihrer Brutalität. Oder weil es zu nicht geplanten Zwischenfällen kommt. Einige Kämpfe aber werden unsterblich, weil sie die Zuschauer zu Tränen rühren. Einer dieser seltenen Momente fand zwischen Richard »Ric Flair« Fliehr und Michael Shawn »Michaels« Hickenbottom statt. Was bleibt, ist die Erkenntnis, dass Freundschaftsdienste manchmal ganz schön schmerzhaft sein können.

Am 30. März 2008 endete (vorerst) die Karriere eines der größten Wrestler aller Zeiten. Flair war zu diesem Zeitpunkt bereits 59 Jahre alt, arbeitete schon seit vielen Jahren im Hintergrund der WWF und sah es an der Zeit, von der Bühne abzutreten. Für sein letztes Match wünschte er sich niemand geringeren als Shawn Michaels als Gegner, der das zuerst entsetzt ablehnte, schließlich aber doch zustimmte. Der Hintergrund der Geschichte: Flair und Michaels haben privat so etwas wie ein Vater/Sohn-Verhältnis, sind sehr eng befreundet. Außerdem war Flair das Vorbild und der Trainer von Michaels. Und diesen Menschen sollte er nun in Rente schicken.

Der Kampf gehört zu den intensivsten in der Geschichte des Wrestling, weil es den beiden Kontrahenten gelang, ihre Sympathien für einander jederzeit darzustellen und sich trotzdem ein packendes Match zu liefern. Symbolisch ist eine Szene, in der Michaels Flair ins Gesicht schlägt, ihn dabei aber aus Versehen richtig trifft. Flair spritzt Blut aus dem Mund, während Shawn konsterniert schaut und sich beinahe entschuldigen will. Flair beruhigt ihn mit den Worten: »Es ist nur Blut, mein Freund«.

Die Autoren dieses Matches hatten sich im Vorfeld wirklich alle Mühe gegeben, der Kampf wogt hin und her und nicht wenige Flair-Fans hoffen, dass es am Ende doch gut für ihn ausgeht. Doch nachdem Michaels seinen Finishing Move, den »Big Boot« (bei ihm »Sweet Chin Music« genannt) ansetzt, wissen alle, jetzt ist es vorbei. Der sonst als arrogant und selbstverliebt geltende Michaels ist in diesen Sekunden so spürbar emotional aufgeladen, dass es fast schmerzt. Er sagt tatsächlich die Worte: »Es tut mir leid, ich liebe dich«, bevor er Flair zu Boden streckt und pinnt. Der Ringrichter zählt wie in Zeitlupe, dann ist der Kampf vorbei. Michaels steht aber nicht sofort auf, sondern umarmt seinen am Boden liegenden Freund, bevor er mit Tränen in den Augen aufsteht und den Ring ohne seine üblichen Gesten verlässt. Flair erhebt sich wenig später, lässt sich von den Fans feiern und holt seine Familie in den Ring.

Die Tatsache, dass Flair bereits ein Jahr später wieder im Ring stand und bis heute steht, ändert nichts an der Großartigkeit dieses Matches, das völlig zu Recht in die Geschichte eingegangen ist.

KAPITEL 8

HINTER DEN KULISSEN

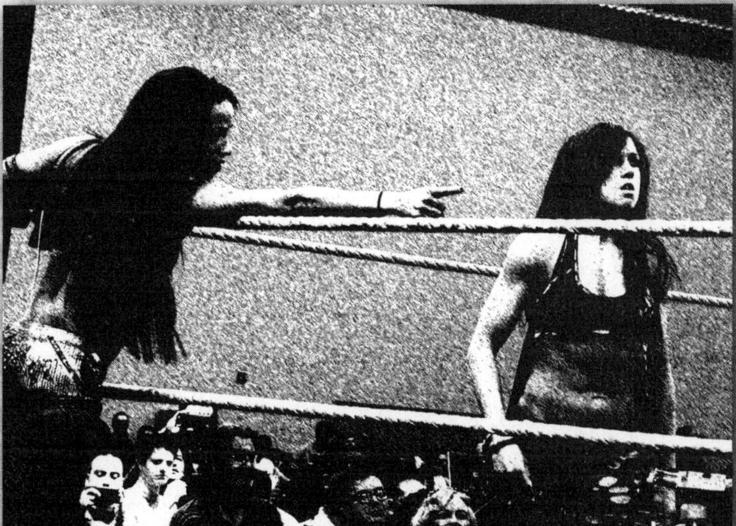

71. GRUND

Weil Kay Fabian nie zu Hause ist

Worte und Begrifflichkeiten entstehen aus den albernsten Gründen. Ein besonders alberner erklärt die Herkunft der Vokabel »Kayfabe«, die ausschließlich im professionellen Wrestling gebraucht wird. Damit wird die geheime Absprache zwischen Sportlern und Promotern (Werbekunden, TV-Stationen etc.) bezeichnet, dass der Wrestler vor, während und nach dem Kampf nicht aus seiner Rolle fällt. Die simplen Geschichten um die Kämpfe handeln oft von Liebe, Verrat und Hass (quasi wie bei *Gute Zeiten, schlechte Zeiten*, nur mit mehr Babyöl), denen die Zuschauer folgen sollen. Wenn sie feststellen, dass die Brocken, die sich da gerade gegenseitig Klappstühle über den Buckel zimmern, am Ende des Tages doch nur Kollegen sind, die ihren Job machen, ist der Zauber ein bisschen verflogen. So wie dereinst bei Claudia Schiffer, als die alle Tricks von David Copperfield durchschaut hatte.

In Zeiten des Internet sind solche »Geheimabsprachen«, gerade über einen längeren Zeitraum, kaum noch aufrecht zu erhalten, weil irgendwo immer etwas durchsickert. Außerdem müsste auch der letzte Hinterwäldler (Homer Simpson vielleicht mal ausgenommen) mittlerweile verstanden haben, dass es sich in der Regel um athletische Choreografien handelt, die mit spontanen Einlagen garniert werden. Aber in früheren Dekaden war »Kayfabe« quasi die Heilige Kuh der Wrestling-Veranstalter, der Mafia-Schwur aller Eingeweihten, das Angebot, das man besser nicht ausschlägt. Klappe zu, sonst Hafenbecken.

»Kayfabe« als Begrifflichkeit taucht schon früh auf, vermutlich schon, als die Sportart Wrestling noch in den Kinderschuhen steckte. Manche glauben, die Begrifflichkeit entwickelte sich aus der Pig Latin-Variante des englischen Wortes »fake« (erfunden), eine simple Spielsprache, die häufig von Kindern benutzt wird und bei der einige Buchstaben vertauscht werden. Wesentlich interessanter klingt da der Erklärungsversuch, dass es sich um einen alten Schaustellerspruch handelt. Die hatten vor achtzig Jahren in den USA nämlich das Problem, ihre Familien zu erreichen, da sie dauernd auf Reisen waren. Also wurde der Codename Kay Fabian erfunden. Erreichte ein Schausteller den nächsten Ort, rief er über das Fräulein vom Amt zu Hause an und fragte nach einem Kay Fabian. Dieser war leider nicht da, aber die Familie wusste, dass alles in Ordnung ist. Und der Schausteller musste den (damals recht teuren) Anruf nicht mal bezahlen, da er seinen vermeintlichen Gesprächspartner nicht erreicht hatte. Aus Kay Fabian soll im Laufe der Zeit »Kayfabe« geworden sein.

Im Laufe der vielen Jahre hat es natürlich unzählige Momente gegeben, in denen in erster Linie die Sportler aus verschiedenen Gründen gegen »Kayfabe« verstoßen haben. Sei aus Ärger mit Verantwortlichen, reiner Lust an der Provokation (Phillip »CM Punk« Brooks ist ein Meister darin) oder einfach aus Versehen im Eifer des Gefechts. Die Strafen für einen Verstoß gegen dieses Gebot sind unterschiedlich und reichen von einem erhobenen Zeigefinger bis hin zur Entlassung. Je nach Schwere des Vergehens und Standing des Wrestlers. So ließ die WWF ihrem damaligen Superstar Michael »Shawn Michaels« Hickenbottom nahezu jede Aktion durchgehen, während sein Kollege Paul »Triple H« Levesque für das exakt gleiche Vergehen (Verbrüderung im Ring zwischen Face und Heel) vom Hof gejagt wurde. Aber die Welt ist nun mal nicht gerecht, warum sollte es dann das Wrestling sein?

Bekannte Momente des »Kayfabe« gibt es zuhauf. Einige werden in diesem Buch vorgestellt, wie der »Montreal Screwjob« oder der »MSG Curtain Call«. Manchmal sind es aber auch die ganz kleinen, menschlichen Momente, hinter denen gar nichts Bedeutendes steckt. So wollte »Mean« Gene Oakland ein Interview mit Richard

»Rick Rude« Rood und Raymond »Bobby« Heenan führen. Beide Wrestler gucken angestrengt böse in die Kamera, als hinter dem Moderator plötzlich das Banner der Promotion zu Boden kracht. Oakland sagt das böse F-Wort, das man in den USA auf keinen Fall im TV sagen darf, beide Wrestler grinsen und das Interview wird abgebrochen. Die Show wurde vorproduziert, das F-Wort mit einem Piepen überspielt. Aber während der Sendung kam das Originalband zum Einsatz. Damals ein kleiner Skandal.

Publikumsreaktionen können ebenfalls bewirken, dass ein Wrestler aus der Rolle fällt. Profis nutzen Beschimpfungen oder andere Angriffe seitens der Fans, um Heat aufzubauen. Manchmal haben die Wrestler darauf aber einfach keinen Bock. So wie Michael »Shawn Michaels« Hickenbottom 1998, als er während einer Ringansprache von einer Batterie aus dem Publikum getroffen wurde, mitten im Satz abbrach, das Mikro hinschmiss und in die Umkleide stapfte.

Besonders heftig wird »Kayfabe« immer dann, wenn sich zwei Wrestler im Ring behaken und einer der beiden den vorgeschriebenen Weg verlässt, weil er mit der Geschichte nicht einverstanden ist. So sollte der ehemalige Football-Star William »Bill« Goldberg von der WCW als neuer Star aufgebaut werden. Sein Gegner Darren »Lord William Regal« Matthews war ein erfahrener Wrestler und seinem Gegner technisch deutlich überlegen. Trotzdem sollte er an diesem Abend das Opfer spielen und innerhalb weniger Sekunden eine Niederlage einstecken. Das fand »Lord Regal« (Ob der weiß, wie albern sein Name im Deutschen klingt?) sah das ein bisschen anders und führte seinen Kontrahenten regelrecht vor. Damit war Goldbergs Image als unbesiegbarer Killer schwer angekratzt, Matthews wurde entlassen. Der Geschasste begründete seine Handlungsweise damit, dass sich Goldberg im Ring angeblich nicht mehr an die Absprachen erinnern konnte und er improvisieren musste. Eine herrliche Nummer, die beweist, dass »Kayfabe« durchaus zur Unterhaltung des Publikums beitragen kann.

72. GRUND

Weil in der Umkleide nicht (nur) Rommé gespielt wird

Wrestling-Romantiker und so genannte Marks – nein, nicht die Kollegen mit diesem Vornamen, sondern Fans, die alle Abläufe beim Wrestling für echt halten – müssen jetzt ganz tapfer sein. Es geht das Gerücht um, dass es bei den Auseinandersetzungen oder Streitgesprächen außerhalb des Rings gelegentlich zu Absprachen kommt. Die Streits, Beschimpfungen und Drohungen sind gar nicht echt, sondern Teil einer Storyline, also einer Geschichte, die sich ein Autorenteam ausgedacht hat, um neue Charaktere einzuführen und die Sache für die Zuschauer interessant zu halten. Was im Übrigen auch der einzige Grund ist, warum es in jeder Promotion unzählige verschiedene Titel gibt. Denn würde es die nicht geben, hätten die Protagonisten gar keinen Grund, sich dauernd auf die Omme zu hauen, sondern würden gemütlich in der Umkleide sitzen, Kaffee trinken und Rommé spielen. Das will ja auch niemand sehen.

Storylines können nur eine einzelne Begegnung oder ein Statement umfassen (man spricht dann von »Angle«), einen Abend lang über ein einziges Match laufen oder sich über Jahre hinziehen. Wenn eine Auseinandersetzung funktioniert und die Fans in Bann hält, wird der Faden immer weiter gesponnen, gerne auch gewürzt durch einen Wechsel von Face und Heel. Der Gute wird also der Böse und andersherum. Auch gibt es komplexe Storylines, in die verschiedene Teams eingebunden sind, was die Möglichkeit des Seitenwechsels natürlich noch erhöht.

Das Einzige, was die Autorenteams von ihrer wunderbaren Arbeit abhalten kann, ist die Realität. Denn wenn ein Wrestler den Tod seiner Oma zu beklagen hat, sich tatsächlich verletzt hat (viele angebliche Verletzungen sind tatsächlich Teil der Geschichte und oft sogar vertraglich vereinbart) oder dem Chef der Promotion ins Gesicht gesagt hat, dass er ein üblicher Wicht ist, muss die Geschichte neu geschrieben werden. Oft auch kurzfristig. Wie beim Domino hat eine Änderung aber Änderungen aller anderen Geschichten zur Folge, weil nun mal alles mit allem zusammenhängt. Deshalb ist Wrestling-Autor ein ziemlich stressiger Job, schließlich haben die feinen Superstars (ähnlich wie Schauspieler) auch noch eigene Ideen und Wünsche, die sie gerne umgesetzt sähen. Ebenfalls gerne genommen: Reale Geschichten aus dem Privatleben des Wrestlers, die in die Storyline eingebaut werden. Damit die Marks den Finger heben und sagen können: Siehste, ist doch alles echt.

Die Idee der Storylines existiert vermutlich bereits seit den 1930erjahren, ans Licht kamen sie aber erst Ende jenes Jahrtausends, als die WWF ganz öffentlich (zum Beispiel in Zeitungen) nach Autoren suchte. Das Internet trug ebenfalls seinen Teil dazu bei. Aber Öffentlichkeit heißt leider nicht, dass sich das auf die Qualität der Geschichten auswirkt. Die Autoren haben wirklich jede noch so platte Nummer durch, Daily Soaps sind ein Hort der Kreativität dagegen. Von plötzlich aus dem Koma erwachenden Sportlern über spontane Gedächtnisverluste, überraschend auftauchende Ex-Partner (in jeder Hinsicht) bis hin zu der öffentlichen Ankündigung von Mike »Knox« Hettinga, er hätte gar keinen Grund sich mit seinem Kontrahenten Óscar »Rey Mysterio« Guitiérrez zu fehden, würde das jetzt aber einfach mal machen, war alles dabei.

Trauriger Höhepunkt war allerdings die Geschichte von Katie Vick, die sich im Jahr 2002 zutrug und über Wochen so ziemlich jede Grenze des guten Geschmacks sprengte. Die beiden Superstars Glen »Kane« Jacobs und Paul »Triple H« Levesque bekamen sich in die Wolle, und Herr Dreifach-H bezichtigte Kane eines Mordes an Katie Vick. Kane gab zu, dass die Dame eine alte Freundin gewesen sei, die vor zehn Jahren bei einer gemeinsamen Autofahrt ums Leben gekommen sei. Er habe am Steuer gesessen und so den Tod verschuldet. So weit, so normal. Was dann folgte ging allerdings in die Wrestling-Geschichte ein. Triple H warf seinem Gegner vor, betrunken am Steuer gesessen zu haben und sich zudem an Vick vergangen zu haben. Und das möglicherweise erst nach ihrem Tod. Dann tauchte auch noch ein »Beweisvideo« auf, in dem sich ein schlecht maskierter Triple H in einem Leichenschauhaus an einer Gummipuppe verging. Nach einigen Scharmützeln konterte die Gegenseite mit einem Video, das zeigte, wie dem vermeintlichen Triple H einige Dinge aus dem Hintern operiert wurden. Schließlich wurde Triple H in einen Kofferraum gesperrt, konnte sich aber einige Zeit später daraus befreien und präsentierte bei einer Live-Show die angebliche Leiche von Katie Vick (wieder die Gummipuppe) im Ring. Als einsames Highlight versuchte er sich dann noch als Bauchredner und legte dem Leichnam aus PVC diverse Anschuldigungen gegen Kane in den Mund. Die Nummer endete natürlich in einer schicken Klopperei, die Vorgeschichte war den Beteiligten allerdings peinlich. Während Kane grundsätzlich keine Fragen zum Thema Katie Vick beantwortete, fiel Triple H in einem Interview sogar aus der Rolle und erzählte Jahre später, dass er sich für diese Episode immer noch schämen würde. Angeblich war die ganze Idee auf WWE-Chef Vince McMahons Mist gewachsen, der sich von der Nekrophilie-Geschichte Einschaltquoten erhoffte. Laut Triple H wurden die Szenen mit der Gummipuppe in einem echten Leichenschauhaus gedreht, im Nebenraum soll zeitgleich eine Beerdigung stattgefunden haben. In vielen Ländern wurden besagte Szenen eh nur in gekürzter Form gezeigt oder gleich ganz rausgeschnitten. Definitiv ein Tiefpunkt der Storyline-Geschichte. Das merkte sogar McMahon selbst, der die Fehde zwischen Triple H und Kane im Anschluss heimlich, still und leise im Sande verlaufen ließ. Das ist eben der Vorteil an ausgedachten Geschichten. Man kann problemlos so tun, als wären sie nie geschehen.

Eine andere Storyline wurde für »Triple H« allerdings schnell zum Ernst des Lebens. Denn er heiratete laut »Drehbuch« Stephanie

McMahon, die Tochter von WWE-Guru Vince McMahon. Die beiden verliebten sich tatsächlich ineinander und heirateten im richtigen Leben 2003. Mittlerweile hat das Paar drei Kinder. Aus dieser Geschichte kommt »Triple H« nicht so einfach wieder heraus.

73. GRUND

Weil man auch mal einen Fehler machen darf

Wrestler sind auch nur Menschen. Das mag man angesichts manch Muskelberges zwar kaum glauben, aber es ist so. Und als solche machen sie Fehler. Weil Fehler von Prominenten doppelt zählen, gibt es auch immer dicke Schlagzeilen, wenn sich einer von ihnen daneben benimmt und zum Beispiel mit dem Gesetz in Konflikt gerät. Und das passiert den Herrschaften häufiger, als man so glauben mag.

Der häufigste Grund für eine Auseinandersetzung mit dem Dorfsheriff ist der Besitz von Drogen und/oder verschreibungspflichtigen Medikamenten. Fast jeder zweite Wrestling-Star seit den Achtzigerjahren dürfte so einen Vermerk in seiner Akte haben. Oftmals werden Wrestler bei dieser Gelegenheit gleich im Doppelpack erwischt, zum Beispiel im Auto. So wie Robert »Rob Van Dam« Szatkowski und Terry »Sabu« Brank, als sie von einer Streife angehalten wurden und um das eine oder andere Mittelchen erleichtert und eingeknastet wurden. Für Van Dam keine neue Erfahrung, er wurde schon mehrfach wegen dem Besitz oder der Einnahme illegaler Substanzen verurteilt. Christopher »Chris Jericho« Irvine und Gregory »The Hurricane« Helms randalierten in Kentucky in einem Taxi, bis die Polizei kam. Keine gute Idee, denn die beiden waren randvoll mit allerlei komischen Dingen.

Das Erwachen im Knast am nächsten Morgen war wahrscheinlich unangenehm. Was auch für Hossein »The Iron Sheik« Vaziri und »Hacksaw« Jim (eigentlich James) Duggan gilt, die nach einem gemeinsamen Auftritt einer Streife in die Arme liefen. Alkohol, Gras und Kokain waren für Verkehrsteilnehmer in der Kombination dann doch ein bisschen viel. Einen noch größeren Bock schoss der ehemalige Superstar Jim (eigentlich James) »The Anvil« Neidhart, der in seiner langen Karriere und danach immer für eine Schlagzeile gut war. Seine jahrelange Drogensucht brachte ihn mehrfach mit dem Gesetz in Konflikt, mehrere Entzugsversuche scheiterten. Vor einigen Jahren wollte er eigentlich nur tanken, war aber so bedröhnt, dass die Angestellten der Tanke vorsichtshalber die Polizei riefen. Bei Neidhart wurden neben illegalen Substanzen auch verschreibungspflichtige Pillen gefunden, die sich einwandfrei einem Einbruch zuordnen ließen. Nämlich dem bei einer Bekannten von Neidhart. Er musste zugeben, bei einer Freundin eingebrochen zu sein, um ihre Medikamente zu stehlen. Dafür ging es eine Runde in den Knast.

Neben der ganz offensichtlichen Drogenproblematik, die im Wrestling besteht (und von Verantwortlichen immer wieder bestritten wird), haben die Muskelberge aber noch mehr drauf. Neben Verstößen gegen das Betäubungsmittelgesetz steht Körperverletzung ebenfalls hoch im Kurs. Gerne auch in Verbindung miteinander. Randalierende Wrestler sind leider keine Seltenheit, Richard »Ric Flair« Fliehr kann zum Beispiel ein Liedchen davon singen. Er geriet in den Fokus der Justiz, als er auf offener Straße mit seinem Auto anhielt, einen anderen Verkehrsteilnehmer aus seinem Wagen holte und verprügelte. Wahrscheinlich hatte der nicht geblinkt oder so. Auch Flairs vier Scheidungen gingen nicht geräuschlos über die Bühne, 2010 war es allerdings seine vierte Ehefrau, die für kurze Zeit gesiebte Luft atmen durfte. Ein häuslicher Streit der beiden war außer Kontrolle geraten, die Polizei traf ein und fand den Herrn des Hauses mit mehreren blutenden Schnittwunden vor. Offensichtlich eine sehr durchsetzungsstarke Dame. Kollege Scott »Razor Ramon« Hall kennt diese Situation, aufgrund seiner Medikamentensucht geriet er immer wieder mit der Polizei aneinander. Und auch das Thema häusliche Gewalt ist für Hall ein bekanntes Feld.

Eduardo »Juventud Guerrera« González machte es ganz anders, pfiff sich ein paar Pillen rein, zog sich nackig aus und rannte schreiend durch die Gegend. Als die Polizei ihn beruhigen und mitnehmen wollte, griff er die Beamten an. Außerdem wurden Drogen bei ihm gefunden. Die Frage ist allerdings, wo er die wohl versteckt hatte?! James »The Sandman« Fullington hingegen benahm sich in einem Restaurant in New York daneben, wo er verschiedene Bedienungen mit Gläsern bewarf. Die Polizei ordnete eine psychologische Untersuchung an, die Ergebnisse gerieten nie in die Öffentlichkeit. Dagegen wirkt die Verbrecherkarriere von Tenille »Emma« Dashwood regelrecht niedlich. Die Dame hatte in einem Supermarkt an einer Selbstbedienungskasse vergessen, eine Hülle für ihr iPhone zu bezahlen und wurde erwischt. Die WWE entließ »Emma« umgehend, stellte sie aber schon wenige Stunden später wieder ein, als man erkannte, welche Ausmaße der »Raubzug« tatsächlich hatte.

74. GRUND

Weil man hier auf »unbekannte Berühmtheiten« trifft

Menschen, die als Autoren für Wrestling-Promotions, als Booker oder in ähnlichen Berufen tätig sind, wirken in der Regel im Hintergrund. Sie sind für die Fans nicht interessant, sondern nur dazu da, die Zahnräder am Laufen zu halten. In einigen wenigen Fällen schaffen es diese Personen aus verschiedenen Gründen doch ins Rampenlicht. Der König der »unbekannten Berühmtheiten« dürfte auf den Namen Vince Russo hören.

Der 1961 geborene Multi-Jobber absolvierte ein Studium als Journalist, machte sich aber erstmal als Besitzer von Videotheken (die älteren Leser werden sich erinnern) selbständig. In dieser Zeit entdeckte er seine Liebe zum Wrestling und trainierte sogar aktiv beim mehrfachen Champion Johnny »Rodz« Rodriguez. Gleichzeitig moderierte er seine eigene Wrestling-Sendung bei einem lokalen Radiosender. 1992 heuerte er als freier Mitarbeiter beim »WFF Magazine« an, nachdem er Linda McMahon (der Ehefrau von Vince) einen Brief geschrieben hatte. Innerhalb weniger Jahre stieg Russo erst vom Schreibersklaven zum vernünftig bezahlten Redakteur auf und wurde schließlich ins »Kreativ-Team« der WWF berufen. Hier konnte Russo als Autor von Storylines aktiv in die Geschehnisse im Ring eingreifen. Und das musste er sogar, denn die WWF lag zu diesem Zeitpunkt am Boden. Die Quoten sanken in den Kartoffelkeller, die WCW drohte sogar, den einstigen Riesen zu schlucken. So spitzte der neu ernannte Autor seine Feder und schoss aus allen Rohren. Dabei nahm er keinerlei Rücksicht auf irgendwelche Konventionen, Ideale oder Regeln, sondern gab der Menge das, was sie offensichtlich verlangte: Sex, Tratsch und Logikfehler, die jeden James Bond-Film in den Schatten stellten. Denn Russo kümmerte sich einen feuchten Kehricht um nachvollziehbare Storylines, sondern setzte nur auf den Augenblick. Wenn es erforderlich war, wurde aus einem Bösewicht nur durch einen Fingerschnipp ein Held und andersherum. Erklärungen wurden nicht benötigt. Auch wechselten die Titelträger mitunter fast täglich. Das Tolle daran: Die Sache funktionierte. Die Quoten schnellten wieder in die Höhe, die WWF war einmal mehr in aller Munde.

Aber Russo blieb so unberechenbar wie seine Storylines. Nach einem Streit mit Vince McMahon (angeblich hatte der Russos Familie nicht genügend respektiert, was immer das heißen mag), wechselte der Autor zur WCW, um dort seinen Stil (der in Fachkreisen »Crash TV« genannt wird) noch auszubauen. Wie wäre es zum Beispiel, wenn ein Schauspieler, der bisher nur rudimentär mit dem Wrestling zu tun hatte, einen Titel gewinnen würde? Russo schrieb David Arquette (*Muppets aus dem All*, die *Scream*-Reihe) eine passende Geschichte auf den Leib und ließ ihn triumphieren. Zum Entsetzen der Fans und Journalisten. Die konnten diesen so offensichtlichen Promotion-Trick nicht ernst nehmen und gossen kübelweise Spott über Arquette und Russo aus. Russo selbst ließ sich nicht beirren, schaffte die vorbereiteten Interviews für Wrestler ab, was zur Folge hatte, dass jeder das ins Mikro plapperte, was ihm oder ihr gerade so einfiel. Zum Teil sicher lustig für das Publikum, für irgendeine Art von Storyline aber der sichere Tod. Aber noch nicht der Höhepunkt. Denn Russo machte sich mal eben selbst zum Champion, in dem er bei einem Titelmatch auftauchte und gewann. Hinterher behauptete er, dies sei ein »Versehen« gewesen, was den angekohlten Braten auch nicht mehr aus der Röhre holte. Es ging soweit, dass gewisse Promotions die Titel, die Russo so großzügig verteilte, nicht mehr anerkannten. Ein weiterer Höhepunkt war die WCW-Veranstaltung »Bash at the Beach« im Jahr 2000, bei der Hulk Hogan gegen den aktuellen Titelverteidiger Jeff Jarrett verlieren sollte. Hogan besaß eine Klausel in seinem Vertrag, die es ihm erlaubte, den Chefautoren zu überstimmen. Die Wrestling-Legende gab an, dass Russo keinerlei Ideen für die Zeit nach der Niederlage habe und er deshalb nicht verlieren wolle. Das Match wurde zur Farce, Jarrett legte sich für alle sichtbar absichtlich vor Hogan auf den Boden, damit dieser gewinnen könne. Der ergriff die Chance beim Schopf und sicherte sich den Titel. Russo war außer sich, erklärte das Match live im Fernsehen für ungültig und entließ Hulk Hogan »on air«. Sehr zum Entsetzen von WCW-Boss Eric Bischoff. Der Hulkster ging tatsächlich, nahm aber seinen Titel mit, wodurch Russo sich einen neuen einfallen lassen musste.

Die Verantwortlichen hatten schließlich genug und setzten ihren Chefautor vor die Tür. Von dort aus heuerte dieser direkt wieder bei der WWF an, wurde aber nach kurzer Zeit vom Chefautor zum Assistenten degradiert. Schließlich bot man Russo sogar ein üppiges Jahresgehalt dafür an, dass er künftig zu Hause blieb. Russo kündigte und unterschrieb einen Vertrag bei NWA-TNA, der nach wenigen Monaten ebenfalls aufgelöst wurde.

Russo entdeckte in dieser Zeit, dass er eigentlich ein wiedergeborenen Christ ist, bereute seine frühere Obsession für große Brüste und Hintern, schrieb zwei Bücher über das Wrestling und seine Abgründe, produzierte einige kleine Shows für seine neue Gemeinde und schlägt sich ansonsten im Online-Geschäft durch. Die Fans hingegen wissen bis heute nicht, was genau sie von diesem Typen eigentlich halten sollen. Hat er das Wrestling durch seinen Trash-Faktor gerettet oder war er der Totengräber? Die Wahrheit liegt wahrscheinlich irgendwo in der Mitte.

75. GRUND

WEIL MAN ES NICHT ÜBERTREIBEN MUSS

Ein gutes Schauspiel kann nur dann entstehen, wenn die Mitwirkenden gut miteinander harmonieren. So ist das auch beim Wrestling. Deutet der Angreifer zum Beispiel einen Schlag an, darf der »Getroffene« nicht dastehen, als würde er beim Bäcker auf seine Brötchen warten. Er darf andersherum aber auch nicht so tun, als wäre er gerade von einer Atombombe getroffen worden. Es geht um die richtige Abstimmung. Das Reagieren auf eine Aktion des Gegners wird in der Fachwelt als »Selling« (also »verkaufen«) bezeichnet. Übertriebene Aktion heißen »Over-selling«, was von den

Fans meist mit spontanen Getränkebecherspenden Richtung Ring beantwortet wird. Denn obwohl (fast) alle wissen, dass es sich um eine einstudierte Choreographie handelt, muss ein bisschen Illusion doch gewährleistet werden.

Nicholas »Dolph Ziggler« Nemeth (geboren 1980) gilt momentan als der König der Over-Seller. Ihn braucht man nur schief anzuschauen und er fliegt (inklusive Saltos und Schrauben) durch den Ring, als hätte ihn ein Laster geknutscht. Im Jahr 2012 blieb er nach einem verlorenen Tag Team Match mit Chris Jericho geschlagene zehn Minuten wie tot im Ring liegen. Die meisten Zuschauer gingen nach Hause, eine Gruppe von Fans blieb aber und fing an, Nemeth auszulachen. Over-selling kann also auch ziemlich schmerzhaft sein.

76. GRUND

WEIL ES JEDER AUSÜBEN KANN

In Zeiten des »Zweiten goldenen Zeitalters« des Wrestling Mitte bis Ende der Achtzigerjahre gab es eine Menge Kinder, die plötzlich nicht mehr Lokomotivführer oder Polizist werden wollten, sondern Wrestler. Damals war das ziemlich unmöglich, heute dagegen ist es realistischer. Der aus Österreich stammende Nachwuchswrestler Julian Nero gewährt in einem exklusiven Interview Einblicke in die wirkliche Welt des Wrestling.

Wer Rockstar werden will, muss Gitarre spielen lernen, wer sich als Starkoch berufen fühlt, sollte beizeiten in der Lage sein, Spiegeleier zu braten. Und wer Wrestler werden möchte, geht eben in eine Wrestling-Schule, was auch in Europa möglich ist, wie Nero berichtet. »Als Mitteleuropäer gestaltet sich der Weg wie anderswo auch, man sucht sich eine Schule und beginnt dort zu trainieren. Das Schwierige hierbei ist, dass es auf der einen Seite nicht gerade ein flächendeckendes Angebot an qualitativ guten Schulen gibt, auf der anderen Seite existiert aber auch eine Anzahl an unqualifizierten Schulen, die für das unkundige Auge nicht immer als solche zu erkennen sind.«

Nero begann 2011 mit dem Training bei dem Wrestler Michael Kovac in Wien und bestritt 2013 bereits erste offizielle Matches. »Ich versuche mich gerade europaweit zu etablieren und bin daher viel unterwegs. Ich möchte einfach sehen, wie weit ich kommen kann.« Dabei ist allerdings auch viel Eigeninitiative gefragt. Sowohl auf der praktischen als auch auf der kreativen Seite, wie Nero erklärt. »Mein Gimmick ist eine Eigenkreation, einige meiner Vorlieben und Charaktereigenschaften sind sehr überspitzt dargestellt. Meine Hose, mit der ich in den Ring steige, habe ich in England anfertigen lassen, meinen Umhang bei einem Kostümschneider in Wien.«

Die Chance, eines Tages vernünftig vom Wrestling leben zu können, ist überschaubar. Es geht in erster Linie darum, viele Engagements zu bekommen und dabei auch weite Reisen nicht zu fürchten. Der Sprung in die USA wäre natürlich der Jackpot, da hier die höchsten Gehälter gezahlt werden. »Aber das ist sehr schwierig, nach meiner Einschätzung schaffen es ein Prozent, wenn überhaupt.« Entmutigen lassen muss man sich davon aber nicht, schließlich geht es in erster Linie um den Spaß am Sport.

77. GRUND

Weil es Raubtierdompteuren Arbeit verschafft

Unerfahrene Wrestling-Zuschauer mögen sich vielleicht schon mal gefragt haben, warum im Schlepptau mancher Aktiven eine weitere Person zum Ring schleicht, Interviews gibt, sich mit dem Publikum anlegt, bisweilen sogar in den Kampf eingreift oder sonstige Albernheiten vollführt. Das, meine Damen und Herren, sind die Manager. Sollte es sich um eine Managerin handeln, wird diese »Valet« genannt, was übersetzt »stummer Diener« oder »Herrendiener« bedeutet. Sexismus im Wrestling-Geschäft? Hm, durchaus möglich.

Die meisten weiblichen Begleiterinnen sind allerdings wirklich in erster Linie als Blickfang gedacht. Vielleicht ist der Wrestler zu hässlich oder einfach zu langweilig. Mit Hilfe der Begleitung wird die Sache attraktiver. Ausnahmen sind »echte« weibliche Managerinnen wie Sherri »Martell« Schrull oder Terri Runnels. Die männlichen Pendants unterstreichen oftmals den Charakter des Wrestlers. Man denke nur an Gespanne wie den Undertaker und Paul Bearer oder Jimmy Hart und The Hart Foundation. Bei den Managern kann es sich um ehemalige Wrestling-Stars handeln, aber auch um Außenstehende, die aufgrund ihrer Optik einfach gut ins Konzept passen. In ganz seltenen Fällen werden auch Nachwuchs-Wrestler als Manager installiert. Die Jungspunde sollen sich auf diese Weise an Auftritte vor großem Publikum gewöhnen.

Manche dieser Beziehungen sind reine Zweckgemeinschaften, in anderen Fällen handelt es sich um echte Freundschaften. Es gibt zudem Wrestler, die im Ring alles können, vor einem Mikrofon aber versagen wie der Verfasser dieser Zeilen weiland in der Mathe-Klausur. Auch aus diesem Grund kann es mitunter sinnvoll sein, einen wortgewandten Kollegen an der Seite zu haben. Davon abgesehen ist es in diesem Sport immer besser, noch ein zweites Paar Augen am Ring zu haben. Wer weiß schon, welcher Halunke da ganz überraschend aus dem Backstage-Bereich gestürmt kommt? Bei anderen schreibt das Gimmick vor, dass sie grundsätzlich außer Kontrolle geraten und nur durch ihren Aufpasser im Zaum gehalten werden können. Der Manager ist dann so eine Art Raubtierdompteur oder »Handler«, wie es im Fachjargon heißt. Diese

Konstellation war bei dem Wrestling-Vieh Edward »Umaga« Fatu und seinem Manager Hazem »Armando Estrada« Ali beispielsweise gut zu beobachten.

Die Tradition des Managers besteht seit den Anfangstagen des Wrestling, schon auf den Jahrmärkten sorgten solche Einpeitscher für die richtige Stimmung im Publikum. Im Laufe der Jahrzehnte wurde das Konzept dann verfeinert. Nur sehr wenige Manager im Wrestling übernahmen oder übernehmen ernsthafte Management-Aufgaben für ihre Klienten wie Abrechnungen, Reiseorganisation und ähnliches. Der legendärste »wahre« Manager des Wrestling dürfte Paul Ellering (geboren 1953) sein. Der ehemalige Gewichtheber arbeitete für diverse Promotions und Wrestler, am ehesten dürfte er jedoch als Kopf hinter dem legendären Tag Team »Legion of Doom« in Erinnerung geblieben sein. 2011 wurde Ellering in die WWE Hall of Fame aufgenommen. Heute besitzt der Mann übrigens eine Bar in Minnesota.

78. GRUND

Weil der Ton die Musik macht

Der Wrestling-Zirkus beschäftigt nicht nur Sportler, Kommentatoren, Autoren für die Storylines und Hausmeister, sondern hat auch einige Komponisten auf der Lohnliste. Zum Beispiel das junge Duo John Alicastro und Mike Lauri, besser bekannt unter dem Namen CFO$. Oder Jimmy Hart, manchen vielleicht noch unter seinem Pseudonym »The Mouth Of The South« als Manager von Greg »The Hammer« Valentine bekannt. Hart war vor seinem Engagement im Wrestling unter anderem Sänger bei der Gruppe The Gentrys, die mehrere Hits in den Sechzigerjahren verbuchen konnten. Neben seinen Auftritten als Manager komponierte Hart auch Einmarschhymnen für Brutus »The Barber« Beefcake, Shawn Michaels oder die Nasty Boys. 1995 veröffentlichte Hulk Hogan gemeinsam mit seiner damaligen Frau Linda und der Wrestling Boot Band das Album *Hulk Rules*, an dem Hart maßgeblich als Produzent, Komponist und Musiker mitwirkte.

Der bekannteste unter ihnen dürfte aber James »Jim« Johnston sein, der seit 1985 bei der WWF und ihrer Nachfolgeorganisation WWE tätig ist. Aus seiner Feder stammen viele der beliebtesten Einmarschhymnen der Geschichte, darunter Stücke für den Undertaker, Kane, Bret Hart, Brock Lesnar, Shawn Michaels, Edge, Hulk Hogan oder Mr. Perfect. Wenn das Geräusch von zersplitterndem Glas ertönte, wusste jeder sofort, dass gleich »Stone Cold« Steve Austin den Ring stürmen würde. Und die Totenglocke samt Regenschauer und Kirchenorgel kündigte den Undertaker an. Wann immer ein Star der WWF oder WWE sich nicht für einen bereits existierenden Song seiner Lieblings-Band entscheidet, hat Johnston mit ziemlicher Sicherheit seine Finger im Spiel.

Wobei: Die Athleten haben bei der Auswahl ihrer Hymne so gut wie kein Mitspracherecht. Denn was zählt ist der erdachte Charakter und die Storyline, nicht der persönliche Geschmack der Sportler. Johnston lässt sich laut eigener Aussage nicht ins Handwerk pfuschen, musikalisch hat er die Hosen an. Ob es dem Wrestler nun passt oder nicht. Für seine Kompositionen zieht sich der Künstler in sein Studio zurück und entwickelt den Sound zum Charakter. Dabei hüpft Johnston problemlos durch alle Genres, ob Klassik, Pop, Hip-Hop oder Heavy Metal. Die Instrumente spielt er gleich auch noch selber ein, bei Bedarf wird ein Sänger oder eine Sängerin dazugebucht. Obwohl er niemals live auftritt (laut eigenen Angaben hat er fürchterliches Lampenfieber und würde niemals vor Publikum spielen), gehört er zu den extrem erfolgreichen Vertretern seiner Zunft. Siebzehn verschiedene Wrestling-Sampler mit seinen Beiträgen erschienen, sie verkauften sich zusammengenommen rund sechs Millionen Mal. Diverse Gold- und Platinauszeichnungen kann sich der gute Mann ebenfalls in die Gästetoilette hängen. Das erfolgreichste Werk war das Album *WWF The Music Vol. 3*, das im Jahr 1998 erschien, unter anderem Einlaufhymnen von Edge, Dude Love oder Sable enthielt und sich allein in den USA rund 1,2 Millionen Mal verkaufte. Das Geld aus diesen Verkäufen fließt übrigens direkt in die Kasse von Vince McMahon, denn der war 1985 clever genug, eine eigene Plattenfirma (heute: WWE Music Publishing Inc.) zu gründen und die Alben gemeinsam mit Sony (heute: Warner) zu vertreiben.

Die WWE ehrte ihren »Mozart« Jim Johnston unter anderem 2014 mit einer eigenen DVD-Dokumentation mit dem Titel *Signature Sounds: The Music of WWE* und mehreren Interviews auf verschiedenen anderen DVDs. Johnston, dessen Karriere einst als Jingle-Schreiber bei MTV begann, komponiert aber nicht nur Einmarschhymnen, sondern sorgt auch bei den unzähligen Veröffentlichungen der WWE für den richtigen Ton. Egal ob Videospiel, DVD, Fernsehsendung, Webseiten, Werbe-Trailer oder Kinofilm, Johnston schreibt sich einen Wolf und dürfte in den nächsten Jahrzehnten kaum um seinen Titel als musikalischer Leiter der Wrestling-Gemeinde fürchten.

79. GRUND

WEIL KNEIFEN IN DIE GENITALIEN UNFAIR IST

Storylines, Absprachen und vorher einstudierte Moves sind ein wichtiger Teil des Wrestlings und auch die Regel. Allerdings muss auch immer damit gerechnet werden, dass einem der Akteure die Gäule durchgehen und er sich, vielleicht aufgrund einer Provokation des Gegners, nicht mehr an die »Regeln« hält. Und da es sich bei den Sportlern in der Regel nicht um ungezogene Grundschüler handelt, die man mal eben durch lautes Rufen aufhalten kann, gibt es Hooker. Diese speziellen Wrestler, die heute nur noch sehr selten zum Einsatz kommen, sind aufgrund ihrer Fähigkeiten und Ausbildung in der Lage, in einen außer Kontrolle geratenen Kampf einzugreifen und den oder die Gegner auch ohne Absprachen »real« kampfunfähig zu machen.

Häufig sind es Neulinge im Ring, die sich nicht mehr unter Kontrolle haben. Das Adrenalin, die Zuschauer, da schreibt so mancher im Kopf den Kampfverlauf schon mal zu seinen Gunsten um. Heute, wo es wasserdichte Verträge und TV-Kameras an jeder Ringecke gibt, ist dieses Phänomen sehr selten zu beobachten. Zur Not wird dem aufmüpfigen Frischling einfach angedroht, sein Smartphone zu zertreten, dann beruhigt er sich schon wieder. In der ersten Hochphase des Wrestling in den Dreißigerjahren des letzten Jahrhunderts und früher war das unter Umständen schon schwieriger. Denn die Kämpfe waren damals nicht zwangsläufig abgesprochen (obwohl auch diese Variante schon existierte), es gab ganz normale Auseinandersetzungen wie beim Boxen (hüstel). Die Fans in der Halle konnten Geld auf die Kontrahenten setzen, die sich verschiedenen Regeln unterwarfen (kein Kneifen in die Genitalien usw.) und dann Mann gegen Mann antraten. Ein »Hooker« war ein Wrestler, der seinen Gegner unter Kontrolle bringen konnte, ihn wie einen Fisch am Haken hatte (daher die Bezeichnung). Sie waren zudem jederzeit in der Lage, sich im Ring zu halten, selbst wenn ihr Kontrahent stärker war. Mit Aufkommen der Promoter wurden Hooker immer wichtiger, denn die Promoter mochten es, wenn sie wussten, wie der Kampf ausgeht. Einen Hooker antreten zu lassen war so etwas wie der sichere Sieg, quasi eine Vorstufe zu den Storylines der heutigen Zeit. So verwundert es nicht, dass unter den frühen Champions eine Menge »Hooker« zu finden sind. Als Beispiele seien Martin »Farmer« Burns (1861-1937), Robert

»Ed The Strangler Lewis« Friedrich (1890-1966) oder Karl »Gotch« Istaz (1924-2007) genannt.

Der bekannteste Hooker aller Zeiten dürfte aber der US-Amerikaner Lajos »Lou Thesz« Tiza (1916-2002) gewesen sein. Er ist vermutlich auch der einzige Wrestler, der in sieben (!) Jahrzehnten im Ring stand. Seinen ersten Kampf bestritt er 1933, seinen letzten im Jahr 1990 in Tokio. Da war er bereits 74 Jahre alt, schien aber immer noch in Form. Eine unglabliche Leistung. In den Jahrzehnten dazwischen sammelte Thesz Titel wie andere Menschen Briefmarken, darunter unzählige weltweite Auszeichnungen. Außerdem ist er Mitglied in nahezu allen wichtigen Hall of Fames der Wrestling-Welt. Dabei war Thesz kein einfacher Charakter. Er weigerte sich mehrfach, im Wissen um seine Fähigkeiten, einen Kampf wie abgesprochen zu verlieren und wurde seine Titel dann im Anschluss am »Grünen Tisch« los. Er schaffte es aber immer wieder, sich die Gürtel zurückzuholen und zu verteidigen. Aufgrund seiner Ausstrahlung und seines Kampfeswillen (er soll über lange Zeit 250 und mehr Matches pro Jahr ausgetragen haben, zuweilen stand er tagelang hintereinander im Ring) war er beim Publikum sehr beliebt, was die Promoter dazu zwang, ihm seine Eskapaden immer wieder zu vergeben. Sein »Lou Thesz Press« ging in die Geschichte ein. Dabei schleuderte der Mann mit dem schütteren Haupthaar seinen Gegner in die Ringseile (oder ließ sich schleudern), sprang seinem Kontrahenten dann auf die Brust und deckte ihn mit Faustschlägen ein. »Stone Cold« Steve Austin rettete diesen Move in die Neuzeit. Die »Hooker« bewahrte aber auch er nicht vor dem Aussterben.

80. GRUND

Weil eiserne Scheichs vor den Altar geführt werden

Er ist einer der Charakterköpfe des Wrestling der Achtzigerjahre. Und doch hat er keinen einzigen Kampf bestritten (jedenfalls nicht ernsthaft). Eugene »Mean Gene« Okerlund gehört zu den bekanntesten Wrestling-Kommentatoren weltweit. Er ist Mitglied der Hall of Fame der WWE und heimste diverse andere Auszeichnungen ein. Und so ganz nebenbei gilt er als einer der freundlichsten Menschen, die das Business je gesehen hat.

Okerlund arbeitete viele Jahre fürs Radio, bis er Anfang der Siebziger ins Wrestling-Geschäft zur American Wrestling Association wechselte. Dort lernte er bei einer anderen Legende, Marty O'Neill, der seit 1955 als der Wrestling-Kommentator galt. Okerlund sollte in seine Fußstapfen treten und ihn Ende der Siebziger komplett ablösen. Wenige Jahre später wechselte Okerlund zur aufstrebenden WWF und wurde dort das Gesicht der Marke. Warum das so kam, weiß eigentlich niemand so genau. Denn der Kommentator sah mit seiner Halbglatze und dem dunklen Schnäutzer alles andere als beeindruckend aus. Es muss wohl sein Charme gewesen sein, mit dem er durch die Sendungen führte, der ihm den Ruhm einbrachte. 1985 traten einige Wrestling-Stars in der beliebten TV-Serie *Das A-Team* auf, darunter Hulk Hogan, Thomas »Dynamite Kid« Billington und Eugene Okerlund. Im gleichen Jahr war »Mean Gene« der erste, der bei »WrestleMania« die Nationalhymne singen durfte. Was eigentlich alles über den Status des Journalisten aussagt.

Nicht minder legendär war die Verstrickung von »Mean Gene« in ein Match, das 1984 ausgetragen wurde. Hulk Hogan nahm es mit William »George Steele« Myers und Harry »Mr. Fuji« Fujiwara auf, Okerlund begleitete Hogan als Beistand an den Ring, geriet aber (natürlich) in den Kampf, wobei er ebenso schnell wieder Reißaus nahm. Am Ende besiegte er Mr. Fuji. Die Zuschauer hatten einen Heidenspaß.

1993 wechselte Okerlund zur WCW, wo er ebenfalls zweimal in den Ring geriet. Im Gedächtnis bleibt aber ein anderer Moment, der für Schlagzeilen sorgte. In einem Interview regte sich Booker »T« Huffman über Hulk Hogan auf, als ihm folgender Satz herausrutschte: »Hulk Hogan, wir kriegen dich, Nigga!« Huffman, selbst ein Farbiger, versuchte die Situation noch im gleichen Moment zu retten (was relativ hilflos wirkte), während Okerlund gar nichts sagte und Bookers Begleiterin, »Sister« Sherri Russel, einen Lachanfall bekam. Die »rassistische« Beleidigung ging in die Geschichte ein.

Der bekannte Autor Vince Russo (zu diesem Zeitpunkt bei der WCW) versuchte dem als neutral und freundlich geltenden Eugene für kurze Zeit ein neues Image zu verpassen. Okerlund sollte als alternder perverser Sack dargestellt werden, der Frauen auf ihren Vorbau glotzt und sexistische Sprüche macht. Das wollten die Fans allerdings nicht sehen, weshalb dieses Gimmick schnell wieder verschwand.

2001 wurde die WCW von der WWF geschluckt und Okerlund war wieder da, wo er nach Ansicht vieler Anhänger hingehörte. Bis heute taucht der gute Onkel Eugene immer mal wieder in den Programmen der WWE auf, so ganz kann er nicht vom Wrestling lassen. Dabei hatte er auch andere lukrative Standbeine. Zwei seiner Neffen arbeiten in der Lebensmittelbranche und erfanden das Fast Food-Konzept »Mean Gene's Burger«, daneben existierte auch eine Pizzakette mit dem Namen »Mean Gene's Pizza«. Allerdings gingen diese Geschäfte aufgrund von internen Streitigkeiten vor die Hunde.

Der Spitzname »Mean Gene« entstammt übrigens dem Hirn des ehemaligen Wrestlers James »Jesse Ventura« Janos als ironische

Anspielung auf Okerlunds freundliches Wesen. Das machte sich auch Hossein »The Iron Sheik« Vaziri zunutze, er wählte bei seiner Hochzeit Eugene Okerlund als Trauzeugen aus. Ob »Mean Gene« vor dem Traualtar auch in bewährter Manier kommentierte, ist leider nicht bekannt.

KAPITEL 9

WRESTLING UND GESELLSCHAFT

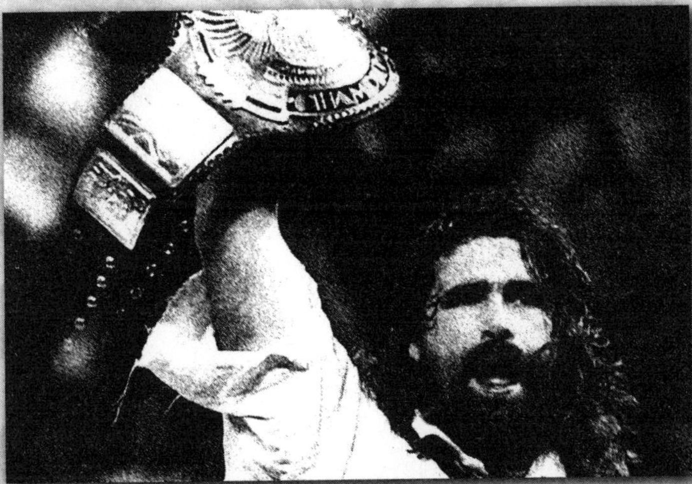

81. GRUND

Weil man sich hoffentlich keinen Bären mehr aufbinden lässt

In der heutigen Gesellschaft taucht der Begriff des »Bären-Wrestling« (oder »Bären-Catchen«) eigentlich nur noch als Witz oder im Namen der Mathcore-Band Iwrestledabearonce auf, von irgendwelchen Hinterwälderveranstaltungen irgendwo im Nirgendwo vielleicht mal abgesehen. Aber es gab eine Zeit, in der es relativ üblich war, Bären gegeneinander oder gar Menschen gegen Bären wrestlen zu lassen.

Da sich das Wrestling in der Zirkus- und der Jahrmarktwelt des 19. Jahrhundert entwickelte, lag es aus damaliger Sicht wahrscheinlich nahe, auch irgendwelche Tiere mit einzubinden. Der Bär scheint von seiner Statur und seinen Bewegungsabläufen bestens geeignet dafür. Und er ist ein intelligentes Tier, er kann in kurze Zeit gewisse Tricks erlernen. So soll es Bären gegeben haben, die den »Full Nelson Slam« beherrschten. Dabei wird der Gegner von hinten zwischen die Schulterblätter gepackt und mit dem Rücken auf die Matte geschleudert. Es gibt auch Belege für den »Flying Mare« (ein Schulterwurf). Für solche Kunststücke wurden mehr oder minder gezähmte Exemplare, häufig kanadische Grizzlys, verwendet, und man möchte sich aus heutiger Sicht nicht vorstellen, welche Methoden angewandt wurden, um den Tieren so etwas beizubringen. Fakt ist, dass ab Mitte des 19. und weit bis in das 20. Jahrhundert hinein Werbung mit dem Duell »Mensch gegen Bestie« gemacht wurde. Zuerst in Europa, später dann auch in den USA. Der französische Wrestler Thiebaud Bauer, auch als »Der maskierte Wrestler aus Paris« bekannt, legte sich 1877 in New York nachweislich mit einem Bären namens Martin an und besiegte das

Tier in 15 Minuten. Im gleichen Jahr fand ein Match zwischen dem Bären Pete und seinem Trainer Adrian statt. Der US-Wrestler William Heister hatte weniger Glück, sein Auftritt gegen einen Bären endete unentschieden. Das Tier zeigte nämlich keinerlei Interesse sich zu messen, ließ sich weder anfassen, noch griff es den Wrestler an. Klarer Fall von keine Lust.

In den 1930ern wurde das Bären-Wrestling immer populärer, viele frühe Stars dieser Sportart, von Frank Gotch über Fred Blassie bis Baron von Raschke sollen irgendwann in ihrer Karriere mal mit einem Bären im Ring gestanden haben. Aber auch spätere Wrestler wie Eldridge »Superstar Billy Graham« Coleman (Jahrgang 1943), Bobby »The Brain« Heenan (1944) oder Tracy Smothers (1962) traten gegen Bären in den Ring. Manche dieser Tiere wurden regelrechte Stars, zu den bekanntesten Vertretern gehörten Terrible Ted und Victor the Wrestling Bear. Letztgenannter soll in seinem Leben über 10.000 Matches bestritten und ausnahmslos gewonnen haben. Eine nette Geschichte, aber es gilt als sehr wahrscheinlich, dass die Tiere häufiger ausgetauscht wurden und kein einzelnes Exemplar wirklich so lange Zeit im Ring verbracht hat.

Im Laufe der Jahrzehnte veränderte sich die Sicht der (meisten) Menschen auf Tiere gewaltig, so dass immer härtere Tierschutzgesetze verabschiedet wurden. In den meisten Ländern sind Schaukämpfe gegen Tiere heute verboten. Aber auch schon vor 30 Jahren merkten manche Athleten an, dass die Bären im Ring alles andere als glücklich wirkten. Was für ein Wunder. Dazu kamen weitere Probleme. Manche Tiere waren einfach nicht stubenrein zu kriegen, was die Landung auf der Matte noch ein wenig unangenehmer machte. Andere Exemplare wiederum wollten zu einer gewissen Jahreszeit ihren verdienten Winterschlaf halten und ließen sich trotz geheizter Halle nicht zum Aufführen von Kunststücken bewegen. Daneben gab es natürlich eine immense Verletzungsgefahr für die menschlichen Gegner. Selbst wenn der Bär nur spielen wollte. Trotz der häufig eingesetzten Maulkörbe gab es immer wieder

Berichte über abgebissene Finger. Ein Grizzly bringt zudem bis zu 600 Kilogramm und mehr auf die Waage, menschliche Knochenbrüche jeglicher Art waren bei diesen Auseinandersetzungen an der Tagesordnung. Aus diesen Gründen sollte heute niemand mehr der Zeit nachweinen, in der ein Mensch gegen einen Bären in den Ring stieg, um seinen Mut zu beweisen. Und wer es trotzdem nicht lassen kann, setzt sich den nächsten Flieger nach Kanada oder Alaska, sucht sich einen Fluss voller Lachse und versucht, dem dort ansässigen Ursus arctos horribilis mit ein paar Wrestling-Tricks das Revier streitig zu machen. Viel Spaß!

82. GRUND

WEIL ES NICHT MAL VOR DEM DEUTSCHEN BUNDESTAG HALT MACHT

Wer sich die Fotos von SPD-Politiker Matthias Ilgen (geboren 1983) aus Husum so anschaut, denkt wahrscheinlich zuerst an einen Buchhalter oder Beamten im mittleren nichttechnischen Verwaltungsdienst. Dabei ist Ilgen ein ganz anderes Kaliber, er sitzt für die SPD im Bundestag und wirkt dort in den Ausschüssen für Landwirtschaft und Ernährung sowie Wirtschaft und Energie. Sein Ziel ist es, die Energiewende für Schleswig-Holstein herbeizuführen.

In seiner Freizeit tauscht Ilgen allerdings den Anzug gegen ein Wrestling-Dress, hüpft in den Ring und macht als »Matthias Rüdiger Freiherr von Ilgen« einen auf ganz dicke Hose. Denn, Obacht, Ilgen ist tatsächlich der erste aktive Wrestler, der je im Deutschen Bundestag gesessen hat. In der Politik engagiert sich der junge Mann mit Halbglatze und Brille seit 1998, seine Liebe zum Wrestling entbrannte 2006 so richtig, als er das erste Mal in den Ring kletterte.

Seitdem ist er als Freelancer immer mal wieder in verschiedenen europäischen Ligen zu sehen. Er ist (oder war) Mitglied des Stables »Die Ritterschaft des Rings« (Hobbits?), außerdem ist er der Manager der Wrestlerin »Liss Austria«, mit der er auch privat verbandelt ist. Ausgebildet wurde Ilgen von Karsten »Original Northcoast« Kretschmer, der selbst als aktiver Wrestler seit 22 Jahren im Ring steht und als das norddeutsche Wrestling-Gesicht überhaupt gilt.

Ilgen sieht seinen Sport als Ausgleich für die doch eher sitzende Tätigkeit eines Abgeordneten, abgesehen davon würden die Live-Auftritte ihn für öffentliche Reden als Politiker stählen. Was es nicht so alles gibt. Da Ilgen ausschließlich als Heel auftritt, ließ er seine Wrestling-Auftritte während des Bundestagswahlkampfes 2013 lieber sein. Nicht, dass ein Wähler noch glaubt, bei dem SPD-Mitglied und dem »Freiherrn«, der im Ring umherstolziert und sich die Ständegesellschaft zurückwünscht, würde es sich um ein und dieselbe Person handeln. Schade ist hingegen, dass nicht mehr Politiker Ilgens Vorbild folgen und sich einfach mal in den Ring wagen. Angela »Angel from Hell« Merkel gegen »Super Sausage« Siegmar Gabriel, das hätte doch durchaus Stil. Und spannender als die Debatten im hohen Hause wären solche Auseinandersetzungen allemal.

83. GRUND

WEIL ES DEN RASSISMUS ÜBERWINDEN HILFT

Bobo Brazil, ein Name, der nicht zwangsläufig schmeichelhaft klingt. Aber er gehört einem der beliebtesten Wrestler aller Zeiten. Brazil, der mit richtigem Namen Houston Harris hieß und 1924 in Arkansas, USA geboren wurde, war der erste afroamerikanische Wrestler, der gegen Weiße kämpfen und sogar gewinnen durfte.

Dabei drängte der von seinen Zeitgenossen als freundlicher und ruhiger Familienmensch (sechs Kinder) beschriebene Brazil keineswegs darauf, die damals übliche Rassentrennung aufzuheben. Vielmehr waren es die Fans, farbige wie weiße, die forderten, ihren Helden gegen bekanntere Sportler im Ring zu sehen. Und so wurde Brazil der erste farbige Star des Wrestling.

Harris spielte seit seiner Jugend erfolgreich Baseball, interessierte sich aber auch früh fürs Wrestling, er besuchte diverse Veranstaltungen in seiner näheren Umgebung. Bei einer dieser Gelegenheiten lernte er Joe Savoldi kennen, einen ehemaligen Football-Profi und Wrestler. Der erkannte das Potenzial von Harris und erklärte sich bereit, den Muskelberg, der tagsüber in einer Stahlhütte arbeitete, zu trainieren. Nach den ersten Kämpfen im Jahr 1951 entpuppte sich Harris, der nun unter dem Namen »Boo-Boo Brazil« auftrat, als Publikumsliebling. Der Promoter einer seiner frühen Kämpfe verstand seinen Namen allerdings falsch, so wurde aus »Boo-Boo« einfach »Bobo«, was sich schließlich durchsetzte. In den 1950erjahren schreckten viele Veranstalter noch davor zurück, gemischtrassige Matches auszutragen. Farbige kämpften vor Farbigen gegen Farbige, gleiches galt für Weiße. Bobos sympathische Erscheinung führte aber zum Umdenken, immer mehr Promoter trauten sich, den Mann mit der Zigarre (sein Markenzeichen) auch gegen blasse Kontrahenten zu buchen. Und es funktionierte, zum ersten Mal jubelten weiße Wrestling-Fans einem dunkelhäutigen Kämpfer zu. 1962 wurde er der erste afroamerikanische Heavyweight Champion der NWA, auch wenn diese den Titel nicht anerkannte. Sein Finishing Move, der »Coco Butt« (eine Art eingesprungene Kopfnuss) wurde weltbekannt. Der Legende nach soll Harris in seiner über 40 Jahre andauernden Karriere, die erst 1993 endete, mehr als 25.000 Matches bestritten haben. Mit Edward George »The Sheik« Farhad führte er sogar eine mehrere Jahrzehnte andauernde Fehde. Ihre bisweilen recht blutigen Auseinandersetzungen gelten als ein Vorläufer des heutigen Hardcore-Wrestling.

Nicht ganz unschuldig an dieser fantastischen Laufbahn, die Brazil trotz limitierter technischer Fähigkeiten aufs Parkett legen konnte, war sein Manager James Dudley (1910-2004), ein enger Freund des McMahon-Clans und einer der Urväter der World Wrestling Federation. Dudley kämpfte sich wortwörtlich vom Wasserträger und Chauffeur bis ganz an die Spitze vor und war der erste Farbige in den USA, der eine der riesigen Mehrzweckhallen leitete. Harris hingegen eröffnete nach dem Ende seiner Karriere ein Familienrestaurant, das nach seinem Ringnamen benannt wurde. Aufgrund diverser Verletzungen musste der Hüne seine letzten Jahre im Rollstuhl verbringen. Er starb 1998 nach einer Reihe von Schlaganfällen. Sein Erbe allerdings wird hoffentlich alle Zeiten überdauern. In Bobos Windschatten konnten weitere dunkelhäutige Wrestler wie Ernest »Ernie« Ladd (1938-2007) oder Lawrence Robert »Abdullah the Butcher« Shreve (1941) und später dann Stars wie die Brüder Booker »T« Huffman Jr. (1965) und Lash Rushey »Stevie Ray« Hufman (1958) ihre Karrieren aufbauen. »Soulman« Rocky Johnson, der Vater von Dawyne »The Rock« Johnson, wurde sogar aktiv von Harris gefördert. Es besteht also kein Zweifel daran, welch großen Einfluss dieser Mann in der Szene hatte und hat. Darauf eine gepflegte Kopfnuss!

84. GRUND

WEIL ES DIE TRADITIONELLE ROLLE DER JAPANISCHEN FRAU HINTERFRAGT

Japan gehört zu den erfolgreichsten Industrienationen der Welt, baut verhältnismäßig langlebige Autos und meuchelt Wale in der Regel nur noch dann, wenn keiner guckt. Das Land mit seinen fast

7.000 Inseln ist führend, wenn es um die Verehrung der Kirschblüte geht, hat angeblich den weltweit höchsten Lebensstandard und besitzt ein Schulsystem, in dem man nicht sitzenbleiben kann. Ganz schön lässig! In einem Punkt hängen die freundlichen Menschen aus dem »Land der aufgehenden Sonne« aber kräftig hinterher: die Gleichberechtigung der Frau. Das hat natürlich historische Gründe und ist zudem verdammt praktisch (für die Männer). Denn weil japanische Frauen verhältnismäßig wenige Kinder bekommen (ist ja jetzt schon wenig Platz in dem Land), haben sie mehr Zeit, das Haus in Schuss zu halten. Frauen sollen in Japan in erster Linie schick aussehen, höflich sein (es gibt eine eigene »Sprache« für Frauen, die besonders viele »weibliche« Worte enthält) und im Zug bitte schön den »Frauenwaggon« benutzen. In den dürfen sonst nur Jungen bis 12 Jahre in Begleitung einer Dame und Rollstuhlfahrer (Geschlecht egal). Immerhin dürfen Frauen in Japan seit 1947 wählen.

Nun ist ein australischer Kampfsportler namens Richard Magery angetreten, um das Bild der japanischen Frau auf den Kopf zu stellen. Denn unter seinem Kampfnamen »Ladybeard« trägt Magery (Vollbart, Schultern wie ein Hafenarbeiter) gerne mal Bikini, Zöpfchen und Kleidchen. Als Cross-Dresser, also Träger von Kleidung des jeweils anderen Geschlechts (gibt es mit und ohne sexuelle Hintergedanken) ist der Mann aus Adelaide auf der Bildfläche erschienen, um die traditionelle Geschlechterrolle der japanischen Frau zu hinterfragen. So zumindest die offizielle Lesart. Vielleicht ist es aber auch nur lustig, einen nicht mal ansatzweise androgynen Kerl, der aussieht wie ein kanadischer Baumfäller, in niedliche Fummel zu stecken. Magery selbst sagt: »Ich biete dem Publikum einen Charakter, der die Geschlechterrollen hinterfragt. Das amüsiert die Leute.«*

Magery startete seine Karriere als Wrestler mit einer anderen Figur, einem Meister der asiatischen Kampfkünste, die kam aber

* *Felix Lill auf taz.de, 14. Februar 2015, abgerufen am 09.03.2015 www.taz.de*

nicht so recht an. Seitdem er als »Ladybeard« agiert, geht es bergauf. Zuvor in Hongkong aktiv, macht er nun Japan unsicher und hat, man mag es kaum glauben, vor allem weibliche Fans. Ob die sich auch alle einen Vollbart oder einen Gang wie John Wayne wünschen, ist nicht bekannt. Aber wenn der Koloss in die ersten Reihen springt, um seine Anhängerinnen zu herzen, ist Kreischalarm. Was sich die Gegnerinnen von »Ladybeard« denken (Ja, er/sie kämpft in der Liga Union Pro Wrestling gegen Frauen), wenn der Hüne angeflogen kommt und zu seinem Finishing Move, dem »Nussknacker«, ansetzt, ist nicht bekannt. Vielleicht denken sie: Wäre ich bloß zu Hause in meiner Küche geblieben. Und das wäre dann ja doch wieder kontraproduktiv.

85. GRUND

Weil es nicht blasphemisch ist

Wrestler werden gerne als herzlose Raufbolde dargestellt, die sich einen Dreck um die Gesellschaft und die Gefühle anderer scheren. Der ehemalige Wrestler Michael »Mick« Foley (geboren 1965) beweist mit einem Buchtitel, das dem nicht so ist.

Foley war während seiner aktiven Zeit (bis zum Jahr 2000) ein Star, die Fans liebten ihn. Deshalb hielten einige von ihnen immer wieder Schilder in die Höhe, auf denen »Foley is God« stand. Dem Wrestler selber gefiel das überhaupt nicht, und er versuchte, seine Anhänger davon zu überzeugen »Foley is Good« zu schreiben. Das klappte eher so mittelgut.

Nach seiner Karriere betätigte sich Foley als Schriftsteller. Er hat einen Roman veröffentlicht, mehrere Kindergeschichten (zum Teil mit Illustrationen von seinem ehemaligen Kollegen Jerry »The

King« Lawler) und nicht weniger als drei Biographien. Die erste trägt den schicken Titel *Have a Nice Day – A Tale of Blood and Sweatsocks* (»Hab einen schönen Tag – Eine Geschichte von Blut und Schweißsocken«), die dritte *Hardcore Diaries* (»Hardcore-Tagebücher«), was auf seinen brutal wirkenden Kampfstil anspielt. Sein zweites Werk heißt *Foley Is Good: And the Real World Is Faker Than Wrestling* (»Foley ist gut: Und das echte Leben ist künstlicher als Wrestling«). Die ersten beiden Bücher wurden übrigens Bestseller.

In Interviews zu seiner zweiten Autobiographie erwähnte Foley immer wieder, wie unwohl er sich dabei gefühlt habe, mit Gott verglichen zu werden. Er selbst finde das blasphemisch. Ganz schön bedachte Worte für einen Menschen, der von vielen Fans als Mit-Erfinder des Hardcore-Wrestling verehrt wird.

86. GRUND

Weil US-Präsidentschafts-kandidaten es lieben

Die USA sind aus europäischer Sicht betrachtet ein durchaus seltsames Land. Sie haben keine Ahnung vom Fußball, mögen kein dunkles Brot, und in Idaho verstößt es gegen das Gesetz, einer Frau eine Pralinenschachtel zu schenken, die weniger als 50 Pfund wiegt (kein Scherz).

Außerdem treten da Menschen als Präsidentschaftskandidaten an (und werden bisweilen sogar gewählt), die hierzulande nicht mal Kassenwart im Kegelverein werden dürften.

Der Dagobert Duck unter diesen Gestalten hört auf den Namen Donald Trump, der seinerseits dicke mit Vince McMahon von der WWE befreundet ist. Da Trump ein großer Anhänger des Wrestling ist, taucht er immer mal wieder in den Shows auf. Und manchmal bekommt er sogar eine eigene Storyline.

Donald Trump (Jahrgang 1946) wurde bereits in eine Multimillionärsfamilie geboren, übernahm die Immobiliengeschäfte seines Vaters und scheffelte weitere Millionen, bis er endlich Milliardär war. Größer als sein Konto scheint nur sein Ego zu sein, denn er liebt es, sich im Lichte von TV-Scheinwerfern zu sonnen, nennt die US-Schauspielerin Rosie O'Donnell auch schon mal öffentlich eine »fette Sau« und geistert scheinbar ziellos durch diverse TV-Serien und Kinofilme. Da ihn das aber scheinbar nicht auslastet, entschied er sich im Sommer 2015, als Präsidentschaftskandidat der Republikaner anzutreten, wo er erstmal ein paar Parteifreunde durchbeleidigte, um anschließend über Ausländer in den USA herzufallen. Die sollten laut Trumps Meinung alle nach Hause gehen. In seinem Fall wären das Schottland (Heimat seiner Mutter) oder die Pfalz (Heimat seiner Großeltern). Aber das ist ein anderes Thema.

Trump selbst bezeichnet sich als großen Wrestling-Fan, außerdem ist er mit Vince McMahon, dem Besitzer der WWE, befreundet. Was liegt da näher, als ab und an mal vorbeizuschauen, um sich selbst ein wenig in den Vordergrund zu spielen? Schon 1991 fand eine Bodybuilding-Meisterschaft im Trump Taj Mahal (autsch) statt, natürlich organisiert von Vince McMahon. Bei »WrestleMania 23« im Jahr 2007 wurde ein Traum für Trump wahr, er durfte endlich aktiv ins Geschehen eingreifen. Beim »Kampf der Milliardäre« trat der Geschäftsmann gegen McMahon an. Natürlich nicht im Ring, so was haben Milliardäre nicht nötig. Trump ließ sich durch Roberto »Bobby« Lashley »vertreten«, während McMahon auf Edward »Umaga« Fatu setzte. Es war ein »Hair-Match«, McMahons Pferdchen verlor, also durfte Trump ihn rasieren. 2009 trieben die beiden ihren Spaß ein bisschen zu weit, als McMahon erklärte, er habe die WWE an Trump verkauft, während dieser jedem Besucher in der Arena das Eintrittsgeld erstattete. Außerdem ließ es Trump noch echte Hunderte regnen. Die Aktionäre der WWE nahmen das Märchen für bare Münze, der Kurs der WWE-Aktie fiel dramatisch ab, woraufhin McMahon die WWE (natürlich für den doppelten Preis) von Trump zurückkaufte und später öffentlich gestehen musste, dass die Geschichte natürlich nur ein Spaß war. Dafür bekam Trump vom WWE-Hauskomponisten Jim Johnston eine eigene Einmarschhymne mit dem Titel *Money, Money* auf den Leib geschneidert. 2013 wurde Trump in den Prominenten-Flügel der WWE-Hall of Fame aufgenommen. Als offizielle Begründung wurden Donald Trumps Verdienste um den Wrestling-Sport und dessen Verbreitung genannt. In besagter Hall of Fame residiert der Republikaner nun neben seinem Parteifreund Arnold Schwarzenegger. Und der hat schließlich auch Karriere in der Politik gemacht …

87. GRUND

Weil es das Justizsystem in Frage stellt

Immer wieder wird auf die Gefahren hingewiesen, die das Nachspielen von Wrestling-Moves beinhaltet. Untrainierte Personen laufen Gefahr, sich und andere zu verletzen. Kinder können die Gefahren noch weniger abschätzen. Eine Tatsache, die den damals 12-jährigen Lionel Tate beinahe lebenslang ins Gefängnis gebracht hätte und sein Leben zerstörte.

1998 spielte der damals 12-jährige, aber bereits 76 Kilo schwere Lionel Tate mit einem sechsjährigen Mädchen aus der Nachbarschaft. Die Mutter von Tate, selbst Polizistin, hatte die Aufsicht über die beiden. Als sie eine Weile lang nichts von den beiden gehört hatte, ging sie nachschauen. Die kleine Tiffany lag tot auf dem Boden, mit eingeschlagenem Schädel, gebrochenen Rippen und einer zerfetzten Leber. Der gerufene Notarzt beschrieb die Verletzungen später als vergleichbar mit einem Sturz vom Dach eines dreistöckigen Gebäudes. Tate sagte aus, er habe Tiffany, die gerade mal 20 Kilo wog, ein paar Wrestling-Moves zeigen wollen, die er kürzlich bei Dwayne »The Rock« Johnson im TV gesehen hatte.

In einigen US-Staaten, darunter Florida, wo der Vorfall geschah, dürfen Kinder unter bestimmten Umständen nach Erwachsenen-Recht verurteilt werden. Dies wurde im Fall Tate angewendet, da die Staatsanwaltschaft bezweifelte, dass es sich um einen Unfall gehandelt habe. Stattdessen wertete sie die Tat als kaltblütigen Mord. Allerdings bot sie Tate einen Deal an. Drei Jahre Gefängnis und zehn Jahre Bewährung. Die Mutter von Lionel lehnte dies ab, weil sie auf einen Freispruch hoffte. So blieb dem Richter keine andere Wahl, als nach Erwachsenen-Recht zu urteilen. Tate wurde zu einer lebenslangen Haftstrafe ohne Chance auf Bewährung verurteilt. Lionel war damit weltweit der jüngste Mensch in der Moderne, der dieses Strafmaß bekam. Die Reaktionen darauf waren eindeutig, viele Kommentatoren (auch in den USA) meinten, das Urteil wäre anders ausgefallen, wenn Tate kein Afroamerikaner gewesen wäre. Amnesty International setzte sich für seine Freilassung ein.

2004 wurde bekannt, dass es vor der Verurteilung keine Untersuchung über die geistige Entwicklung von Tate gegeben hatte. Dies ist aber zwingend vorgeschrieben, also konnte der Fall neu aufgerollt werden. Die Staatsanwaltschaft bot einen neuen Deal an, ein Jahr Hausarrest und zehn Jahre Bewährung. Tates Seite nahm dieses Mal an.

Diese Geschichte beweist, dass Eltern mit ihren Kindern, wenn sie denn Wrestling schauen dürfen, durchaus über die dort gezeigten Szenen reden sollten. Denn ein Leben ist schneller verpfuscht als ein »Piledriver« angesetzt.

Tate selbst zog definitiv die falschen Schlüsse aus dieser Geschichte. Wenige Monate nach seiner Entlassung wurde er, immer noch unter Hausarrest stehend, mit einem Messer in der Tasche in der Öffentlichkeit erwischt. Dafür gab es für weitere Jahre Bewährung. Im Mai 2005 bestellte Lionel von der Wohnung eines Freundes aus vier Pizzen im Wert von 33 Dollar, maskierte sich und bedrohte den Lieferanten dann mit einer Pistole. Dafür wurde er zu 30 Jahren Haft verurteilt. Bis heute ist allerdings nicht klar, ob Tate wirklich der Täter ist. Diverse Zeugenaussagen scheinen zu belegen, dass Lionel gar nicht am Tatort war. Einzig die Identifikation durch den Pizzaboten brachte ihn für drei Jahrzehnte hinter Gitter.

88. GRUND

WEIL DIE MENSCHLICHKEIT SIEGT

Das Wrestling-Geschäft ist hart, gemein, manchmal gar menschlich und selten von Mitleid geprägt. Das Überleben der Stärksten wird hier quasi zum ultimativen Show-Element erhoben, Schwäche oder Gefühle zeigen ist nur erlaubt, wenn es in die Geschichte passt. Aber in manchen Momenten wird mit diesen Regeln gebrochen. Dann, wenn es wirklich wichtigere Sachen gibt als Wrestling.

Der Journalist und Wrestler Michael »Cole« Coulthard gehört zu den wenigen jüngeren Wrestling-Kommentatoren, die einen gewissen Kultstatus erringen konnten. Das liegt einerseits an seiner ziemlich unbekümmerten Art und seinem losen Mundwerk, das er nicht nur für die Fernsehzuschauer oder die Besucher in der Halle einsetzt, sondern auch gerne gegen persönlich anwesende Wrestler. Die schauen dann häufig ein wenig überrascht, warum der Typ mit dem Mikrofon sie schräg von der Seite anquatscht, aber zumeist entspannen sich daraus witzige Dispute. Dass Coulthard nicht nur reden, sondern auch kämpfen kann, bewies der Mann aus dem Bundesstaat New York, als er gegen die Legende Jerry »The

King« Lawler antrat und diesen besiegte. Lawler ist mittlerweile selbst Kommentator und arbeitet mit Coulthard abseits des Rings häufiger zusammen.

So wie am 10. September 2012, als die beiden bei gemeinsam eine Episode der WWE-Reihe *Raw* moderierten. Lawler, geboren 1949, hatte zuvor noch ein Match absolviert. Während sich im Anschluss zwei Tag Teams gegenüberstanden, erlitt Lawler während der Sendung vor laufenden Kameras einen Herzinfarkt. Die Zuschauer glaubten zuerst daran, dass es sich um eine weitere Geschichte handelte, aber die Sache war ernst. Während Lawler backstage mit einem Defibrillator wiederbelebt und in ein Krankenhaus gebracht wurde (wo er sofort operiert werden musste), lief die Show weiter. Der einzig verbliebene Kommentator Coulthard ignorierte die Matches und berichtete stattdessen live vom Gesundheitszustand seines Kollegen. Diese Geste brachte ihm eine Menge Respekt ein. Nicht nur von Lawler, der sich wieder erholte, seitdem allerdings nicht mehr aktiv im Ring steht. Auch Kollegen und Wrestler lobten Coulthard, dass er den Ernst der Lage erkannt hätte und sich in diesem Moment richtig entschied. Nämlich das Augenmerk weg vom Wrestling und auf das Schicksal seines Kollegen und Freundes zu lenken. Von solchen Momenten dürfte es ruhig ein paar mehr geben, auch und gerade im Sport.

89. GRUND

Weil es den Anlass für ein lustiges Gesetz liefert

Backyard Wrestling ist ein populäres Phänomen. Dank Internet kann jeder mit seinen Kumpels ein paar Moves im Hinterhof zeigen, diese filmen und anschließend im Internet verbreiten. In den USA sah sich der Gesetzgeber aufgrund der steigenden Backyard-Wrestler gezwungen, ein Gesetz zu erlassen. Demnach ist das Nachstellen von Wrestling-Szenen mit Trampolinen, Leitern, Matten und sonstigen Utensilien im Land der unbegrenzten Möglichkeiten nicht generell verboten. Es darf allerdings nur auf Privatgrundstücken ausgeübt werden, die von der Straße aus nicht einsehbar sind. Nicht, dass sich Anwohner belästigt fühlen oder Kinder zuschauen. Sonst ist es, solange niemand ernsthaft verletzt wird, gestattet. Auf so ein Gesetz muss man wirklich erstmal kommen …

90. GRUND

WEIL NEO-NAZIS GEGENWIND BEKOMMEN (WENN AUCH NICHT GENUG)

Donald »Don« Harris gehörte zusammen mit seinem Zwillingsbruder Ronald von Ende der Achtzigerjahre bis zum Jahr 2003 zu den härtesten Tag Teams überhaupt, konnte aber auch solo für Aufsehen sorgen. Insider berichten, dass sich die beiden Brüder auch hinter den Kulissen für ihre Interessen einsetzen konnten. Im August 2002 sorgte Don allerdings für einen Eklat, der weit über die Wrestling-Welt für Aufmerksamkeit sorgte. Denn der Wrestler trug auf seinem Weg zum Ring ein schwarzes Muscle-Shirt, auf dem die SS-Runen zu sehen waren. Der Kampf wurde live im US-Fernsehen übertragen, die Reaktionen reichte von Schulterzucken bis zu grenzenloser Empörung. Viele Wrestling-Fans liefen im Internet Sturm, während sowohl die Promotion als auch der Fernsehsender versuchten, das Problem totzuschweigen. Als das nicht funktionierte, wurde eine Erklärung veröffentlicht, in der sich die Offiziellen entschuldigten und versicherten, dass so etwas nicht mehr vorkommen würde. Einige Monate später beendete Don Harris seine Wrestling-Karriere und arbeitete bei der Promotion hinter den Kulissen.

Viele Fans schienen ob der eindeutigen Positionierung von Don Harris überrascht. Hätten sie sich ihn und seinen Bruder mal genauer angesehen, wäre das nicht passiert. Denn Don und Ron tragen beide deutlich sichtbare SS-Runen als Tattoos auf ihren Oberarmen. Diese wurden notdürftig durch andere Bilder überdeckt, sind aber noch sehr gut zu erkennen. Okay, in den USA geht man mit den Symbolen der Nazis anders um als in Europa, jenseits des großen Teiches sieht man das alles nicht so eng. Aber eine Frage bleibt: Warum wurden solche Typen überhaupt gebucht?

Noch irrer wird die Geschichte, wenn man folgender Legende Glauben schenken darf: Die Promotion Extreme Wrestling Championship (ECW, seit 2002 zur WWE gehörig) wollte die beiden Wrestler in den Neunzigerjahren verpflichten, zeigte sich aber geschockt ob der SS-Tattoos. Sie bekamen den Job trotzdem, obwohl damals mit Tod Gordon und Paul Heyman zwei Männer jüdischen Glaubens das Sagen bei der ECW hatten. Geschäft über Moral? In diesem Fall ganz offensichtlich. Viele Fans zogen aus dem Vorfall im Jahr 2002 die richtigen Konsequenzen und kündigten Boykotte der Promotion und des Senders an. Ron und Don äußerten sich nie zu diesen Vorwürfen, klärten auch nie auf, ob es sich um ein geschmackloses Gimmick (was mit einem riesigen Tattoo allerdings ziemlich überzeichnet wäre) handelt oder um ihre eigene Überzeugung. Sie bezeichnen sich allerdings beide als gläubige Christen. Na, herzlichen Glückwunsch. Heute führen sie gemeinsam eine Management-Firma, die Musiker betreut. Rock'n'Roll und Heinrich Himmler? Es gibt schon wahrlich seltsame Menschen.

Ein weiterer Skandal in dieser Richtung ereignete sich 2004 in München. Die WWE war auf Deutschland-Tour, der Undertaker und Eddie Guerrero sollten gegen Booker T. und John »JBL« Layfield antreten. Layfield war eigentlich ein heller Kopf, er arbeitete neben seiner Wrestling-Karriere als Finanzmakler und trat im US-Fernsehen auf verschiedenen Sender als Analyst auf. An diesem Abend marschierte er allerdings im Stechschritt in die Halle und zeigte dem verdutzten Publikum den Hitlergruß. Wohl gemerkt, sein Tag Team-Partner war ein farbiger Wrestler. Außerdem hatte Layfield früher einige Jahre in Deutschland gelebt, musste also wissen, wie hierzulande mit so etwas umgegangen wird. »JBL« fand das trotzdem irgendwie lustig, die TV-Sender in seiner Heimat nicht. Sie entließen ihn prompt. Die deutsche Staatsanwaltschaft überlegte angeblich ernsthaft, den Texaner zu einer Vernehmung vorzuladen, sah aber schließlich davon ab. Heute jobbt Layfield als Wrestling-Kommentator.

KAPITEL 10

FACHBEGRIFFE

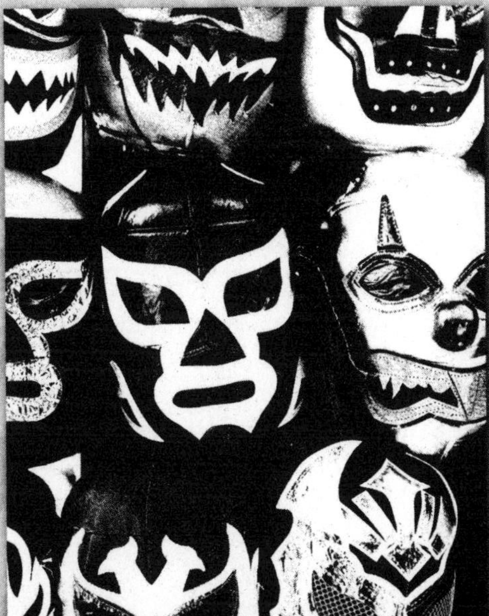

91. GRUND

WEIL ES DAS FERNSEHEN WIEDER SCHWARZ-WEISS MACHT

Wenn jemand aus dem Urlaub zurückkehrt und »Farbe bekommen« hat, dann ist das in der Regel etwas Positives. Im Wrestling meint »Farbe bekommen« etwas ganz anderes. Denn hier geht es um Blut. Und das fließt nicht nur in so genannten »Hardcore-Matches«, sondern auch im regulären Wrestling-Betrieb. Wenn auch heute viel seltener als noch vor ein paar Jahrzehnten.

Dass es in Kampfsportarten schon mal vorkommen kann, dass Blut fließt, ist nichts Ungewöhnliches. Beim Wrestling sind solche »Unfälle« zumeist vorher abgesprochen, fast immer verletzt sich der Athlet dabei selbst und lässt es nur so aussehen, als wäre die Wunde vom Gegner verursacht worden. Beim so genannten »Blading« hat der Athlet zumeist eine Rasierklinge versteckt (in seinen Knieschonern, im Schweißband, irgendwo am Ring oder sogar beim Schiedsrichter), mit der er sich im richtigen Moment einen kleinen Schnitt zufügt. In den allermeisten Fällen ist die Stirn das Ziel der Klinge, denn hier verlaufen viele Blutgefäße dicht unter der Haut. Zudem sorgt der Schweiß dafür, dass es wilder aussieht, als es wirklich ist. Vor der Erfindung des »Blading« sorgte der Gegner für ein bisschen Grusel, indem er seinem Gegenüber mit einem gezielten Schlag über der Augenbraue eine Platzwunde beibrachte. Die Rasierklinge geben Wrestler allerdings sehr ungern aus der Hand. So oder so, der Effekt ist unbestreitbar. Frauen lassen (in diesem speziellen Fall) nur ganz selten an sich herumschnippeln beziehungsweise schnippeln selber. Einerseits würde das der bei Damen-Wrestling sehr wichtigen Optik nicht sonderlich zuträglich sein. Andererseits gäbe es wahrscheinlich eine Menge Menschen, die aufgrund von sich blutig kloppenden Frauen nach der Polizei, der FSK, dem Militär oder dem THW rufen würden. Es ist gesellschaftlich einfach nicht so akzeptiert.

1992 kam es zum wohl bekanntesten »Blading«-Unfall, als in Japan Keiji »The Great Muta« Mutoh gegen Hiroshi Hase (der heißt wirklich so) antrat. Mutoh sollte sich einen kleinen Schnitt an der Stirn beibringen, schnitt im Eifer des Gefechts aber viel zu tief. Bis heute messen Freaks die Liter vergossenen Blutes bei einem Wrestling-Match in »Muta«. Aber dazu haben sie, zumindest in den großen Promotions, heute kaum noch Gelegenheit. Denn die Akzeptanz von blutigen Auseinandersetzungen ist in den letzten zwei bis drei Jahrzehnten insgesamt deutlich zurückgegangen. Das liegt einerseits sicher an der gestiegenen Angst vor übertragbaren Krankheiten wie Hepatitis oder AIDS. Aber die Zeiten sind insgesamt auch einfach viel »korrekter« geworden, die Auflagen strikter. Die WWE zum Beispiel sendet bei blutenden Wunden aus Angst vor Zensur ihre Fernsehbilder nur noch in Schwarz-weiß. Man stelle sich das bei Filmen wie *Rambo* oder *Braindead* vor.

Ein weiterer bekannter Fall von »Blading« ereignete sich 1989, allerdings nicht im Ring, sondern auf dem Fußballplatz. Im September des Jahres trafen die Nationalteams von Chile und Brasilien aufeinander. Nur mit einem Sieg wäre Chile für die Weltmeisterschaft in Italien qualifiziert gewesen. Brasilien führte kurz vor der 70. Spielminute mit 1:0, als Rosenery Mello do Nascimento einen Feuerwerkskörper auf den Rasen warf. Chiles Torwart Roberto »Cóndor« Rojas sackte zu Boden und blutete am Kopf. Der Keeper wurde vom Platz getragen, die Chilenen brachen das Match ab. Kurz darauf kam heraus, dass es sich um ein abgekartetes Spiel handelte, Rojas hatte eine Rasierklinge in seinen Handschuhen versteckt. Der Torwart wurde daraufhin lebenslang gesperrt, Chile für die Weltmeisterschaften 1990 und 1994. Rojas Sperre wurde 2001 wieder aufgehoben, was dem Herrn allerdings auch nichts nütze, denn mittlerweile war er 44 Jahre alt. Die Werferin do Nascimento konnte sich dank ihrer frisch erworbenen Berühmtheit noch über eine Karriere als Nacktmodell erfreuen und starb im Alter von nur 45 Jahren an einem Aneurysma.

92. GRUND

WEIL HERUMPÖBELN DOCH WAS BRINGT

Wer im Wörterbuch unter dem englischen Begriff »Brawler« nachschlägt, wird Übersetzungen wie »Raufbold«, Rabauke« oder »Streithammel« finden. Damit dürfte klar sein, welche Rolle die »Brawler« im Wrestling haben.

»Brawler« sind technisch häufig (jedoch nicht immer) nicht die besten Wrestler, aber sie sorgen dafür, dass Stimmung in der Hütte ist. Sie geben sich wild, laut, halten sich an keine Regeln, pöbeln das Publikum an und verlieren regelmäßig die Kontrolle über sich. Obwohl es in der Geschichte des Wrestling schon sehr früh solche Charaktere gab, wird die »Erfindung« des typischen »Brawler«, wie er auch heute noch auftritt, Frank »Bruiser Brody« Goodish (1946-1988) zugeschrieben. Goodish machte es Spaß, sich mit der gesamten Welt anzulegen und immer wieder überraschende Aktionen zu starten. Nicht immer zur Freude seiner Arbeitgeber. Denn »Bruiser Brody« spielte keine Rolle, sondern war auch im Privatleben nicht unbedingt umgänglich. Er wurde von verschiedenen Promotions auf der ganzen Welt gefeuert und lag ständig im Clinch mit den Verantwortlichen. Legendär war sein »Cage Match« gegen Lawrence »Lex Luger« Pfohl, in dessen Verlauf Goodish einfach komplett den Dienst einstellte, keine Moves mehr ansetzte und auch nicht auf die Ansprache seines Gegners oder des Schiedsrichters reagierte. Auf diese Aktion angesprochen, sagte er im Nachhinein nur lapidar, das Match habe nicht funktioniert und er keine Lust mehr gehabt. Bis heute konnte nicht wirklich geklärt werden, aus welchen Gründen Goodish so reagierte. Es wird allerdings vermutet, dass er sich mit dem Promoter des Abends gestritten hatte und sich so rächen wollte.

Weitere bekannte »Brawler« waren und sind zum Beispiel »Stone Cold« Steve Austin, »Rowdy« Roddy Piper (die vielleicht schönsten Wutattacken der Wrestling-Geschichte), Brock Lesnar, »Hacksaw« Jim Duggan oder Jonathan »Dean Ambrose« Good

93. GRUND

Weil aus böse wieder gut werden kann

»Heel« und »Face« gehören zu den am häufigsten verwendeten Begriffen im ganzen Wrestling-Zirkus. Zeitgenossen, die des Englischen nicht mächtig sind und ihre Nase schuldbewusst in ein Wörterbuch stecken, sind mit den Ergebnissen »Absatz« und »Gesicht« wahrscheinlich genau so schlau wie vorher. Tatsächlich steht der Begriff »Heel« für den Bösewicht und Unsympathen, der immer noch ein Messer im Stiefel hat, sowieso nie nach den Regeln kämpft, sich gelangweilt am Bauch kratzt und die Zuschauer beschimpft. Umso mehr Buh-Rufe und nach unten gerichtete Daumen ein »Heel« bekommt, desto besser macht er seinen Job. Der Ausdruck soll sich zu Beginn des 20. Jahrhundert durchgesetzt haben und sich aus einem Slang-Ausdruck für unangenehme Menschen ableiten. Sicher weiß das aber niemand mehr. Die (gewollten) negativen Reaktionen der Fans werden »Heat« genannt, sie sind für den »Heel« wie der Applaus für einen Künstler, also sein täglich Brot. Es gibt sehr aufwendige Methoden, um ein Publikum auf die

Palme zu bringen, kreativ und richtig schön böse. Wenn die Autoren der Storyline allerdings einen unproduktiven Tag haben oder der »Heel« keine besonderen Talente besitzt, kommt die »Cheap Heat« zum Einsatz. Wie der Name »billig« schon andeutet, handelt es sich dabei um wenig ausgefeilte Methoden. Einfache Zuschauerbeschimpfungen oder das Abfeiern von etwas, das die Meute definitiv hasst (den Lokalrivalen im Football, ein unbeliebtes Land, den Nationalsozialismus etc.) sind der schnellste Weg zu einem veritablen Pfeifkonzert. Allerdings funktioniert der Mob nicht immer wie gewünscht. Oder der »Heel« hat einfach die Ausstrahlung einer Biomülltonne. In solch einem Fall kommt die »Canned Heat« (nicht zu verwechseln mit der gleichnamigen Bluesrock-Legende gleichen Namens) zum Einsatz. Das sind Buh-Rufe, die vom Band eingespielt werden. Das kann nachträglich geschehen, zum Beispiel für das Fernsehen. Manchmal werden die Pfiffe aber auch schon in der Halle abgespielt, um die Anwesenden zu animieren. Legendär ist der Einsatz von »Canned Heat« bei einem Match zwischen Hulk Hogan und Sidney »Sid Justice« Eudy, das im Jahr 1992 stattfand. Sidney sollte als neuer »Heel« eingeführt werden und besiegte Publikumsliebling Hogan, was ihn zum Bösewicht machen sollte. Leider war (und ist) Eudy aber ein sehr charismatischer Mann, dazu sah er anno 1992 aus wie der fittere Zwillingsbruder von Thor. Also was machte das zahlende Vieh? Es jubelte dem vermeintlichen Ganoven zu, als wäre er ein Held. Das Match wurde live im Fernsehen übertragen und sogar die Kommentatoren waren so von den Reaktionen überrascht, dass sie einstimmten. Das war allerdings so gar nicht im Sinne der Verantwortlichen, die für spätere Ausstrahlungen den Originalton mit einem Pfeifkonzert unterlegen und sogar die Kommentare neu einsprechen ließen. Dumm gelaufen. Gleiches passierte Hogan sogar noch einmal, beim Match gegen Jacques »The Mountie« Rougeau in dessen Heimat Kanada. Auch hier ließ der Veranstalter anschließend die Aufnahmen bearbeiten, um den Status von Hogan nicht zu gefährden.

Das Gegenteil von einem »Heel« ist ein »Face«. Manchmal werden auch die Ausdrücke »Babyface« oder »Baby« verwendet, was angesichts der 150-Kilo-Kolosse fast schon wieder niedlich ist. Diese Kämpfer sind (den Umständen entsprechend) freundlich, lieben ihre Fans, trennen ihren Müll, lassen sich mit ihrer Familie ablichten und grüßen jeden Verkehrspolizisten. Wahre Engel also, die nicht selten helle Kleidung tragen, um die Strahlkraft ihre blütenweißen Weste noch zu unterstreichen. Gerne geben »Faces« ihren Anhängern auch noch moralisch Wertvolles mit auf den Weg. Finger weg von Drogen, Diebstähle lohnen sich nicht, Gangs sind euer Tod, und Vandalismus ist uncool, hört man da gerne. Auch medienwirksame Engagements in sozialen Projekten sind keine Seltenheit, hier oft bei Organisationen, denen die Wrestler auch privat nahe stehen und die sie eh unterstützen. Allerdings gab es Ende der Achtziger einen gewissen Wandel in dieser zuvor meist strengen Unterscheidung. Nimmt man die *Star Wars*-Filme als Beispiel heran, so ist nicht der Saubermann Luke Skywalker mit seiner frühpubertären Naivität, sondern der fiese Darth Vader absoluter Publikumsliebling. Einfach, weil er viel spannender ist. Das begriffen auch die Verantwortlichen und experimentierten mit »härteren« Jungs, die nicht mehr ganz so porentief rein waren, dafür aber die Fähigkeit besaßen, das Publikum zu begeistern. Der Undertaker ist so ein Beispiel, »Stone Cold« Steve Austin ein anderes. Es gibt allerdings auch »Faces«, die vom Publikum also solche nicht akzeptiert werden. Dwayne »The Rock« Johnson kann zum Beispiel ein Lied davon singen. Der gute Mann dreht heutzutage vornehmlich in Hollywood seine Runden, unter anderem in Filmen wie *Die Mumie kehrt zurück* oder *Fast & Furious Five*. Er entstammt allerdings einer Wrestler-Familie und tauchte seinen Astralkörper das erste Mal im Ring in Scheinwerferlicht. Nach Auftritten in der kleineren Promotion USWA folgte 1996 ein Engagement bei der WWF als »Rock Mavia«, später dann als »The Rock«. Bis 1997 sah das Konzept vor, Johnson als Face zu etablieren. Das klappte allerdings nicht, das Publikum akzeptierte ihn nicht. Umso mehr er sich bemühte, desto schlimmer wurde die Situation. Deshalb folgte 1997 der Wechsel zum Heel, was perfekt funktionierte und Johnson zu einem Star der Szene machte. Aus diesen und anderen Gründen wechseln Wrestler häufiger Mal vom Liebling zum Buhmann und wieder zurück. Nicht immer sind sie damit glücklich, aber die Show steht im Vordergrund. Und wie bei Schauspielern kann es ja auch ganz spannend sein, den Psychopathen zu geben. So lange der am Ende des Tages in der Garderobe bleibt.

94. GRUND

Weil Männer hier noch Masken tragen

Was dem Nordamerikaner sein Wrestling, das ist dem Mexikaner sein Lucha Libre. Übersetzt bedeutet dieser Begriff nichts anderes als »Freistilringen«, das mexikanische Wrestling leitet sich aber deutlich vom nördlichen Nachbarn ab. Es gibt allerdings auch einige Besonderheiten.

Zum ersten Mal wurde das Wrestling in Mexiko Ende des 19. Jahrhunderts aktenkundig, als erster bekannter mexikanischer Wrestler gilt ein gewisser Enrique Ugartechea. Allerdings war dieser Sport zu diesem Zeitpunkt eher ein regionales denn ein landesweites Phänomen. Das änderte sich erst rund 40 Jahre später mit Salvador Lutteroth González, der in Texas diverse Kämpfe als Zuschauer verfolgt hatte und begeistert war von den verschiedenen Charakteren, die da im Ring aufeinander losgingen. Zurück in Mexiko gründete er 1933 eine eigene Promotion mit dem Namen »Empresa Mexicana de Lucha Libre«, die heute noch unter dem Namen »Consejo Mundial de Lucha Libre« die älteste ununterbrochen arbeitende Promotion der Welt ist. Die Mexikaner liebten den Sport, Tausende strömten in die Hallen, um die Matches zu verfolgen. Der Gastauftritt eines US-Wrestlers, der mit einer schwarzen Maske antrat, brachte Lutteroth auf die Idee, auch seine einheimischen Athleten mit Masken antreten zu lassen und Geschichten um die Charaktere zu entwickeln. Die Geburtstunde des modernen mexikanischen Wrestling. Denn die Idee mit der Verkleidung erlaubte den Verantwortlichen, mit relativ einfachen Mitteln gute oder böse Charaktere zu erschaffen. Außerdem konnten die Athleten, in Mexiko »Luchadores« (Frauen entsprechend »Luchadoras«) genannt, ihre wahre Identität geheim halten. Bis heute gilt die »Demaskierung« als ehrverletzend, findet sie unabgesprochen statt, wird der Angreifer disqualifiziert.

Ohne den bekanntesten »Luchador« alle Zeiten hätte es den Kult um die Maske so aber wohl nicht gegeben. Doch Lutteroth bewies einmal mehr sein untrügliches Gespür und entdeckte in den Vierzigerjahren einen 1917 geborenen Mann namens Rudolfo Guzmán Huerta. Dieser trat mit einer silbernen Maske und unter dem Namen »El Santo« (»Der Heilige«) an. Die Fans identifizierten sich mit der Figur, die für das Gute kämpfte, vollkommen und erhoben den Wrestler zu einer Art nationalem Denkmal. Fast fünf Jahrzehnte trat »El Santo« (später dann nur noch »Santo«) ins Rampenlicht, allerdings grundsätzlich nur mit Maske. Er spielte in dieser Verkleidung sogar in diversen Filmen mit, häufig in Horrorstreifen mit zweifelhaften Titeln wie *Invasion of the Zombies* (1961) oder *Samson vs. the Vampire Women* (1962). 1984 lüftete einer der beliebtesten und bekanntesten Sportler Mexikos überhaupt das Geheimnis von Santos Identität in einer Fernsehshow, eine Woche später starb er an einem Herzinfarkt. Die Beerdigung in seinem Heimatland war eines der größten Ereignisse des Jahrzehnts, Huerta wurde mit seiner silbernen Maske begraben. Diese Art des Kultes wird seit einigen Jahren natürlich auch marketingtechnisch genutzt, das Geschäft mit den Masken der Stars (und Fantasiekreationen) ist riesig.

Neben Mexiko gibt es auch große »Lucha Libre«-Promotions in den USA, Großbritannien, Puerto Rico und in Japan.

Aufgrund der Nähe zum US-Wrestling sind die Regeln sehr ähnlich. Eine Eigenheit ist die Tatsache, dass ein Akteur, der die Ringseile berührt, nicht mehr attackiert werden darf. Außerdem dürfen sie Seile nicht benutzt werden, um einen Gegner durch die Gegend zu schleudern oder in irgendeiner Weise festzuhalten. Der beliebte »Piledriver«-Move ist aufgrund der hohen Verletzungsgefahr normalerweise ebenfalls nicht erlaubt. Allerdings gibt es Unterschiede in den verschiedenen Promotions. Aufgrund der durchschnittlich geringeren Körpergröße der Athleten ergibt sich zudem automatisch ein etwas anderes Bild, was die Moves angeht. Kraft spielt weniger eine Rolle, dafür steht die Wendigkeit der Kontrahenten im Mittelpunkt. Dazu gehört auch das Zeigen vieler »High Flying Moves«, also Sprünge vom oberen Rand der Ringseile. Diese Eigenart schwappte wiederum in die USA, beide Stile befruchten sich also gegenseitig. Und das nicht nur sportlich, sondern auch im Marketing. So hat das US-Baseballteam der Arizona Diamondbacks seit 2012 eine Luchador-Maske im entsprechenden Schildkröten-Design im Angebot (»Diamondback« bedeutet Diamantschildkröte), 2013 trat sogar ein »Luchador« als Maskottchen des Teams in Erschcinung.

Das Kommando »rudisimo excesivo« (übertriebene Gewalt), das der Ringrichter rufen darf, um eine Aktion zu unterbrechen oder auf Regelwidrigkeiten hinzuweisen, ist jedoch eine mexikanische Spezialität. Ebenso gelten die »Mini-Estrellas« als Besonderheit. Zwar gibt es das »Zwergen-Catchen« auf der ganzen Welt (früher eine beliebte Attraktion auf Jahrmärkten), in Mexiko haben die kleinen Stars (Übersetzung für »Mini-Estrellas«) aber einen deutlich höheren Status und treten in professionellen Ligen gegeneinander an.

»Luchadores«, die es zu weltweiter Bekanntheit gebracht haben, sind keine Seltenheit. Neben der Lichtgestalt »El Santo« gehören

Óscar »Rey Mysterio« Gutiérrez, Adolfo »La Parka« Ibarra oder Francisco »Super Crazy« Rueda. Wer einen wirklich furchterregenden »Luchador« sehen möchte, sollte sich hingegen lieber mit Leonardo »Damián 666« Goméz (geboren 1961) beschäftigen. Ein wirklich fieser Knochen. Und sein Sohn »Bestia 666« scheint ganz nach dem Papa zu gehen.

95. GRUND

WEIL ES KASPERLETHEATER IST

Der Money-Spot gehört zum festen Inventar der Wrestling-Welt. Wobei der Begriff nichts mit einem Geldautomaten zu tun hat, der im US-Amerikanischen umgangssprachlich ebenfalls so genannt wird. Tatsächlich meint ein »Money-Spot« in diesem Umfeld eine zuvor abgesprochene Aktion, die eine bestimmte Reaktion bei den Fans auslösen soll. Zum Beispiel das Heranschleichen eines bösen Buben, der den Helden, der gerade mit seinem Kampf oder dem Abfeiern seiner eigenen Muskeln beschäftigt ist, hinterrücks niederschlägt. Dabei geht es in der Halle zu wie im Kasperletheater. Selbst die kleinsten Zuschauer auf den schlechtesten Plätzen sehen den Teufel oder das Krokodil, die sich mit einem Knüppel und diabolischem Grinsen im Rücken des Kaspers (respektive heldenhaften Kämpfers) heranstehlen. Außer dem Opfer selbst, natürlich. Das guckt in die Luft, macht irgendwelche Sperenzchen oder flirtet mit dem Nummern-Girl. Das Publikum brüllt, gibt Zeichen und wirft mit halbvollen Colabechern, aber das ist nichts zu machen. Rumms, schon landet die Dachlatte auf dem Schädel des Helden, und schon ist eine neue Fehde im Gange. Warum aber »Money-Spot«? Weil die wichtigsten Aktionen eines Kampfes im Vorfeld mit dem Kamerateams der Fernsehsender abgesprochen werden. Wäre schade, wenn die Fans zu Hause im entscheidenden Moment den gelangweilten Ringrichter sehen. Gelegentlich werden allerdings auch besonders spannende Kämpfe in ihrer Gesamtheit oder ausgesprochen populäre Wrestler selbst als »Money-Spot« bezeichnet, weil sie gute Einschaltquoten und damit hohe Werbeeinnahmen versprechen.

96. GRUND

WEIL MAN ES NICHT UMSONST GUCKEN KANN

Wer im Kino einen Film sehen möchte, geht an die Kasse und bezahlt. Warum sollte das beim Fernsehen anders sein? Ist es ja gar nicht, zumindest nicht im Rest der Welt, wo Pay-per-view (erst zahlen, dann gucken) zum Alltag gehört. Deutschland hinkt mit seinem System des Rundfunkbeitragsstaatsvertrages (mein Lieblingswort in diesem Buch) mächtig hinterher.

In den USA ist es seit den Fünfzigerjahren des letzten Jahrhunderts völlig normal, für gewisse Ereignisse im TV zu bezahlen. Mit der Einführung des Digitalfernsehens wurde die früher oftmals etwas komplizierte Umsetzung via Telefon weiter vereinfacht. Den Vorreiter (im wahrsten Sinne ...) machte die Erotikbranche, die gewisse Filmchen mit Inhalten für Erwachsene kostenpflichtig anbot. Aber schnell kamen die Verantwortlichen darauf, dass mit Sport noch viel mehr Geld zu verdienen ist. Denn wer möchte schon das Spiel oder den Kampf des Jahres verpassen, nachdem man im freien TV zuvor wochen- und monatelang mit Werbung für dieses Ereignis zugebombt wurde?

Im Wrestling gehört das Pay-per-view seit Jahrzehnten zu den wichtigsten Einnahmequellen überhaupt. Viele Events und große

Kämpfe werden ausschließlich in dieser Form angeboten. Insbesondere die WWE gilt hier als Marktführer (zumindest im Wrestling). Der Vorgänger WWF bot das erste Pay-per-view-Match bereits im Jahr 1985 an und baute diesen Sektor kontinuierlich aus. Insbesondere die »WrestleMania«-Veranstaltungen locken regelmäßig eine Millionen Fans und mehr vor den Bildschirm. Die wahrscheinlich erfolgreichste Pay-per-view-Veranstaltung aller Zeiten war »WrestleMania XXVIII« im Jahr 2012. Über 1,2 Millionen wollten die Auseinandersetzungen zwischen dem Undertaker und Triple H oder Dwayne »The Rock« Johnson gegen John Cena sehen und bezahlten dafür. Genaueres lässt sich da nichts sagen, da die Unternehmen es tunlichst vermeiden, gesicherte Zahlen zu veröffentlichen. Man möchte der Konkurrenz ja nicht in die Hände spielen. Weitere extrem erfolgreiche Veranstaltungen waren »WrestleMania 21« und »23«, die ebenfalls deutlich die Millionenmarke knackten. Erfolgreicher war in diesem Segment nur die relative junge Promotion Ultimate Fighting Championship (UFC), die sich 1993 gründete und in den letzten Jahren die WWE überholte. Vor allem Brock Lesnar erweist sich hier als Zugpferd, seine Auftritte ziehen regelmäßig über eine Millionen Zuschauer an.

Dass es für die Wrestler insgesamt noch Luft gibt, beweisen die Zahlen aus dem Boxen. Den (letztlich enttäuschenden) Topkampf zwischen Floyd Mayweather, Jr. gegen Manny Pacqiao sahen 4,4 Millionen und machten die Auseinandersetzung zum erfolgreichsten Pay-per-view-Box-Event aller Zeiten. Da müssen sich der Undertaker und seine Kumpels wohl noch ein bisschen strecken.

97. GRUND

Weil man hier Squash ohne Schläger und Ball spielt

Wenn der Begriff »Squash« fällt, denkt jeder normale Mensch erstmal an die Sportart, bei der man in einem Käfig steht und Bälle gegen die Wand drischt, bis der Putz abbröckelt. Im Wrestling meint »Squash« etwas völlig anderes. Hier steht das Wort für ein extrem einseitiges Match, das unter Umständen schon nach wenigen Augenblicken gelaufen ist.

»Squash-Matches« gab es bereits in den Vierzigerjahren des vergangenen Jahrhunderts, richtig populär wurden sie allerdings erst vor rund 30 Jahren. Die großen Promotions setzten Jobber (also unbekannte Wrestler, die nur die Opferrolle zu spielen haben) gegen kommende Stars ein, damit sich diese dem Publikum vorstellen konnten. Oft werden solche Matches auch angesetzt, um zu testen, wie ein Gimmick in der Live-Situation ankommt. Ein weiterer Grund für ein »Squash-Match« ist die Etablierung eines Wrestlers als »unbesiegbares Monster«. Edward »Umaga« Fatu zum Beispiel dürfte in seiner relativ kurzen Karriere (er starb 2009 im Alter von 36 an einer Überdosis Schmerzmittel und anderer Medikamente) unzählige Jobber durch den Ring geschleudert haben, männliche wie weibliche. Damit wurde sein Image als gnadenlose Kampfmaschine gefestigt. Zugleich machte er sich damit beim Publikum nicht sonderlich beliebt, was ebenfalls Teil seines Gimmicks war.

In Einzelfällen wird ein »Squash-Match« auch dazu benutzt, einen Wrestler abzustrafen. Wenn der sich hinter den Kulissen, zum Beispiel in Vertragsangelegenheiten, zickig verhält, muss damit rechnen, vor Publikum eine peinliche Niederlage zu erleiden. Und peinlich ist es, wenn ein Kampf nur ein paar Sekunden andauert.

Beispiele gibt es dafür genug, exemplarisch sei das Match zwischen James »The Ultimate Warrior« Hellwig und Roy »The Honky Tonk Man« Farris im Jahr 1988 erwähnt. Beim »SummerSlam« ging es um den Titel des »Intercontinental Champion«, Farris hielt diesen Titel seit 454 Tagen (bis heute die längste Regentschaft überhaupt). Hellwig benötigte 30 Sekunden, um seinen Kontrahenten zu besiegen. Warum die Organisatoren ein so kurzes Match bevorzugten, ist nicht bekannt. Manchmal wird es auch nur eingesetzt, um für einen Farbtupfer zu sorgen. Hellwig wiederholte seine Kurzarbeit im Jahr 1996 noch einmal, als er Paul »Triple H« Levesque bei »Wrestlemania XII« in 90 Sekunden abfertigte. Wahrscheinlich hatte er im Anschluss wichtige Termine.

98. GRUND

Weil Teamwork gross geschrieben wird

Wenn sich ein Haufen zweifelhafter Gestalten zusammentut, um Unheil anzurichten, dann nennt man diese Gruppe vielleicht Gang, eine Bande, eine Blase, Clique oder Klüngel. Auf dem grünen Rasen spricht man auch gerne von Rudelbildung. Im Wrestling geht man begrifflich in den »Pferdestall«. Denn das bedeutet die wörtliche Übersetzung von »Stable«. Und »Stables« haben in dieser Welt ganz besondere Aufgaben.

Die Gründe, warum man verschiedene Wrestlerinnen und Wrestler zu einer Gruppe zusammenfasst, sind vielfältig. Manchmal sind die Beteiligten im wahren Leben befreundet und wollen beruflich mal etwas zusammen unternehmen. Manchmal benötigen einige dieser Wrestler tatsächlich die Hilfe von anderen, zum Beispiel, um ihre Popularität zu steigern. Und wieder andere glauben wahrscheinlich wirklich daran, die Weltherrschaft zu übernehmen. Meistens aber geht es in erster Linie darum, möglichst viele Optionen für eine Storyline zu erhalten. Denn je mehr unterschiedliche Charaktere im Boot sind, desto größer die Möglichkeiten, wie, wann und warum sie sich mit anderen (oder Mitgliedern des eigenen »Stables«) in die Haare kriegen können. Um die Geschichten plausibel zu machen, schrecken die Autoren vor nichts zurück. Da werden munter Verwandtschaftsverhältnisse erfunden, Dreiecksgeschichten konstruiert oder sonstige Märchen entwickelt, Hauptsache die Wrestler sind in der Lage, nach außen ein einigermaßen homogenes Bild abzugeben. Ebenfalls wichtig ist der Mannschaftskapitän der Truppe, der die Richtung vorgibt und in Interviews den Hals aufreißt wie Wurst-Achim auf dem Wochenmarkt. Ein offenbar ungeschriebenes Gesetz der Szene scheint es zu sein, dass dabei mindestens ein anderes Mitglied des »Stables« stumm daneben steht und mit grimmiger Miene nickt. Übersetzt soll das wahrscheinlich so viel heißen wie »Genau, legt euch nicht mit uns an, wir sind der heißeste Kakao im ganzen Kinderparadies. Yo!«

Die Geschichte des Wrestling ist reich an bekannten Stables. Von Sports Entertainment Xtreme (S.E.X., is klar) über The Cabinet bis hin zu New World Order (nWo) mit niemand geringerem als Hulk Hogan als Kapitän. Eines der erfolgreichsten »Stables« aller Zeiten hörte allerdings auf den Namen »Four Horsemen« und wurde im Januar 1986 um den damaligen Star Richard »Ric Flair« Fliehr entwickelt. Als weitere Ur-Mitglieder zählten Alan »Ole Anderson« Rogowski, Martin »Arn Anderson« Lunde sowie Tully Blanchard. Wohl noch nie zuvor in der Geschichte des Wrestling wurde ein »Stable« so vom Publikum gefeiert, was auch daran lag, dass die vier Wrestler extrem erfolgreich waren und diverse Fehden bestanden. Die »Four Horsemen« wurden so zur Blaupause für diverse andere Gruppen ähnlicher Machart. Die Originalbesetzung der Gruppe blieb übrigens nur ein Jahr zusammen, Ole Anderson wurde gegen

Lawrence »Lex Luger« Pfohl ausgetauscht. Das »Stable« selbst existierte in unzähligen Varianten bis 1999, wechselte mehrfach vom Heel zum Face und zurück und ging schließlich in die Geschichte ein.

Die nicht minder legendäre Gruppe »The Kliq« wird nicht als »Stable« geführt, da ihr ein entscheidendes Merkmal fehlte. Die fünf Kernmitglieder der Gruppe stiegen unter diesem Namen niemals in den Ring, die Promotion (in diesem Fall die WWF) erkannte sie auch nicht als Stable an. Vielmehr wurde sie als »Backstage-Gruppe« geführt. Denn »The Kliq« ging es nicht um ein paar abgesprochene Siege im Ring, sondern um die wirkliche Macht im Wrestling-Geschäft. Und die hat nun mal der, der bestimmt, welche Wrestler überhaupt antreten dürfen und wer die Titel gewinnt. Das wollten Michael »Shawn Michaels« Hickenbottom, Scott »Razor Ramon« Hall, Kevin »Diesel« Nash, Paul »Triple H« Levesque und Shawn »1-2-3-Kid« Waltman dann schon gerne unter sich ausmachen. »The Kliq« bestand aus sehr engen Freunden, die ab 1994 massiv Einfluss auf die WWF ausübten. Das ist allein daran zu erkennen, dass die Mitglieder der Gruppe erstaunlich viele Matches untereinander austrugen und sich die Titel nur so hin- und herschoben. Es gibt Gerüchte, dass die Mitglieder kurz vor Matches in Umkleidekabinen von Kollegen gestürmt kamen, um diese von einem »alternativen« Ende der Auseinandersetzung zu überzeugen. Natürlich immer im Sinne von »The Kliq«. Auch wird gemunkelt, dass manche Entlassung von Wrestlern bei der WWF in den Jahren zwischen 1994 und 1996, aber auch noch danach, nicht von Vince McMahon, sondern von dieser Gruppe bestimmt wurde. Zu einem Eklat kam es 1996 bei einem Live-Event im Madison Square Garden. Triple H (als Bösewicht) trat gegen Razor Ramon (Fanliebling) an, in einem späteren Match Shawn Michaels (gut) gegen Diesel (böse). Vier Fünftel der Gruppe waren also vor Ort. Nach der Show enterten »The Kliq« den Ring, umarmten sich demonstrativ und ließen sich von den Fans gemeinsam feiern. Ein ungeheurer Verstoß gegen die Gesetze der WWF. Denn laut McMahon war es den Wrestlern untersagt, in der Öffentlichkeit Freundschaft zu demonstrieren (es sei denn, die Storyline gab es vor). Außerdem wurden zum damaligen Zeitpunkt Faces und Heels streng voneinander getrennt, um die Illusion bei den Fans aufrecht zu erhalten. Das war mit diesem Ereignis (von Insidern der »MSG Curtain Call« genannt), das von einem Fan zudem heimlich mit einer Videokamera mitgefilmt wurde, hinfällig. »The Kliq« löste sich 1999 auf, besaß aber weiterhin großen Einfluss. »Stables« wie »D-Generation X« oder »nWo« gehen auf ihren Einfluss zurück. Seitdem es sie nicht mehr gibt, dürfte Vince McMahon jedenfalls wieder deutlich ruhiger schlafen. Die Fans hingegen dürfen gespannt sein, wann und wo die nächste (echte) Palastrevolution angezettelt wird.

99. GRUND

WEIL GUT GEKLATSCHT HALB GEWONNEN IST

Geteiltes Leid ist halbes Leid, weiß der Volksmund zu berichten. Und natürlich gilt dieser Spruch auch für das Wrestling. Hier heißt das Zauberwort »Tag Team«, übersetzt so viel wie »Wechselmannschaft«. Zwei befreundete Wrestler treten gegen zwei Gegner an und versuchen beide aus dem Weg zu räumen. In der ursprünglichen Version steht immer nur ein Aktiver im Ring, der andere Teil steht an einer dem Team zugewiesenen Ringecke außerhalb der Seile. Die beiden Kontrahenten im Ring beginnen das Match, wer »ausgewechselt« werden möchte, muss seinen Partner berühren, also abklatschen. An welcher Körperstelle dieser Kontakt erfolgt, spielt dabei keine Rolle. Er muss für den Ringrichter nur erkennbar oder hörbar sein. Ein saftiger Klatsch auf den Hintern geht also auch. Nun darf das zweite Mitglied des Teams in den Ring, für eine gewisse Zeitspanne (in der Regel fünf bis zehn Sekunden, im englischen »Grace Period« genannt) können beide Wrestler gemeinsam agieren. Dann muss der »Ausgewechselte« den Ring verlassen.

Seinen Ursprung hat das Tag Team Wrestling in San Francisco. Im Jahr 1901 fand hier der erste Kampf nach diesen Regeln statt. Die Veranstalter erhofften sich dadurch mehr Spannung und einen höheren Entertainment-Faktor. Interessanterweise sah das außerhalb von San Francisco lange Jahre niemand so, das Tag Team Wrestling blieb eine Spezialität dieser Region, bis es sich langsam über den Erdball ausbreitete. In früheren Varianten musste nicht der Partner abgeklatscht, sondern ein Seil, das in der entsprechenden Ringecke angebunden war, berührt werden, um den Wechsel herbei zu führen. Diese Variante sieht man heute allerdings kaum noch. Dafür wurden im Laufe der Jahrzehnte diverse zusätzliche Spielarten entwickelt. In Mexiko sind zum Beispiel Matches sehr beliebt, in denen zehn Kämpfer oder mehr ein riesiges Durcheinander im Ring veranstalten. Dass dabei gar nicht mehr abgeklatscht wird, weil sich sowieso alle gegenseitig vermöbeln, scheint nicht weiter wichtig zu sein.

Bei »Intergender Tag Team Matches«, der Name legt es nahe, treten gemischtgeschlechtliche Teams gegeneinander an, in anderen Varianten kämpfen gleichzeitig kleinwüchsige und normal große Wrestler gegeneinander. Beim wiederum vor allem in Mexiko beliebten »Parejas Increíbles Match« werden die Teams aus eigentlich verfeindeten Kontrahenten gebildet. Bei »Elimination Matches« geht es so lange weiter, bis ein Team vollständig besiegt wurde. Gerade bei den »Tag Team«-Varianten haben die »Heels« noch mehr Möglichkeiten, gegen Regeln zu verstoßen und sich beim Publikum unbeliebt zu machen. Besonders häufig zu sehen ist die Variante, dass ein Heel mit dem Schiedsrichter diskutiert, ihn so ablenkt und seinem Team einen Vorteil verschafft. Ebenfalls immer wieder gerne genommen ist der so genannte »Phantom Tag«, bei dem im

Rücken des Ringrichters einfach nur kurz in die Hände geklatscht wird. Der Schiedsrichter denkt, es wurde abgeklatscht, weshalb der Teamkollege berechtigterweise in den Ring gestiegen kommt. Das Publikum hat einen Grund, sich aufzuregen und alle sind zufrieden. Auch um neue Fehden zu starten, werden »Tag Team«-Matches gerne genutzt. Kurzum, mehr Wrestler im und am Ring, mehr Spaß für die Zuschauer. Wohl der Hauptgrund dafür, dass jede ernstzunehmende Promotion bis heute »Tag Team«-Meisterschaften austrägt.

100. GRUND

WEIL IM DUNKELN GUT MUNKELN IST

Wenn die Fachwelt von einem so genannten »Dark Match« redet, dann ist damit nicht gemeint, dass die Lichter in der Halle ausgeschaltet werden und der Undertaker eine Kerze entzündet. Es heißt auch nicht, dass den Kontrahenten die Augen verbunden werden, das wäre nämlich ein »Blind Match«. Das »Dark Match« ist ein Kampf, der vor oder nach den Hauptkämpfen stattfindet und nicht im Fernsehen übertragen wird. Nur, dass Sie es mal gehört haben.

KAPITEL 11

ELF WRESTLER, DIE MAN EINFACH LIEBEN MUSS

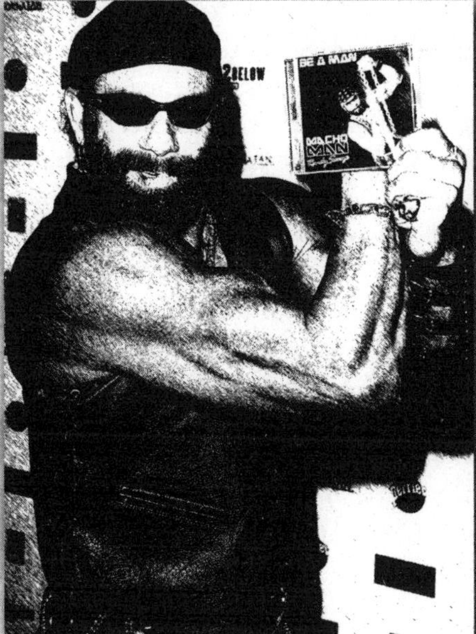

101. GRUND

Weil es echte Helden gebiert

Groß, böse, die Glatze tätowiert. Diese Beschreibung lässt Wrestling-Veteranen ein Lächeln über die Visage huschen. Denn die Rede ist natürlich von Scott »Bam Bam« Bigelow, diese Fleisch gewordene Comicfigur, was ausdrücklich respektvoll gemeint ist. Bigelow war ein Mann, der so aussah, wie sich jemand einen Wrestler vorstellt, der die letzten 50 Jahre in einer Höhle verbracht hat. Zu aktiven Zeiten soll Bigelow nicht weniger als 180 Kilogramm auf die Waage gebracht haben, war aber trotz seiner Fülle beweglich und athletisch. Eine echte Schwergewichtslegende eben.

Bigelow wurde in der »Monster Factory« (grandioser Name) von »Pretty Boy« Larry Sharp (bürgerlich Larry Weil) in New Jersey ausgebildet. Diese Schule bezeichnet sich selbst als erste für alle öffentlich zugängliche Wrestling-Schmiede der Welt und wurde 1983 gegründet. Bigelow war ein Segen für das Unternehmen, denn er war der erste Superstar, der hier trainierte. 1985 stieg »Bam Bam« in Memphis und Umgebung erstmals unter professionellen Bedingungen in den Ring und kam schnell den Platzhirschen Jerry »The King« Lawler und Jerry Jarrett in die Quere. Er lieferte ordentliche Leistungen ab, bildete mit Lawler sogar ein Tag Team, trat bei einer kleineren Promotion als Russe an und machte die Scouts der WWF auf sich aufmerksam. Die verpflichteten ihn 1987, wo er angeblich als Heel aufgebaut werden sollte. Die Leute fanden dieses Gebirge von Mensch aber ziemlich klasse, also wurde aus »Bam Bam« ein Face. Nach einer schweren Knieverletzung, Vertragsstreitigkeiten und anderen Problemen in der Heimat wechselte Bigelow für einige Zeit nach Japan, wo er ebenfalls große Popularität erringen konnte.

1992 kehrte er in die WWF zurück und begeisterte das Publikum, dieses Mal allerdings wirklich als Heel. Allerdings bekam sich Bigelow mit »The Kliq« in die (nicht vorhandenen) Haare, weshalb Bigelow seinen Marsch durch die Promotions begann. ECW, WCW, USA Pro Wrestling und andere. Die Engagements wurden immer kleiner, es war unübersehbar, dass die Zeit von »Bam Bam« abgelaufen war, auch wenn er immer noch Engagements bekam.

An sich war das alles auch keine große Sache, denn Bigelow war in seiner erfolgreichen Zeit zu einem reichen Mann geworden, verdiente jährlich bis zu 1,2 Millionen Dollar. Doch die Probleme, vor allem im privaten Bereich, nahmen zu. 2000 wurde er von seiner Frau Dana geschieden, mit der er drei Kinder hatte. Im gleichen Jahr rettete er in seiner Nachbarschaft drei Kinder aus einem brennenden Haus, wobei er sich schwerste Verbrennungen zuzog und monatelang im Krankenhaus lag. Für seine sich auf abschüssiger Strecke befindliche Karriere sicher nicht von Vorteil. Trotz offensichtlicher Geldsorgen engagierte er sich weiter für karitative Zwecke, aber der Horizont wurde immer düsterer.

Das Gerücht von zunehmenden Drogenproblemen machte die Runde, Bigelow wurde mehrfach im Verkehr auffällig und verursachte mehrere Unfälle innerhalb kurzer Zeit, einmal überfuhr er fast ein Kind, ein anderes Mal baute er einen Crash, bei dem seine Freundin lebensgefährlich verletzt wurde. Sie überlebte, ein Polizeisprecher sagte damals gegenüber der Presse allerdings, dass ein Verfahren wegen Totschlags gegen Bigelow eröffnet worden wäre, hätte sie es nicht geschafft. Er selbst gab als eine Erklärung an, dass Geldsorgen ihn belasten würden. Er zog sich in die Berge von Pennsylvania zurück, um sich zu erholen und plante eine Restaurant-Eröffnung, die auch tatsächlich stattfand. Kurz darauf musste der Laden aber schon wieder schließen und Bigelow reiste weiter, angeblich nach Florida. Zum Schluss wussten allerdings nicht mal seine besten Freunde, wo er sich wirklich aufhielt. Er geriet in Rückstand mit den Alimenten und wurde von seiner Ex-Frau verklagt.

Sein letztes Match bestritt er am 25. Oktober 2006. Am 19. Januar 2007 wurde Scott Bigelow tot aufgefunden, in seinem Körper wurden tödliche Dosen diverser Drogen gefunden, darunter Kokain und Antidepressiva.

Trotz dieses nicht sonderlich glorreichen Abgangs wird »Bam Bam« für die Wrestling-Fans immer seinen guten Namen behalten. Denn er war ein besonderer Athlet und ein besonderer Mensch.

102. GRUND

Weil nicht mal Mr. Perfect perfekt war

Curtis Michael Hennig (1958-2003) war für lange Zeit der schönste, arroganteste und selbstverliebteste Wrestler auf diesem Planeten. Die Rede ist natürlich von »Mr. Perfect«, dieser schmierlappigen Variante eines Gigolo, ein Narzisst vor dem Herrn, und dermaßen unsympathisch, dass nicht wenige Fans vor Wut am liebsten in ihren Fernseher getreten hätten. Mit anderen Worten, Curt Hennig spielte seine Rolle verdammt gut.

Der aus Minnesota stammende Hennig startete, wie viele seiner Kollegen, bereits früh mit dem Wrestling. Kein Wunder, sein Vater Larry »The Axe« Hennig hatte diesen Sport bereits ausgeübt. In der Highschool freundete sich Curtis, der sich selbst lieber Curt nannte (warum auch immer), mit einem Jungen namens Richard Rood an, der später unter seinem Ringnamen »Ravishing Rick Rude« (1958-1999) und einer ganz ähnlichen Masche Erfolge feiern sollte.

Doch zu Beginn seiner Karriere kletterte Hennig gemeinsam mit seinem immer noch aktiven Vater in den Ring und bildete das Tag Team »Axe Attack«. Andere Menschen gehen mit ihren Söhnen zum Fußball oder angeln. Sei's drum, Curtis stellte sich bei seinen ersten Versuchen geschickt genug an, dass ihm eine weitere Karriere in diesem Geschäft zugetraut wurde und so sammelte er seine ersten Titel in der American Wrestling Association (AWA). Dort war Hennig mit einem kurzen Abstecher zur WWF von 1979 bis 1988 unter Vertrag. Dann wechselte er ein zweites Mal zum damaligen Marktführer WWF, was seiner Karriere einen mächtigen Schub verpasste. Denn nun wurde die Figur »Mr. Perfect« entwickelt, die Hennig mit seinen langen blonden Schweinelöckchen wie auf den Leib geschneidert schien. Immer an seiner Seite sein Manager, Lanny »The Genius« Poffo (übrigens der Bruder von »Macho Man« Randy Savage), dessen Markenzeichen es war, vor dem Kampf selbst verfasste Gedichte vorzutragen. Dies ist keineswegs ein reines Gimmick, Poffo veröffentlichte tatsächlich mehrere Gedichtbände, unter anderem um Jugendliche vom Rauchen und Drogen fernzuhalten.

Zurück zu Hennig, der sich spektakulär in sein neues Arbeitsumfeld einfügte, unter anderem durch einen viel beachteten Streit mit Hulk Hogan. Nach dem Gewinn des Titels des WWF Intercontinental Champion und weiteren Fehden stieg 1991 einer der besten Kämpfe in der Geschichte der WWF. Bret Michaels ging zwar als Sieger hervor, vom sportlichen Aspekt waren aber beide Akteure auf der Gewinnerseite. Leider verletzte sich Hennig bei dieser Show am Rücken, was ihn bis zu seinem frühen Tod verfolgen und der Anfang vom Ende sein sollte. Statt die Gunst der Stunde zu nutzen und auf der Leistung aufzubauen, zwang ihn die Verletzung zu einer fast einjährigen Pause, in der er nur als Ringbegleiter der lebenden Legende Ric Flair (bürgerlich Richard Morgan Fliehr) auftreten konnte. »Mr. Perfect« geriet so zwar nicht in Vergessenheit, aber er konnte sich eben auch nicht weiter empfehlen. Vielleicht ein Grund dafür, dass er nie einen wirklich großen Titel abräumen konnte. Nach der Zwangspause sollten einige Fehden Hennig zurück ins Geschäft bringen, aber die Verletzung erwies sich als hartnäckig. Wieder folgten Pausen, »Mr. Perfect« war nur noch als Kommentator und sogar als Gastringrichter im Einsatz.

1997 verließ Hennig die WWF und schloss sich der WCW an, wo er allerdings nie an seine früheren Erfolge anschließen konnte. 2002 kehrte er noch einmal in die WWF (nun WWE) zurück, allerdings geriet er während eines Fluges mit seinem Kollegen und Freund Brock Lesnar (geb. 1977) heftig aneinander, weshalb die Verantwortlichen Hennig gleich wieder entließen. Ob dies der wahre Grund für seine Freistellung war, bleibt dahingestellt. Denn Hennig hatte ganz offensichtlich einige private Probleme, die auch seinen Vorgesetzten nicht verborgen geblieben sein dürften. Curtis wechselte noch einmal zu TNA Wrestling, wo er als Zugpferd aufgebaut werden sollte, doch dazu sollte es nicht mehr kommen.

Am 10. Februar 2003 wurde Hennig tot in seinem Hotelzimmer in Florida aufgefunden. Die Obduktion ergab, dass er sich mit einer Überdosis Kokain vergiftet hatte. Sein Vater Larry sagte in verschiedenen Interviews allerdings, dass der massive Missbrauch von Steroiden und Schmerzmitteln zum Tod seines Sohnes beigetragen hätten. Hennig hinterließ seine Frau Leonice, seine Söhne Hank und Joe, sowie seine Töchter Amy und Kaitie. Joe und Amy arbeiten bis heute ebenfalls als Wrestler. Ironie des Schicksals, vier Jahre zuvor war Hennigs Schulfreund »Ravishing Rick Rude« ebenfalls tot aufgefunden worden. Bei ihm wurde eine Überdosis verschiedener Medikamente festgestellt.

Hennig wurde 2007 in die Hall of Fame der WWE aufgenommen und erhielt posthum diverse weitere Ehrungen, die sein Vater Larry entgegennahm. Er wies bei diesen Gelegenheiten immer wieder auf die Gefahren des Drogen- und Medikamentenmissbrauchs im Wrestling hin. Auch viele frühere Kollegen zollten Hennigs ihren Tribut, Hulk Hogan nannte ihn »den Besten der Besten«, sein Freund Bret Hart bezeichnete ihn als »einen der größten Superstars, der je gelebt hat«, Shawn Michaels nannte den frühen Tod in einem Fernsehinterview »eine Tragödie« und »Macho Man« Randy Savage widmete ihm auf seinem Rap-Album *Be a Man* aus dem Jahr 2003 sogar einen eigenen Song mit dem Titel *My Perfect*

Friend. 2008, also fünf Jahre nach seinem Tod, erschien die DVD *The Life and Times of Mr. Perfect*, eine Zusammenstellung seiner besten Szenen im Ring und außerhalb. Die digitale Huldigung des Sportlers verkaufte sich in der Woche ihrer Veröffentlichung in den USA häufiger als jede andere Sport-DVD in diesem Zeitraum.

103. GRUND

Weil Japaner hier kein Japanisch können

Der meist freundlich dreinblickende Herr namens Harry Fujiwara (1935) dürfte den meisten Fans nur unter seinem bekanntesten Ringnamen Mr. Fuji ein Begriff sein, und hier auch nur als Manager (Spitzname: »The Devious One«, also »der Verschlagene«) von solch Legenden wie dem Tag Team »Demolition« oder der samoanischen Walze Yokozuna (alias Rodney Agatupu Anoa'i, 1966-2000). Gerne entschied er wichtige Kämpfe, in dem er den Gegnern seiner Klienten Salz in die Augen streute. Am Mikrofon machte er meist eine weniger überzeugende Figur, eigentlich ungewöhnlich für einen Manager. So kommentierte er in seiner langen Zeit bei den verschiedenen Wrestling-Organisationen nur ein einziges Match.

Tatsächlich startete Harry, der auf Hawaii geboren wurde, seine Karriere im Wrestling-Zirkus als aktiver Sportler Ende 1964 und erlangte im Laufe der nächsten 20 Jahre mehr als 20 Titel. Der WWWF (später WWF, heute WWE) trat er bereits 1972 bei und gab mit großer Freude den bösen Japaner, obwohl er selbst nach eigenen Angaben kein Wort japanisch spricht. Gerade im Bereich des Tag Team Wrestling gehört er zu den erfolgreichsten Sportlern überhaupt. Sein Finishing Move war der Lariat, in diesem Fall sogar ein Kamikaze-Lariat, eine Schlagbewegung gegen den Oberkörper oder Hals des Gegners.

Doch Fujiwara musste einen hohen Preis für seine 20-jährige Karriere als Wrestler zahlen, seine Knie, die auch schon zu aktiven Zeiten immer wieder Probleme machten, waren bald so im Eimer, dass er sich diversen Operationen unterziehen musste. Der Spazierstock, den er bei späteren Auftritten oft benutzte, war also mehr als nur ein Gimmick. Als er 2007 von seinem ehemaligen Schützling Don Muraco (geb. 1949) in die Hall of Fame der WWE eingeführt wurde, saß er nach insgesamt neun Operationen im Rollstuhl. Muraco und Fujiwara sind auch gemeinsam in einer durchaus unterhaltsamen Videoserie namens *Fuji Vice* aus dem Jahr 1984, eine Persiflage auf *Miami Vice*. Legendär sollen auch Fujiwaras Scherze hinter den Kulissen des Wrestling-Business gewesen sein, die Kollegen von Fuji sollen regelrecht Angst davor gehabt haben.

1996 verabschiedete sich Mr. Fuji in die wohl verdiente Rente und arbeitete in seiner Heimat Tennessee noch eine Weile in einem Kino. Es gibt spektakulärere Lebensläufe, aber wenige Prominente in diesem Bereich, die so sympathisch rüber kamen.

101. GRUND

Weil selbst die stärksten Männer der Welt Schwäche zeigen

Wie so viele seiner Kollegen kletterte auch Hellwig unter diversen Kampfnamen und für diverse Veranstalter in den Ring. Seine größte Bekanntheit erreichte der Mann aus Indiana, USA aber als »The Ultimate Warrior«. Mit origineller Kickermatte, einer (ständig wechselnden) Gesichtsbemalung irgendwo zwischen Kiss,

Paradiesvogel und Kindergeburtstag und einem Auftreten, das an einen mies gelaunten Grizzly erinnert, brüllte sich Hellwig seit 1985 durch kleinere Ligen. Dann meldete sich die World Wrestling Federation, und Hellwig, der bereits im zarten Alter von 11 Jahren mit dem Bodybuilding begonnen hatte, wurde ab 1987 zum Superstar, der auch außerhalb des Rings für Unterhaltung sorgte.

Diverse Titelkämpfe gingen auf sein Konto, darunter der wohl bekannteste aus dem Jahr 1990 gegen Hulk Hogan, der als erster Kampf der WWF gilt, in dem sich zwei Lieblinge der Fans gegenüberstanden (»The Ultimate Challenge«). Hulk Hogan zog in diesem legendären Match den Kürzeren, was den »Warrior« eigentlich zum legitimen Nachfolger des blonden Schnauzbartträgers hätte machen sollen. Da spielten die Fans allerdings nicht mit, die ihren Hulk immer noch verehrten. Und auch Hellwig selbst entpuppte sich als schwieriger Charakter, der sich immer wieder mit den Verantwortlichen der WWF anlegte, bis sie ihn 1991 schließlich vor die Tür setzten. In den folgenden Jahren gab der Ultimate Warrior, der den Namen Warrior auch im bürgerlichen Leben annahm, diverse Comebacks bei der WWF (unter anderem auch als Partner von Hulk Hogan), wurde aber immer wieder entlassen. Unter anderem erschien er nach einem Streit mit Verantwortlichen nicht zu einem Titelkampf.

1999 beendete der gelernte Chiropraktiker seine Karriere offiziell und arbeitete als Motivationslehrer. Knapp zehn Jahre später kehrte er noch einmal für einen letzten Kampf zurück. Mittlerweile deutlich beleibter und mit kurzen Haaren. Dank seiner Popularität durfte sich der Sportler auch immer wieder zu politischen Themen äußern und entpuppte sich dabei als extremer Rechtsaußen, der zum Beispiel gegen Homosexuelle wetterte, was viele frühere Fans und Kollegen irritierte.

Wenige Stunden vor seinem Tod hielt Hellwig alias »Warrior« seine letzte öffentliche Rede. Ausgerechnet die WWE, der Nachfolger der WWF, mit der er sich über so viele Jahre in den Haaren hatte, nahm ihn in ihre Hall of Fame auf. Der Geehrte trat drei Tage nach der Aufnahme noch einmal bei der wohl bekanntesten Wrestling-TV-Sendung überhaupt auf. Bei *WWE Monday Night Raw* sagte er in seiner Ansprache: »Jedermanns Herz schlägt eines Tages zum letzten Mal. Seine Lungen machen einen letzten Atemzug.« Eine im Nachhinein makabere Aussage, denn wenige Stunden später brach der einstmals »stärkste Mann der Welt« vor seinem Hotel in Arizona tot zusammen. Die Regenbogenpresse wollte herausbekommen haben, dass sich »Warrior« in letzter Zeit nicht gut gefühlt und unter Schmerzen und Schweißausbrüchen gelitten habe. Tatsächlich litt der Sportler unter starker Arterienverkalkung und starb an einem Herzinfarkt. Bei der Obduktion wurden weder Drogen noch Medikamente gefunden.

Auch wenn Hellwig kein einfacher Charakter war und manche seiner privaten Ansichten ins Mittelalter gehören, war er doch eine prägende Figur in der Welt der starken Männer. Und eine verdammt coole obendrein. Die WWE würdigte Warrior mit einer Gedenkminute und zehn Gongschlägen, Hulk Hogan twitterte »RIP Warrior, only love. HH«. Dem kann man sich nur anschließen.

105. GRUND

WEIL ES VADER NICHT NUR BEI »STAR WARS« GIBT

Leon Allen White ist der Fleisch gewordene Eric Cartman (*South Park*), lange bevor die Serie überhaupt erfunden wurde. White, der aus Kalifornien stammt, startete seine Karriere als Amateurboxer, spielte dann einige Jahre professionell Football bei den Los Angeles Rams (heute St. Louis Rams) und begann um 1985 mit dem Wrestling. Trotz eines Gewichtes von geschätzten 200 Kilogramm und mehr wusste White, wie er seinen Körper einsetzen konnte, um seinen Gegnern zu schaden. Und wem hat er nicht alles geschadet.

Ursprünglich kämpfte er unter dem Namen Baby Bull, was eigentlich eine Beleidigung für alle Kälber darstellt. Neben Engagements in den USA kämpfte er auch regelmäßig für die Catch Wrestling Association von Otto Wanz in Deutschland und Österreich, ab 1987 dann auch in Japan für New Japan Pro Wrestling. Hier erhielt er auch seinen Ringnamen Big Van Vader (später auch nur noch Vader), unter dem er bekannt wurde. In Japan brachte der hinter einer Maske versteckte Vader (»Ich bin dein Vater« gehörte allerdings nicht zu seinem Repertoire) das Publikum dermaßen gegen sich auf, dass es mehrfach zu Tumulten kam. Das blieb den US-amerikanischen Promotern nicht verborgen, die den Koloss ab 1990 zurück in die Heimat holten. Allerdings hatte White immer noch Verpflichtungen in Deutschland und Japan, was zu Stress im Arbeitsalltag führte. White schlug sich mehrfach mit Verletzungen herum. Bei einem US-Titelkampf gegen »Sting« (Steven James Borden) brach White seinem Kontrahenten versehentlich mehrere Rippen, was die Karriere von Vader erheblich beeinflussen sollte.

Denn White galt nun als erster Wrestler, der seine Gegner real verletzte, was natürlich gehörig beworben wurde und die Promoter auf eine neue Idee brachte. Was, wenn Vader seine Gegner absichtlich real verletzen könnte? Ein kalkuliertes Risiko mit großem Showeffekt. Also wurde eine Fehde mit Mick Foley (bekannt unter dem Namen »Cactus Jack« und als beinharter Kämpfer gefürchtet) inszeniert, in deren Verlauf White seinem Kontrahenten eine leichte, aber sichtbare Schwellung unter dem Auge zuführen sollte. Als ehemaliger Boxer hätte White das hinbekommen müssen. Tatsächlich brach Vader Cactus Jack die Nase und verletzte ihn so schwer im Gesicht, dass dieser mit mehr als 20 Stichen genäht werden musste. Beim Rematch entsorgte White eine Matte, sodass Foley mit dem Rücken auf den nackten Zementboden aufschlug und eine schwere Nackenverletzung erlitt, die beinahe zu einer irreparablen Lähmung geführt hätte. Ob diese Aktion wirklich genauso abgesprochen war, wurde nie bekannt. Foley, übrigens ein alter Schulkumpel des Schauspielers Kevin James (*King of Queens*), kämpfte sich im wahrsten Sinne des Wortes zurück in den Ring und verlor zum Dank dafür wiederum bei einem Kampf mit Vader eine Ohrmuschel. Das nennt man dann wohl vollen Körpereinsatz. Manche Experten glauben, dass die »Hardcore-Matches« dieser beiden Kämpfer den Weg für extreme Varianten des Wrestling (vom Streetfight über Hardcore-Wrestling bis zu den völlig abartigen Ultraviolent-Matches) ebneten.

White war allerdings auch außerhalb des Rings kein Kind von Traurigkeit. So attackierte er die Legende Paul »Mr. Wonderful« Orndorff Junior in einer Umkleidekabine und landete in Kuwait im Knast, nachdem ihn ein Reporter während eines laufenden TV-Interviews gefragt hatte, ob Wrestling nur Show sei. White zeigte dem verdutzten Herrn daraufhin, wie handfest die Jungs aus diesem Genre zupacken können und fuhr anschließend in den Bau ein. Was für ein Herzchen, dieser Leon White.

Und so ganz kann der mittlerweile in die Jahre gekommene Brocken auch nicht vom Wrestling lassen, bis zum Jahr 2014 stand Vader für kleinere Veranstaltungen im Ring. Einmal Wrestler, immer Wrestler. Statistiken zufolge stand und hing White rund 1.500 Mal zwischen den Seilen. Eine bemerkenswerte Zahl.

106. GRUND

Weil der Grusel keine Grenzen kennt

Zugegeben, ohne sein Outfit sieht Mark Calaway (geboren 1965) ein bisschen aus wie eine Kröte bei Unwetter. Aber als »Undertaker«

gehört er zu den dienstältesten und beliebtesten Wrestlern dieses Planeten. Der aus Texas stammende Riese (203 Zentimeter) wollte eigentlich Basketball-Profi werden und war dank eines Stipendiums auch auf dem besten Weg dahin. Doch dann reizte ihn die Karriere als Wrestling-Held mehr. In den ersten sechs Jahren seiner Laufbahn ging es allerdings recht schleppend voran, erst mit dem Wechsel in die World Wrestling Federation und der Kreation des Gimmick als Undertaker im Jahr 1990 wurde aus dem intelligenten Burschen mit den Glubschaugen ein echter Superheld. Vor allem in Verbindung mit seinem »Manager« Paul Bearer (im wirklichen Leben William Moody, der zwischenzeitlich wirklich als Bestatter gearbeitet hatte) gab der Undertaker ein furchteinflößendes Bild ab, das die Gegner (unter anderem Hulk Hogan, Vader, Diesel) erzittern ließ. Die logische Folge: Diverse Titel als Einzelkämpfer und in verschiedenen Teams.

Um das Jahr 2000 herum entschieden sich die Verantwortlichen, dass sich der morbide Charme des Undertaker abgenutzt hätte und wandelten Calaway zu einem Biker um, der auf seinem Moped und mit wehender US-Flagge an den Ring kam. Fand aber niemand besonders spannend, also wurde die Nummer ein paar Jahre später (Calaway musste verletzungsbedingt eh eine Weile pausieren) wieder rückgängig gemacht. Der Undertaker feierte seine Rückkehr und führte gleich mal ein paar neue Kämpfe ein. So wurde eigens ein »Buried Alive«-Match (lebendig begraben) erfunden, in dem ein Kämpfer den anderen in eine Grube schmeißen muss, die sogleich zugebuddelt wird. Auch durfte er einige Kämpfe bestreiten, in denen er seine Gegner in einen überdimensionalen Sarg verfrachtete. Alles nicht sehr nett, aber schön anzuschauen. Überflüssig zu erwähnen, dass sowohl Grube als auch Sarg Luftöffnungen beziehungsweise geheime Türen besaßen.

Calaway mag auch bei Familienfeiern gerne über sein Fachgebiet diskutieren, deshalb hat er gleich drei Cousins, die ebenfalls als Catcher tätig waren, von denen aber keiner auch nur annähernd die Popularität von Calaway erreichte. Einer der drei, Brian Lee, übernahm für kurze Zeit sogar die Rolle des Undertaker, bis er vom »Original« in einem Match in die Schranken gewiesen wurde. Doch damit nicht genug, in dritter Ehe ist Calaway mit Michelle McCool (die hieß vor ihrer Hochzeit wirklich so) liiert, die ebenfalls jahrelang als Wrestlerin tätig war, seit einigen Jahren aber als Lehrerin arbeitet. Auch seine zweite Ehefrau Sara war für kurze Zeit im Business. Eine ganz schön sportliche Familie, deren nächste Generation schon in den Startlöchern steht. Denn Calaway hat insgesamt fünf Kinder, eins davon wird sicher irgendwann mal im Ring landen.

Mark Calaway selbst hingegen scheint nicht an einen Rückzug aus dem Geschäft zu denken. Er gehört (von Verletzungspausen abgesehen) zu den Wrestlern, die am längsten ohne Unterbrechung tätig sind. Sollte es eines Tages doch so weit sein (seine Leistungen lassen in den letzten Jahren altersbedingt doch arg zu wünschen übrig), kann sich der Texaner immer noch als Schauspieler versuchen. Bereits zweimal tauchte er in nicht direkt dem Wrestling zuzuordnenden Produktionen auf. In dem Spielfilm *Der Ritter aus dem All* (1991) übernahm er eine kleine Rolle neben Hulk Hogan, 1999 tauchte er dann als Dämon in der Fernsehserie *Poltergeist – Die unheimliche Macht* auf. Seine markante Stimme ist außerdem in diversen Videospielen zu hören.

Mark Calaway scheint unter dem Strich also ein relativ talentierter, vielseitiger und familienfreundlicher Mensch zu sein. Eine Sache passt allerdings nicht in diese Reihe und lässt den gemeinen Fan ernsthaft erschauern. In seiner ringfreien Zeit arbeitet der Undertaker (vermutlich in zivil) tatsächlich als Immobilienmakler. Mal ganz im Ernst, mehr Grusel geht wirklich nicht.

107. GRUND

WEIL SCHLECHTE REAKTIONEN NICHT ZWANGSLÄUFIG GUT SIND

Es gibt Menschen, die haben in ihrem Leben nicht immer nur Glück. Und andere haben immer nur Pech. Sean »X-Pac« Waltman (geboren 1972) gehört in die zweite Kategorie. Er hatte sogar so viel Pech, dass ein negativ besetzter Begriff aus der Wrestling-Welt seinen Namen trägt.

Dabei begann die Karriere von Waltman ziemlich vielversprechend. 1992 tauchte er in Independent-Ligen auf, machte sich schnell einen Namen und konnte erste Titel gewinnen. Die WWF wurde aufmerksam und verpflichtete ihn als Jobber, also als Kanonenfutter für bekanntere Gegner. Doch Waltman überzeugte die Verantwortlichen, und sie gaben ihm eine Chance. In zwei Kämpfen durfte er den bösen Scott »Razor Ramon« Hall besiegen und bekam fortan ein eigenes Image als »1-2-3 Kid«. Und er wurde Mitglied von »The Kliq«, der legendären »Backstage-Gruppe«, die beinahe die Macht in der Wrestling-Welt an sich gerissen hätte.

Bei den Fans durchschnittlich beliebt, wechselte der Wrestler 1996 (wie so viele in dieser Zeit) zum Konkurrenten WCW, wo die Probleme begannen. Zwar durfte Waltman den einen oder anderen Titel erringen, aber in einer Verletzungspause wurde er von der WCW entlassen. Die damals arg gebeutelte WWF versuchte, aus dieser Tatsache einen Imagegewinn zu ziehen und verkündete, dass Waltman nur einer von vielen Stars sei, die wieder heim in den Schoß der WWF kehren würde. Aber leider war Waltman gar kein Star. Sein neues Gimmick als »X-Pac« funktionierte überhaupt nicht, trotz mehrerer Titelgewinne wurde das Publikum mit dem Rückkehrer nicht warm. Technisch waren andere Wrestler längst an ihm vorbei gezogen.

Mit dem Stable »D-Generation X« wollte man noch einmal versuchen, Waltman als Star aufzubauen. Die fertig geschriebene Storyline wanderte aber in den Mülleimer, als sich der Wrestler verletzte. Danach hatten auch die Verantwortlichen kein Interesse mehr an Waltman, zumal es hinter den Kulissen zu Problemen kam. Als Mitglied von »The Kliq« war er bei vielen Kollegen unbeliebt, außerdem legte er sich mit Bookern und Autoren an. Seine letzten Auftritte in der WWF waren nur noch Alibi-Auftritte, das Publikum mochte den Mann aus Minnesota nun überhaupt nicht mehr. Sie pfiffen und buhten ihn aus, was eigentlich gut war, denn er hatte die Rolle des »Heels«. In Waltmans Fall pfiffen die Menschen allerdings, weil sie ihn nicht mehr sehen wollten. Eine ziemlich harte Sache. Als Waltman dann auf einem Flughafen zusammenbrach (die Hintergründe wurden nie öffentlich gemacht), feuerte die WWF ihn. In dieser Zeit wurde der Begriff »X-Pac Heat« geprägt. So nennt man Publikumsreaktionen, die sich nicht auf das Gimmick, sondern auf den Wrestler und dessen Fähigkeiten beziehen.

Waltman selbst ist bis heute noch aktiv, tingelt durch die Weltgeschichte und tritt bei kleineren Promotions und nur noch vereinzelt in bekannteren Ligen an. Seinen Namen hat er sich irgendwie versaut. Und dafür hat der Mann trotz aller eigener Fehler doch zumindest eine Tüte Mitleid verdient.

108. GRUND

WEIL SOGAR KANADIER GROSS RAUSKOMMEN KÖNNEN

Logisch, dass einer aus der riesigen Hart-Familie an dieser Stelle genannt werden muss. Die Wahl fiel auf Bret »The Hitman« Hart, der wahrscheinlich zu den beliebtesten Wrestlern aller Zeiten zählt.

Der gebürtige Kanadier kam dank seiner familiären Bindung schon als Schulkind zum Ringen und arbeitete schließlich als Ringrichter bei der Promotion STAMPEDE Wrestling, die sein Vater Stu bereits im Jahr 1948 gründete. Schließlich stieg er hier auch als Aktiver in den Ring, wo er diverse Titel abgreifen konnte. Absprache und Korruption? Ach was! Aber gegen das Wrestling-Geschäft sind die FIFA und Sepp Blatter echte Waisenknaben. Trotzdem musste Bret extrem hart (hihi) für seine Karriere arbeiten, denn sein Vater, der noch acht weitere Kinder hat, nahm den jungen Burschen massiv in die Pflicht. Schon vor der Schule musste Hart Flyer für die Shows seines Vaters verteilen, im Keller des Familienanwesens (ein legendärer Ort, in dem viele Wrestler »geboren« wurden) triezte und brüllte Stu seinen zweitjüngsten Spross am Rande der Zulässigkeit (und wohl weit darüber hinaus) an.

Doch Blut, Schweiß und Tränen sollten sich auszahlen, 1985 wechselte Hart in die damalige WWF, zuerst nur als Teil der »Hart Foundation« (zusammen mit seinem Schwager Jim »The Anvil« Neidhart, 1956), später auch als Einzelkämpfer. Ursprünglich als Heel angedacht, entwickelte »The Hitman« immer größere Beliebtheit und wurde im Laufe der Jahre zu einem der absoluten Fan-Favoriten in diesem Sport. Und so wandelte sich Hart schließlich zum Face. Eines seiner Markenzeichen war die Tatsache, dass er beim Einlaufen seine charakteristische Sonnenbrille an einen jungen Fan verschenkte. Selbst hat Hart mit seiner ersten Ehefrau vier Kinder. Für sie stehen die vier Sterne auf seiner pinkfarbenen Hose.

Anders als manche Kollegen wahrte Hart innerlich eine gewisse Distanz zum Wrestling-Zirkus, vielleicht auch aufgrund der harten Hand seines Vaters. Nach seinen größten Erfolgen Ende der Achtziger bis Ende der Neunziger bezeichnete er die Welt des Wrestling als »Comic-artig«, viele Aktive müssten Rollen spielen, die ihnen selbst nicht gefielen, würden aber von den Verantwortlichen eingeschüchtert und mit schlechten Verträgen erpresst.

Ende der Neunziger wurde Bret selbst »Opfer« eines solchen Spiels, als WWE-Chef Vince McMahon entschied, den »Hitman« wieder zum Heel zu machen. Hart war nicht mehr der kinderfreundliche Wrestler von nebenan, sondern ein arroganter, nationalistisch eingestellter Kanadier, der zu jeder Gelegenheit über die USA lästerte. Logisch, wer einen so beliebten Wrestler ins Gegenteil verkehren will, muss schon schwere Geschütze auffahren. Und bekanntlich kommt den Staaten nichts so gut an, als wenn man die Herrlichkeit dieser Nation in Frage stellt. Hart gab später selbst zu, mit dieser Idee nicht einverstanden gewesen zu sein.

Ende der Neunzigerjahre befand sich das Wrestling in einer Krise, die WWF konnte die zum Teil immensen Gehälter ihrer Superstars nicht mehr bezahlen. Hart wechselte nach dem »Montreal Screwjob« zur aufstrebenden WCW, wo Hulk Hogan das Sagen hatte. Hart und Hogan fanden hinter den Kulissen wie schon bei der WWF keinen Draht zueinander (der blonde Hüne bezeichnete seinen Kollegen sogar öffentlich als »unprofessionell« und »mittelmäßig«), weshalb der »Hitman« nur wenige Kämpfe bestreiten durfte. In dieser Zeit managte der Sportler hauptberuflich sein eigenes Eishockey-Team. Außerdem versuchte er sich als Schauspieler und tauchte in verschiedenen US-Fernsehserien auf. Der Erfolg blieb überschaubar.

Im Ring musste der Sportler 1999 zudem eine schwere Verletzung hinnehmen, die er nicht richtig behandeln ließ und die immer wieder Probleme machte, bis er seine aktive Karriere mehr oder weniger (manchmal kommen sie wieder) beendete. Der tödliche Unfall seines Bruders Owen und das in seinen Augen ungebührliche Verhalten von McMahon im gleichen Jahr stellte einen weiteren Tiefpunkt im Leben des Kanadiers da. 2002 baute der Sportler beim Fahrradfahren einen Unfall und erlitt, wahrscheinlich als Spätfolge seiner Verletzungen aus dem Ring, einen Schlaganfall, von dem er sich allerdings wieder erholte. Trotzdem schien es so, als wäre der »Hitman« für immer Geschichte. Obwohl es 2005 ein heimliches

Treffen mit McMahon und anderen Verantwortlichen der WWE gegeben hatte, schien das Kriegsbeil nicht begraben. Bei seiner Einführung in die Hall of Fame 2006 war Bret zwar anwesend, den traditionellen Live-Auftritt am nächsten Tag verweigerte er allerdings. Stattdessen schickte er ein Jahr später eine Videobotschaft mit ein paar deftigen Worten gegen seinen einstigen Chef McMahon.

Umso überraschender für alle Beteiligten kam 2009 die Nachricht, dass sich Hart mit McMahon endgültig ausgesprochen habe und bei der Sendung *Raw* einsteigen würde. Tatsächlich tauchte der »Hitman« noch einige wenige Male im Ring auf und spielte ansonsten die Rolle des Generalmanagers, erschien also immer mal wieder auf dem Bildschirm auf. So ganz lässt der Zirkus ihn dann anscheinend doch nicht los.

Mittlerweile ist Hart zum dritten Mal verheiratet (seine zweite Frau war eine Italienerin, die sich weigerte, nach Kanada zu ziehen und sich drei Jahre nach Hochzeit wieder scheiden ließ), gibt ab und zu noch Autogrammstunden, veröffentlichte seine Autobiografie und genießt das Leben. Das ist nicht schwer, denn bei einer Wahl zu den beliebtesten Kanadiern aller Zeiten landete der Wrestler auf einem respektablen 39. Platz. Der Bürgermeister der kanadischen Stadt Halifax erklärte 2010 den 16. Oktober offiziell zum Bret »The Hitman« Hart-Tag. Inklusive Urkundenübergabe mit allem Drum und Dran. So lässt es sich aushalten!

109. GRUND

Weil Lügen lange Beine haben

Die einzige Diva in diesem Kapitel hat es faustdick hinter den Ohren. Zumindest wünscht sich das der Großteil der männlichen

Weltbevölkerung. Denn es geht natürlich um Stacy »Beine bis zum Mond« Keibler, die 1979 geboren wurde und für einige Jahre den Fans der WWE und WCW (sowie George Clooney und diversen anderen Herren) den Kopf verdrehte.

Keibler bekam schon in jungen Jahren Tanzunterricht, entschied sich allerdings für eine solidere Laufbahn und studierte Kommunikationswissenschaften. Gleichzeitig übernahm sie kleinere Modeljobs, wurde mit 18 Jahren Cheerleaderin und konnte sogar eine kleine Filmrolle in dem Comedy-Drama *Pecker* (1998) ergattern. Sie lebte quasi das Leben von Penny aus der Serie *Big Bang Theory*. Nur ein bisschen erfolgreicher. Ihr damaliger Freund schleppte sie mit zum Wrestling und entfachte so das Interesse bei Keibler. Als die WCW 1999 öffentlich eine neue Tänzerin für die »Nitro Girls« (Cheerleader, die während der Werbeunterbrechungen tanzen) suchte, bewarb sie sich, stach 300 Konkurrentinnen aus und bekam den Job.

Aufgrund ihrer »All-American Cremeschnitte«-Optik und ihrer ulkig-piepsigen Stimme wurde sie schon bald befördert und durfte als Valet unter dem Namen »Miss Hancock« Wrestler zum Ring begleiten. Weil sie mehr Aufmerksamkeit als die Hauptpersonen erregte (im wahrsten Sinne des Wortes), wurden ihre Anteile größer. Sie durfte erotische Tänze vollführen, Sätze ins Mikrofon sprechen und in den Ring klettern. Das konnte sie besonders gut, denn aufgrund ihrer langen Stelzen war sie als eine der wenigen Damen im Wrestling in der Lage, über das zweite Ringseil zu steigen. Dabei trug sie routinemäßig kurze Röcke und ließ ihre Unterbuxe hervorblitzen, was bei nicht wenigen Besuchern und Fernsehzuschauern für Anfälle von spontaner Schnappatmung führte. Die *Los Angeles Times* veröffentlichte 2000 sogar ein langes Interview mit ihr, in dem sie versicherte, im echten Leben ganz anders zu sein usw.

Eric Bischoff, damaliger Besitzer der WCW, war nicht auf den Kopf gefallen und beförderte die medienaffine Frau Keibler weiter, was ganz gut passte, denn so ließ sich die echte Beziehung zu

David »Flair« Fliehr (der Sohn von Ric) prima in eine Storyline einbauen. Also stieg sie als Wrestlerin in den Ring. Dass sie von dieser Sportart augenscheinlich deutlich weniger verstand als vom Tanzen, spielte dabei keine Rolle. Zumal nicht bei einem sexy Match im Matsch, bei dem Keibler einen Tritt in den Magen bekam. Was nun folgte, war eine der peinlichsten Geschichten in der Geschichte der WCW, selbst für die Verhältnisse des Autors Vince Russo. Denn kurz nach dieser Aktion stellte Keibler fest, dass sie schwanger ist und nun nicht wisse, ob das Kind in ihrem Bauch Schaden genommen hat. Geht es noch dümmer? Aber natürlich! Denn Flair, so die Storyline weiter, war keineswegs mit hundertprozentiger Sicherheit der Vater. Es wäre auch möglich, dass Vince Russo höchstpersönlich der Erzeuger sein könnte. Aaargh, bitte aufhören! Es kam allerdings zu einer ungeplanten Frühgeburt, denn Flair trennte sich im Streit von der WCW, sodass die Geschichte nicht weiter verfolgt wurde.

Als die WCW von der WWF aufgekauft wurde, wollte sich auch Vince McMahon ein Stück vom Zuckerpüppchen sichern und ließ seine Autoren eine Geschichte schreiben, in der Keibler McMahon angräbt und seine persönliche Assistentin wird. Die alte Knitterfresse! Egal, in den folgenden Geschichten stritten sich mehrere Wrestler darüber, wessen Managerin die hübsche Dame denn nun werden solle, sie hatte mehrere (vorgegebene) Affären und mutierte schließlich zur kämpfenden »Super Stacy«, und das in einem Kostüm, das aussah, als würde »Catwoman« aus *Batman* neuerdings als Lederdomina im Puff von Castrop Rauxel arbeiten. Nicht mal die Bommel an den Möpsen fehlten.

2006 kam das Drama zu einem Ende, als die Verantwortlichen von *Dancing with the Stars* Keibler für ihre Show anfragten und sie dort über mehrere Staffeln in der Jury saß. Seitdem versucht sie ihren Ruhm so gut wie möglich zu vermarkten. Sie moderiert irgendwelche B-Shows im Privatfernsehen, ging eine zeitlang mit George Clooney aus, heiratete dann doch lieber einen alten Freund, wurde Mutter (ohne Tritte im Matsch) und taucht demnächst wahrscheinlich in irgendeinem Dschungel- oder Promi-Koch-Format auf.

Warum Stacy Keibler trotzdem im Kapitel der elf liebenswertesten Wrestler aller Zeiten auftaucht? Weil sie einfach verdammt gut aussieht!

110. GRUND

Weil Mini-Salamis Muskeln machen

»Oooohhh yyyeeeeaaah!« Wenn dieser Ruf durch die Hallen tönte, wusste selbst der kleinste Fan Bescheid. Es war Zeit für den »Macho Man« Randy Savage. 32 Jahre stand der als Randy Poffo geborene Amerikaner, der aus einer Wrestler-Familie stammte, im Ring, und konnte unzählige Titel einheimsen. Am Ende schien er mit seinem Sport allerdings zu hadern.

Poffos Einstieg in die Welt der Leibesertüchtigungen führte über den Baseball, er spielte als Catcher (sic!) für verschiedene Zweitligateams, darunter die Chicago White Sox. Ein Aufstieg in die Major League wurde nur von einer Schulterverletzung verhindert. Poffo entschied sich dafür, die Familientradition fortzuführen und wandte sich dem Wrestling zu, wo er 1973 seinen ersten Kampf bestritt. Damals noch als Maskenmann unter dem kreativen Pseudonym »The Spider (Friend)« und mit einer Körpergröße von »nur« 1,85 Meter. Auch durch die Unterstützung seines Vaters Angelo (der neben seiner Wrestling-Tätigkeit ein sehr versierter Schachspieler war) und die Kreation des Gimmicks »Macho Man« inklusive grellneonfarbener Klamotten wuchs die Popularität von Randy. 1985 wechselte er nach einigen Auftritten bei kleineren Promotions in die WWF, wo er als Bösewicht etabliert wurde. Da Poffo aufgrund seiner geringen Körpergröße viele Aktionen vom oberen Ringseil starten musste, sahen seine Moves spektakulär aus, was den Fans gefiel. Also wurde er vom Heel zum Face und bildete ein Team mit Hulk Hogan, mit dem ihn privat eine Art Hassliebe verband. Die Verbindung wurde wieder gelöst, der »Macho Man« (zwischenzeitlich auch der »Macho King«) vom Guten zum Bösewicht umfunktioniert, bevor er wieder zum Face wurde.

Obwohl immer noch einer der Fan-Lieblinge und zweimaliger Champion, geriet er in der WWF immer weiter ins Hintertreffen und wurde hauptsächlich als Kommentartor eingesetzt. Aus diesem Grund wechselte er 1994 zur WCW, wo er wiederum auf Hulk Hogan traf. In der WCW wurde seine Arbeit (zumindest anfangs) mehr geschätzt, insgesamt durfte er hier viermal den Titel holen, verlor ihn, wie schon bei der WWF, aber jedes Mal wieder an Hulk Hogan oder Ric Flair. Zunehmend genervt vom Geschäft, versuchte sich der »Macho Man« bei der TNA Wrestling als Anführer ins Gespräch zu bringen, was die Verantwortlichen aber ablehnten. 2005 beendete eine Rückenverletzung seine aktive Karriere.

Da Poffo eine sehr prägnante Stimme besaß, arbeitete er seit 1996 häufiger als Synchronsprecher für das Fernsehen, 2008 war er neben John Travolta und Miley Cyrus sogar in dem Disney-Kinofilm *Bolt– Ein Hund für alle Fälle* in der Rolle als Thug zu hören. Daneben war er auch als Schauspieler tätig (unter anderem in den Serien *Baywatch* und *Walker, Texas Ranger*), außerdem war er lange Zeit die Werbefigur für »Slim Jim« (eine Art »BiFi«). Als sein größter Coup gilt aber sein Auftritt in dem Blockbuster *Spider-Man* (2002) als BoneSaw McGraw. Besondere Aufmerksamkeit sicherte ihm auch die Veröffentlichung seines Rap-Albums *Be a Man* (2003), da er im Titelstück seinen alten Kollegen Hulk Hogan unter anderem als »Hollywood Hulk«, »Feigling« und »Weichei« bezeichnete und zu einem »echten Kampf« aufforderte. Hogan kannte Poffos Temperament und hielt sich in der Öffentlichkeit mit Kommentaren zurück.

Am 20. Mai 2011 war Poffo gemeinsam mit seiner Frau in seinem Jeep unterwegs, als der Wagen plötzlich ausbrach und frontal gegen einen Baum raste. Der »Macho Man« war auf der Stelle tot, seine Beifahrerin wurde nur leicht verletzt. Spätere Untersuchungen ergaben, dass Poffo vor dem Unfall einen Herzinfarkt erlitten hatte und deshalb die Kontrolle verlor. Wie üblich bekundeten diverse ehemalige Kollegen ihr Beileid, die bemerkenswertesten Worte kamen aber tatsächlich von Hogan. Der gab für die Website der WWE drei Jahre nach dem Unglück ein Interview, in dem er das Verhältnis zwischen ihm und Poffo gerade rückte. Im Rahmen dieses Interviews gab Hogan zu, dass zwischen den beiden Superstars tatsächlich eine achtjährige Funkstille geherrscht habe, die beiden sich rund drei Monate vor Randys Tod zufällig bei einem Arzt in Florida getroffen und versöhnt hatten. Hogan, der über Jahrzehnte ein enges Verhältnis zur ganzen Poffo-Familie pflegte, zeigte sich glücklich, dass gewisse Dinge noch vor Randys Tod ausgeräumt wurden. In den Tagen nach dem Unglück war eigentlich ein gemeinsames Grillfest mit beiden Familien geplant, um die Versöhnung zu feiern und den restlichen Familienmitgliedern des Poffo-Clans Trost wegen des Todes von Randys Vater Angelo zu spenden.

Mit diesem Hintergrundwissen ist es keine Überraschung, dass niemand anderer als Hulk Hogan die Laudatio hielt, als der »Macho Man« 2015 endlich in die Hall of Fame der WWE aufgenommen wurde. Für viele Fans viel zu spät. Denn wenn es in den letzten 30 Jahren neben Hulk Hogan ein Gesicht des Wrestlings gegeben hat, das wirklich jedem Menschen bekannt war, dann das von Randall Poffo.

111. GRUND

WEIL HELDENTUM UND ABSTURZ DICHT BEIEINANDER LIEGEN

Terence Gene »Hulk Hogan« Bollea ist der vermutlich bekannteste Wrestler aller Zeiten. Selbst Menschen, die in ihrem Leben noch kein Match verfolgt haben, werden den blonden Hünen mit dem Walross-Schnauzer und den schreiend gelben Klamotten schon mal irgendwo gesehen haben. Es geht nicht anders, dieser Typ war spätestens seit Mitte der Achtzigerjahre des letzten Jahrhunderts überall. Im Fernsehen, auf T-Shirts, auf Tassen und Plakaten, in der *BRAVO* und im Internet, wenn es das denn damals schon verbreitet gegeben hätte. Dabei sah es im Leben von Bollea lange nicht so aus, als würde er ein Star. Und Wrestler schon mal gar nicht.

Als Jugendlicher liebte Bollea, Sohn eines italo-amerikanischen Bauarbeiters und einer Tanzlehrerin, den Baseball, schaffte es aber nicht über den Amateurstatus hinaus. Eine Verletzung verhinderte eine größere Karriere. Mit 16 begann sich Bollea für das Wrestling zu begeistern, er besuchte häufiger Veranstaltungen in Florida und war eingeschworener Fan von Dusty Rhodes. Noch mehr verehrte er allerdings »Superstar« Bill Graham, er versuchte, dessen »unmenschlichen« Look zu kopieren. Nebenbei spielte er Bass in verschiedenen Bands, die bekannteste hörte auf den Namen Ruckus und konnte 1976 für Aufmerksamkeit im lokalen Bereich sorgen. Aber das Schicksal wollte es anders.

Da Bollea in seiner Freizeit Gewichte stemmte, brachte er die körperlichen Voraussetzungen für eine Karriere als Wrestling-Star schon mal mit. Jetzt fehlte nur noch der entscheidende Kontakt. Der kam eines Abends bei einem Gig von Ruckus zustande. Die Brüder Jack und Gerald Brisco, beides professionelle Wrestler, saßen in einer Bar, wo Bollea mit seinen Jungs spielte. Die Briscos waren beeindruckt von Bolleas Statur und brachten ihn mit Yasuhir »Hiro Matsuda« Kojima zusammen, der auf eine erfolgreiche Karriere als Wrestler zurückblickte und nun als Trainer arbeitete. Unter anderem entstammen auch Stars wie Lex Luger, Razor Ramon oder Mr. Wonderful dieser Schmiede. Nach über einem Jahr Training mit Matsuda war es endlich soweit, Bollea stieg zum ersten Mal in den Ring. Sein Gegner: Brian Blair, der später ebenfalls in der WWF auftauchen sollte. Nach einigen Matches unter verschiedenen Namen trennten sich die Wege von Matsuda und Bollea, der der Meinung war, der Japaner nehme ihn zu hart ran. Das Wrestling geriet wieder ins Hintertreffen, Hogan jobbte unter anderem in einer Bar und eröffnete ein Fitnessstudio, wo er durch Freunde wieder mit dem Wrestling in Kontakt kam. Er hatte aber keine Lust mehr, in seiner Heimat Florida aufzutreten, »Superstar« Billy Graham vermittelte ihn nach Alabama, wo Bollea nach eigenen Angaben alles über das Wrestling lernte, was er wissen musste. Immer an seiner Seite, sein alter Kumpel Ed »Brutus Beefcake« Leslie. Als Tag Team »The Boulder Brothers« sorgten die beiden fern der Heimat für Furore, Jerry Jarrett aus Memphis lockte die beiden schließlich in sein Territorium. In Alabama verdiente Bollea angeblich 175 Dollar die Woche, in Memphis waren es schon 800 Dollar. Eine schöne Gehaltserhöhung. In einer lokalen Fernsehshow saß Terry in dieser Zeit neben Lou Ferringo, der Mann, der den »Hulk« in der gleichnamigen TV-Serie spielte. Ferringo galt damals als das Nonplusultra in Sachen Muskelbergen, aber neben Bollea sah der Schauspieler plötzlich aus wie ein Zwerg. Aufgrund dieses Zwischenfalls bekam Terry den Zusatznamen »Hulk«, der ihn bis an sein Lebensende verfolgen wird.

Ende 1979 gewann Bollea seinen ersten kleinen Titel, tingelte aber immer noch durch die lokalen Promotions, bis er schließlich den alten Vince McMahon kennen lernte. Dieser fand das, was Bollea da als Gesamtpaket anzubieten hatte, durchaus ansprechend und wollte ihn als Iren vermarkten. Dafür bekam er den Nachnamen Hogan verpasst, außerdem ordnete McMahon an, dass Bollea sich die Haare rot färben solle. Da der »Hulk« zu dieser Zeit bereits unter schwindendem Haupthaar litt, redete er seinem neuen Boss diese Idee wieder aus. Nach einigen kleineren Auftritten hatte Hogan seine erste große Geschichte mit André »The Giant« Roussimoff, was die Fans durchaus interessierte. Aber es riss sie nicht von den Sitzen. In Japan hingegen liebten die Anhänger den monströsen blonden Ami, weshalb Hogan von 1980 bis regelmäßig in Asien unterwegs war. Nachdem er eine kleine Rolle in *Rocky III* gespielt hatte, wechselte »Hulk« in die American Wrestling Association, sehr zum Missfallen von McMahon Senior, der immer noch immenses Potenzial in seiner Entdeckung vermutete. Nach zwei Jahren kehrte der verlorene Sohn zur WWF zurück und trat eine Welle los, die bis heute einzigartig ist.

McMahon Senior hatte die Firma mittlerweile an seinen Sohn weitergegeben, der ebenso wie sein Vater an Hogan glaubte. Also schrieben die Autoren eine simple Story: Der »Hulk« stand auf der Seite der »Guten«, verhinderte unfaire Siege und räumte die bösen Buben reihenweise zur Seite. Dazu kam ein ausgeklügelter Marketingplan, angefangen von den rot-gelben Klamotten über den glorreichen Einmarsch des Helden (inklusive Zerreißen des Shirts) und ein bisschen Pathos (die drei Grundsätze des Hulk Hogan: Training, beten und Vitamine essen) bis hin zu den Interviews, wo Hogan seine Fans als »Hulkamaniacs« bezeichnete. Tatsächlich war bei der WWF öffentlich schon von einer »Hulkamania« die Rede, als diese nur auf dem Papier existierte. Doch der Plan ging auf. Vor allem die Jugend zeigte sich begeistert von diesem strahlenden Koloss, bald war das ganze Land im Hogan-Fieber und noch etwas später die ganze Welt. Acht der ersten neun Hauptkämpfe bei »WrestleMania« bestritt der Mann, der erst wenige Jahre zuvor einen Wrestling-Ring betreten hatte. Das sorgte natürlich für Neid bei den Kollegen, hinter vorgehaltener Hand wurde über den Stümper gelästert, der eigentlich gar nicht wisse, was er da tue. Der »Hulkamania« tat dies allerdings keinen Abbruch.

Erste Kratzer am Image verursachte erst der Film *No Holds Barred*, in dessen Marketingkampagne auch Hogans Filmpartner »Zeus« in die Abläufe der WWF eingebunden wurde. Hogan war kein reiner Wrestler mehr, er war eine Berühmtheit, die nebenbei ein bisschen wrestelte und ansonsten in Filmen und TV-Serien auftrat, eigene Restaurants eröffnete, Firmen gründete und für alles Werbung machte, was nicht schnell genug bei George Foreman auf dem Tisch landete. Unter anderem war er in *Baywatch* und in dem Streifen *Gremlins 2* zu sehen. Und die Maschine lief weiter. Hogan trat angeblich vom aktiven Geschehen zurück, die WWF veranstaltete eine Aktion, in der die Fans ihrem Idol Briefe schreiben sollten, damit er zurückkehrt. Natürlich kam er zurück, trat Anfang der Neunzigerjahre und in den Zweitausendern sogar noch mal in Japan auf, bevor sein Weg ein wenig undurchsichtig wurde. Wechselnde Engagements in der WCW und der WWF, ein öffentlicher Streit mit dem umstrittenen Autoren Vince Russo, dauernde Image-Wechsel (unter anderem wurde Hogan für eine kurze Zeit der maskierte »Mr. America«) und zahllose Comebacks ließen die Fans müde werden. Auch sein Geständnis, massiv Anabolika eingenommen zu haben (von wegen Vitamine), enttäuschte den Anhang.

Zusätzlich verspielte sich Hogan viele Sympathien mit seiner Reality-Show *Hogan Knows Best* (2005-2007), die ihm, anders als zum Beispiel Ozzy Osbourne, nicht den erhofften neuen Karriereschub brachte. Vielmehr zeigte sie der Welt ausschließlich, dass man vielleicht gerne die Kohle von Herrn Bollea besitzen würde, seine komplette Sippe aber nicht mal geschenkt nehmen würde. Hm, eigentlich doch wie bei den Osbournes.

In den letzten Jahren fiel der einstige Superstar eigentlich nur noch durch Skandale auf. So verletzte er in einer TV-Sendung den Moderator Richard Belzer bei der Demonstration seiner Wrestling-Künste, was ihn rund eine halbe Million Dollar kostete. Mehrere angebliche oder wahre Affären beendeten die Ehe zwischen ihm und seiner Frau Linda, was ebenfalls nicht ganz billig gewesen sein dürfte. Mittlerweile ist Hogan wieder verheiratet, obwohl er nach der Trennung noch öffentlich mit Selbstmord gedroht hatte.

Wirkliche Probleme machte ihm allerdings ein Sex-Tape, das 2012 aufgenommen wurde, in der Phase, als sich seine Frau von ihm getrennt hatte. Der Radiomoderator Bubba the Love Sponge und seine Ex-Frau Heather, angebliche Freunde von Hogan, planten dem Anschein nach die Aufnahme eines Sextapes, das den »Hulkster« beim Bettspaß mit Heather zeigte. Für einen bekennenden Christen wie Hogan schon mal unschön. Wirklich interessant wurde es im Jahr 2015 als Zitate aus dem Video bekannt wurden, mit denen sich Hulk Hogan während des Vergnügens als Rassist outete. Nicht der erste Vorfall dieser Art, aber der heftigste. Bereits 2008 hatte es Gerüchte gegeben, Borella würde von seinen farbigen Mitmenschen nicht allzu viel halten. Jetzt aber zogen die Vertragspartner (darunter WWE und TNA) die Notbremse und feuerten das einstige Aushängeschild. Bollea tat öffentlich Buße und entschuldigte sich wortreich für die Ausfälle. Es wäre in seiner Jugendzeit in der Nachbarschaft üblich gewesen, so zu sprechen, lautete eine seiner Aussagen. Prompt meldeten sich einige alte Nachbarn zu Wort, die das vehement bestritten. Fairerweise muss erwähnt werden, dass Hogan einige farbige Kollegen zur Seite sprangen und ihn unterstützten.

Es ist fraglich, ob der »Hulkster« nach dieser Krise noch einmal ins Rampenlicht zurückkehrt oder als Rentner (Jahrgang 1953) lieber still und heimlich seine Millionen genießt. Fest steht aber auch, dass Terry »Hulk Hogan« Borella in seiner Zeit der größte und populärste Wrestler war, vielleicht der größte aller Zeiten. Der Sport hat ihm unglaublich viel zu verdanken, so wie er dem Sport. Wollen wir hoffen, dass die nächsten Jahre für ihn ruhiger werden.

KAPITEL 12

ELF BONUSGRÜNDE, WEIL ES SO SCHÖN IST

1. BONUSGRUND

WEIL ES TAPFERE SCHNEIDERLEIN IN LOHN UND BROT HÄLT

Über die Klamotten von Wrestling-Stars wurde in diesem Buch am Rande schon geschrieben. Die neonfarbenen Elastan-Anzüge, die aussehen, als wäre der Modeberater von Borat Amok gelaufen, beleidigen einerseits das Auge, sind auf der anderen Seite aber auch Teil der Faszination Wrestling. Allerdings bekommt man die Anzüge, gerne auch mit Glitter, Federn, Nieten oder sonst was verziert, nicht von der Stange. Tatsächlich leistet sich die WWE eine eigene Chefschneiderin, die zum Job kam wie die Jungfrau zu gesunden Zwillingen.

Zurück ins Jahr 1994, als Sandra Gray bei ihrem Arbeitgeber, einem Stoffladen in Georgia, stand. Eine junge Dame (die später zur weiblichen Wrestling-Ikone Sable werden sollte) betrat das Geschäft, um ein Kostüm für ihren Freund Marc Mero (alias Johnny B. Badd) anzufragen. Es müsse aber noch diese Woche fertig werden. Gray hatte zuvor noch nie mit Elastan gearbeitet, wollte die Frau aber auch nicht im Regen stehen lassen und bot ihr an, nach Feierabend zu ihr nach Hause zu kommen. Gray schneiderte Johnny seinen Anzug, mit dem er am Wochenende bei der Show auftrat, was vor allem Grays Söhne, beide Wrestling-Fans, extrem stolz machte.

Mero rief einen Tag später sogar bei der Schneiderin an und bedankte sich für den Einsatz, außerdem erzählte er seinen Kollegen von der talentierten Frau Gray. Wahnsinniger Tragekomfort, viel Beinfreiheit, absolut reißfest, so was in der Richtung. Also wollten auch Meros Kollegen so einen feinen Anzug für den Ring, und Gray war plötzlich Expertin für Wrestling-Klamotten.

Auch über 20 Jahre später ist Gray noch mittendrin im Wrestling-Zirkus, hat mittlerweile Kolleginnen, die ihr zuarbeiten, und gehört fest zur WWE. Sie reist mit den Athleten durch die USA, kümmert sich um männliche und weibliche Sportler. Nebenbei entwirft Gray auch »vernünftige« Klamotten, zum Beispiel Abendgarderobe. Sie ist sogar schon bei Modeschauen aufgetreten, als Models stellen sich »ihre« Wrestlerinnen und Wrestler zur Verfügung. Bleibt nur zu hoffen, dass auch die normalen Klamotten von Gray einigermaßen stabil gefertigt sind. Denn Wrestler, ganz unabhängig vom Geschlecht, neigen ja zu erheblichem Brustumfang.

2. BONUSGRUND

WEIL WRESTLING DIE WERBUNG AUSKNOCKT (ODER ANDERSHERUM)

Wrestling ist eine Sportart und als solche natürlich durch und durch von der Werbung abhängig. Da geht es den muskelbepackten Hünen im Ring nicht anders als Boxern, Tennisspielern oder Fußballern. In den USA hat die Werbeindustrie längst das Kommando übernommen, da wird das Spielfeld per digitaler Bearbeitung mit Sponsorenlogos überzogen oder in der Farbe eines Unternehmens eingefärbt, werden Splitscreens eingeblendet und vielerlei mehr. Wir in Europa sind ja auf dem besten Wege, unseren transatlantischen Freunden auch in dieser Hinsicht zu folgen, wie leidgeprüfte Bundesliga-Zuschauer wissen.

Da im Wrestling das Showelement allerdings noch wesentlich wichtiger ist als in anderen Disziplinen, ist die »Geschichte«, die während eines Matches erzählt wird, von besonderer Bedeutung. Das brachte Live-Sendungen wie *Monday Night RAW* oder *Smack-*

down Live in arge Bedrängnis. Denn die Verantwortlichen knallten ihre Werbeclips einfach dann in die Übertragung, wenn es ihnen angemessen erschien. Eben noch stehen sich Aleister Black und der Undertaker geifernd gegenüber, und im nächsten Moment will uns ein grinsendes Baby von den Vorzügen eines genetisch manipulierten Möhrenbreis überzeugen. Die Sache ging so weit, dass Zuschauer nach der Werbepause verblüfft feststellen mussten, dass sich da Leute im Ring wälzen, die vorher gar nicht da waren oder schon definitiv besiegt schienen.

Der allmächtige Vince McMahon wollte sich das nicht gefallen lassen, auf der anderen Seite aber auch nicht auf die Kohle verzichten. Also dachte sich der mächtige Manager im Sommer 2019 einen Kniff aus und setzte einfach mal eine ganze Serie sogenannter »Two-out-of-three-falls-Matches an, die im Wrestling eigentlich eher die Ausnahme als die Regel bilden. Hier treten zwei Wrestler oder zwei Teams in drei aufeinanderfolgenden Kämpfen an und versuchen mindestens zwei der drei zu gewinnen. Der Vorteil: Zwischen den Auseinandersetzungen gibt es kurze Pausen, die Damen und Herren müssen ja schließlich wieder zu Atem kommen. Zack, der perfekte Platz für Werbeclips. Oder die Matches sind so kurz, dass der Drops nach ein paar Minuten gelutscht ist und zwischen dem nächsten Auftritt ein paar Verbraucherinformationen eingeschoben werden können. Auch diese Variante ist in letzter Zeit häufiger zu beobachten. Vorteil: Die Zuschauer am TV verpassen nichts, und die Fans in der Halle müssen sich nicht wundern, warum die Kolosse plötzlich das Rangeln einstellen und sich stattdessen mit einer Zeitung in eine Ringecke setzen. Künstliche Unterbrechungen, um den Firmen genügend Platz für Produktanpreisungen zu gewähren. Demnächst auch beim Fußball, jede Wette.

3. BONUSGRUND

Weil auch Wrestling-Helden aus dem Olymp fallen können

Nicht wenige Wrestler wechseln im Laufe ihrer Karriere von den Guten zu den Bösen (und wieder zu den Guten und wieder zu den Bösen und wieder …), das ist ganz normal, schließlich müssen neue Fehden erdacht und die Figuren interessant gehalten werden. Im echten Leben dürfen sich die schweren Jungs (und Mädels) ebenfalls einiges erlauben, solange es ihrem Image zuträglich ist. Gerade den Bad Boys (und Girls) schadet es nicht, wenn mal ein kleineres Drogendelikt, eine Kneipenschlägerei oder Widerstand gegen die Staatsgewalt in der Biografie auftaucht. So etwas lässt sich immer leicht in den Ring übertragen, dann müssen sich die Autoren nicht dauernd neue Geschichten ausdenken.

Ab einem gewissen Punkt ist allerdings selbst in der rauen Welt des Wrestlings Schluss, das musste der hauptberufliche Journalist und DJ Eric Arndt feststellen, der ab 2012 unter dem selten dämlichen Pseudonym Enzo Amore über die Seile flog. Sein Gebaren vor der Kamera ließ grundsätzlich Zweifel an der geistigen Gesundheit des Kollegen aufkommen, aber das hätte ja zur Rolle gehören können. Doch Anfang 2018 wurde Amore (ausgerechnet …) von einer Dame angezeigt. Sie gab an, im Oktober 2017 von Arndt und zwei seiner Kumpels sexuell missbraucht worden zu sein. Die WWE suspendierte den Sportler darauf umgehend, tags darauf wurde er endgültig entlassen. Die mangelnde Unterstützung seitens seines Arbeitgebers traf Arndt bis ins Mark, zumal das Verfahren im Mai 2018 wegen mangelnder Beweise eingestellt wurde. Amore aber erklärte, dass er nie wieder in seinem Leben als Wrestler in den Ring steigen werde, und ist seitdem unter dem auch nicht sonderlich eleganten Namen nZo als Rapper tätig. Klar, da hätte man irgendwie drauf kommen können.

4. BONUSGRUND

Weil sich die Fans auch nicht alles gefallen lassen

Wrestling ist in erster Linie Showgeschäft, mit der Betonung auf dem zweiten Teil des Wortes. Die Geschichte einzelner Athleten und Kämpfe wird nicht im Ring entschieden, sondern von mehr oder minder cleveren Geschäftsleuten in klimatisierten Büros. Wer soll der neue Buhmann werden, wer hat das Potenzial, zum Publikumsliebling aufzusteigen und so massive Merchandise-Verkäufe zu generieren? Sportler wie der Undertaker, der seit Jahrzehnten die Fans in Atem hält, sind absolute Glücksfälle, Hulk Hogan oder The Ultimate Warrior waren ebensolche. Manchmal suchen sich die Manager hinter den Kulissen allerdings auch Kollegen für den Wrestling-Thron aus, mit denen das Publikum ums Verrecken nicht warm werden will. Leati Joseph Anoa'i alias Roman Reigns ist so ein typisches Beispiel dafür.

Dabei schien bei Reigns eigentlich alles zu stimmen. Der ehemalige Footballer stammt aus einer Wrestling-Familie, sein Vater und Onkel bildeten einst das sehr bekannte Team »The Wild Samoans«, sein verstorbener Bruder kämpfte unter dem Namen Rosey, Weltstar Dwayne »The Rock« Johnson und der ebenfalls verstorbene Wrestler Umaga sind seine Cousins. Anoa'i sieht dazu nicht schlecht aus, hat ein paar ordentliche Moves drauf und kann sich vor einem Mikrofon einigermaßen artikulieren. Passt alles, dachten sich die Verantwortlichen und präsentierten Reigns nach einigen Auftritten bei unterklassigen Events ab 2014 im Hauptprogramm. Das Problem: Der Mann aus Florida ließ die Fans mehr oder minder kalt. Woran das lag und liegt ist schwer zu bestimmen, der Funke will einfach nicht überspringen.

So läuft das aber nicht, meinten die Verantwortlichen, schließlich waren sie von ihrem Plan überzeugt. Also ließen sie tonnenweise Shirts und Kappen mit dem Namen des Wrestlers für lau verteilen und erklärten den Fans, sie würden eine größere Chance haben, gefilmt zu werden, wenn sie die Klamotten auch tragen würden. Leider kam genau diese Aktion ans Licht, was Reigns, der selbst ja gar nichts dafür konnte, viele gehässige Kommentare einbrachte. Seitdem ist er erst recht unten durch, auch eine kurzzeitige Pause zwischen 2018 und 2019 (angeblich wegen einer Krebserkrankung, die sich wieder zurückgebildet hat) oder die Unterstützung von prominenter Seite wie dem Undertaker helfen dem Wrestler nicht. Er ist und bleibt ein Stiefkind in der Fangunst. Vielleicht hätte er sich gleich zu Beginn seiner Karriere einen anderen Ringnamen wählen sollen, sein aktueller erinnert einfach zu sehr an Ronald Reagan.

5. BONUSGRUND

Weil es zeitlos ist

Rückblicke sind im Sport besonders beliebt, damit lässt sich prima Sendezeit füllen, und gratis ist es noch dazu, schließlich schlummern die Aufnahmen im Archiv. Doch wer sich mal ein Fußballspiel ansieht, das vor 40 Jahren ausgetragen wurde, muss sich nicht selten das Lachen verkneifen. Die sind alle so langsam, es gibt kein Pressing, keine verschiebenden Außenverteidiger, Mann- statt Raumdeckung und nicht zuletzt einen Ball, der aussieht, als wäre eine Schweineblase schwarz-weiß angemalt worden. Dieses Phänomen trifft auch auf Tennis, Basketball und natürlich den Rennsport zu. Aufs Wrestling irgendwie nicht. Klar, die Frisuren der Menschen in der Halle sehen anders aus, es gibt ein paar Laser-Effekte. Aber sonst?

Die WWE bekam als WWF im Jahr 1979 mehr oder weniger ihr heutiges Gesicht, schon damals wirkte der McMahon-Clan schon seit Jahrzehnten im Wrestling-Geschäft und machte in den folgenden Jahren das Geschäft seines Lebens. Die goldene Ära der Schaukämpfe dauerte bis Anfang der 90er-Jahre des letzten Jahrhunderts, ab da ging es bergab. Mittlerweile hat sich das Wrestling wieder ein wenig gefangen, aber Kritiker werfen dem mächtigen Vince McMahon vor, sich konsequent gegen alle Neuerungen zu wehren. Die Autorenteams dürfen nur Fehden schreiben, die genau so auch schon 1981 hätten stattfinden können, zum Superstar kann in der WWE nur aufsteigen, wer einem gewissen Typus entspricht. Und der sieht halt aus wie vor 40 Jahren, so zumindest die Legende. Der Milliardär Vince McMahon sieht zwar immer noch erschreckend fit aus, ist aber Jahrgang 1945, also nicht mehr ganz taufrisch. Und auch wenn er seine komplette Familie im Unternehmen untergebracht hat, der Chef ist er. Und er wird es wohl bleiben, bis er eines Tages einfach umkippt. Bis dahin hat der alte reiche Mann aber noch was vor, so belebt er seine eigene Football-Liga XFL im Jahr 2020 neu. Mit 100 Millionen Startkapital aus seinem Privatvermögen soll die neue Liga der NFL Konkurrenz machen. Hier zeigt sich McMahon übrigens deutlich fortschrittlicher, die Fans (sofern vorhanden) sollen eng eingebunden werden und über die Verpflichtung von Spielern oder die Aufteilung von Werbeunterbrechungen abstimmen dürfen. Und auf dem Feld sollen neue Technologien getestet werden. Die XFL bekommt also all das, was sich die Anhänger der WWE seit Jahren wünschen.

Auf der anderen Seite hat der Stillstand im Wrestling aber auch einen Vorteil: Wrestling unter der Fuchtel von VMM ist zeitlos, wahrscheinlich würde es einigen Zuschauern nicht mal auffallen, wenn plötzlich wieder André the Giant, King Kong Bundy, der Macho Man oder Mr Perfect im Ring auftauchen würden. Und die sind alle seit Jahren tot.

6. BONUSGRUND

Weil Konkurrenz auch hier das Geschäft belebt

Ja, da beschweren wir uns gerade über die Rückständigkeit der WWE, da taucht ein Silberstreif am Horizont auf. Denn Anfang 2019 stellte sich plötzlich die »All Elite Wrestling«-Promotion vor. Und das mit altbekannten Gesichtern. Chris Jericho, Dustin »Goldust« Rhodes, Cody Rhodes, Jonathan »Dean Ambrose« Good, Benjamin »Neville« Satterley, Tye Dillinger oder Brandi »Eden Stiles« Rhodes. All diese Athleten standen zum Teil über eine Dekade bei der WWE unter Vertrag und verließen die Promotion im Unfrieden. Dustin Rhodes berichtete in einem Interview, dass er mit seinen Storys über lange Zeit unglücklich war und er mehrfach versucht habe, mit dem Autorenteam persönlich in Kontakt zu treten, um eigene Ideen und Vorschläge zu machen. Dieses sei ihm jedes Mal verwehrt worden. Nun tritt er mit diversen Weggefährten bei AEW auf. Und die Chancen, dass sie der alteingesessenen WWE Dampf unter dem Hintern machen, stehen gut.

Denn hinter AEW steht unter anderem der schwerreiche Geschäftsmann Tony Khan, der unter anderem auch am NFL-Team Jacksonville Jaguars und dem englischen Traditionsclub FC Fulham (Fußball) beteiligt ist. Bei so viel Prominenz ließ sich Warner nicht lange bitten und bot sich als TV-Partner an, neben Live-Shows in den USA ist auch ein wöchentliches Format im Stile der WWE-Sendung *RAW* geplant. Als Moderatoren, Kommentatoren und Ringsprecher wurden Legenden wie Jim »J.R.« Ross, Justin Roberts oder »Bad Ass« Billy Gunn gewonnen, selbstverständlich auch alle mit einer WWF/WWE-Vergangenheit ausgestattet.

Auch wenn Vince McMahon und sein Clan noch gelassen sind, angesichts der Prominenz der Sportler in Verbindung mit den finanziellen Möglichkeiten eines Khan und der Reichweite von Warner dürfte ihm der muskulöse Hintern schon ziemlich auf Grundeis gehen. Zumal sich auch aktuell noch unter Vertrag stehende WWE-Sportler alles andere als positiv über ihren momentanen Arbeitgeber äußern. Das könnte noch richtig spannend werden.

7. BONUSGRUND

WEIL ES DEN HEIMWERKER IN UNS FÖRDERT

Wer geistig gesund ist, wird zugeben müssen, dass professionelles Wrestling ein gefährlicher Sport ist und neben körperlicher Fitness vor allem jahrelanges Training erfordert, um sich beim ersten Auftritt nicht gleich das Genick zu brechen. Das hält manchen Couch-Athleten aber nicht davon ab, seinen Idolen nachzueifern. Der Vorteil an der Sache: Wrestling-Ringe stehen nur ganz selten in Stadtparks oder auf frei zugänglichen Sportanlagen herum. Der Nachteil: Im Internet lässt sich mit zweieinhalb Klicks ganz einfach eine Bauanleitung finden, wie man einen Ring selber zusammenzimmert. Wobei, ganz so einfach ist das dann doch nicht.

Es geht damit los, dass du vier Spannpfosten benötigst (mindestens zehn Zentimeter Durchmesser), die in den Boden zementiert werden müssen. Da wird Papa sich aber freuen, wenn die Dinger plötzlich in der Garageneinfahrt stehen, deshalb vielleicht besser in den Garten ausweichen. Stehen die Pfosten, bilden Holzpaneelen die Begrenzung für den Boden. Das so entstandene Rechteck sollte mit Matratzen, Gummireifen oder Daunendecken aufgefüllt werden. Aus Pressspan kommt ein Deckel drauf. Nun werden mehrere Lagen Schaumstoffmatratzen darübergelegt und festgeklebt. Das soll das Verletzungsrisiko minimieren, also vielleicht lieber eine mehr als eine zu wenig verbauen. Darüber wird eine Leinwand gespannt, sie bildet den endgültigen Ringboden. Wenn du deinen fest zementierten Ring nicht überdachen kannst oder willst, solltest du vielleicht auf wetterfeste Folie umsteigen, denn sonst gammelt dir die ganze Chose schneller weg, als du einen »Go 2 Sleep« ansetzen kannst. Jetzt werden die Spannpfosten angebohrt, um ein paar Haken anzubringen. Da kommen Spanner dran, die es zum Beispiel auch für Trampoline zu kaufen gibt. Nun wird auf drei Ebenen ein Seil gespannt, das mit Folie umspannt oder durch einen Gartenschlauch gezogen wird. Da du kein professioneller Wrestler bist (auch wenn du das glaubst), wirst du im Minutentakt wie ein nasser Sack in diesen Seilen landen, die ungeschützt schöne Verbrennungen hervorrufen können. Glaubst du nicht? Probier es aus!

Nachdem die Brandsalbe aufgetragen ist, kommen wir zu den abschließenden Fakten. Der ganze Spaß kostet in der Selbstbauweise so um die 300 Euro, was nicht besonders viel erscheint. Wenn du allerdings über 80 Kilo wiegst (wovon ich einfach mal ausgehe) und dich mit Schmackes in die Seile und auf den Boden wirfst, wird das Ding keine drei Tage halten. Schmeiß also lieber deinen kleinen Bruder und pose dabei wie die Großen, wobei du den »Kampf« natürlich per Handykamera aufnimmst. Stell das Kleinod ins Netz und frage dich anschließend, warum dich alle auslachen. Viel Spaß!

8. BONUSGRUND

Weil es deinen PC oder deine Konsole beschäftigt

Wrestling ist rein optisch betrachtet eine aufregende Sache. Deshalb verwundert es nicht, dass es zum Thema unzählige Computerspiele gibt. Allein die WWE hat mehr Spiele unters Volk geworfen, als sie Sportler im Roster hat, aber auch die kleineren Ligen ballern ihre Pixel-Monster fleißig auf den Markt. Deshalb beschäftigen wir uns an dieser Stelle mal mit den eher abseitigen Games, von denen es ebenfalls einige gibt.

Wie wäre es zum Beispiel mit *The Simpsons Wrestling* aus dem Jahr 2001, bei dem Spieler in die Rolle von Homer, Marge (die ihr Baby Maggie als »Waffe« einsetzen kann) oder Ned Flanders, der seine Gegner nicht körperlich attackiert, sondern mit frommen Gebeten zur Aufgabe zwingt, schlüpfen Mr. Burns kann ebenfalls gewählt werden, aber selbstverständlich steigt sein Adlatus Waylon Smithers für ihn in den Ring, während er von draußen Kommandos gibt. Die verschiedenen Wrestling-Ringe stehen selbstverständlich nicht in muffigen Sporthallen, sondern bei den Simpsons zu Hause, im Kwik-E-Markt, im Kernkraftwerk oder in Moe's Taverne. Aber Vorsicht: Wenn die beiden Außerirdischen Kang und Kodos auftauchen, wird es meist ziemlich schleimig.

Bereits 1996 wurde das Spiel *WWF in Your House* veröffentlicht, bei dem die Kämpfer ebenfalls an für sie typischen Orten auftreten. Der Undertaker zum Beispiel in einer Gruft, Shawn Michaels hingegen in einem Stripladen. Und als ob das noch nicht genug wäre, konnten die Wrestler in diesem Spiel auch noch zaubern. Die Fans fanden die Idee eher mal so gar nicht gut und zeigten dem lieblos zusammengeschusterten Spiel den gestreckten Mittelfinger.

Die Firma Electronic Arts setzte Anfang des neuen Jahrtausends auf die WCW, die sich schon bald auflöste, die Sportler wechselten reihenweise zur WWE. Was nun, dachte sich die Firma, die doch so gerne weiter Geld mit Wrestling-Spielen machen wollte. Ganz einfach, sie tat sich mit dem Plattenlabel Def Jam zusammen, behielt das Grundgerüst bei und wechselte die Wrestler, die ja nun bei anderen Firmen unter Vertrag standen, gegen Rapper aus. Ghostface Killah kloppte sich nun mit Method Man in einem Wrestling-Umfeld. Aus dem einen Spiel wurde eine Reihe, die bei der Zielgruppe ziemlich gut ankam und einen schönen Crossmedia-Marketing-Effekt besaß. Was auch für die kurzlebige *Rumble Roses*-Reihe galt, allerdings in anderer Hinsicht. Hier kämpften nur Damen gegeneinander, die Story war komplett durchgeknallt (irgendwas mit einem verrückten Wissenschaftler, der aus der DNA der Sportlerinnen Superwesen züchten will, herrje), das Spiel nicht sonderlich unterhaltsam. Bei der Präsentation der Kämpferinnen hatte sich die Grafikabteilung so richtig ins Zeug gelegt. Bestimmte weibliche Attribute standen seeehr weit im Vordergrund, das Spiel hätte auch vom *Playboy* stammen können. Unter diesen Verdacht kann die *Backyard-Wrestling*-Reihe nicht geraten, hier kloppen sich einfach ein paar Leute, die Wrestler sein könnten, in irgendwelchen abgewrackten Hinterhöfen. Das beste Feature: Blutspritzer, die völlig unabhängig vom Spielgeschehen und Meter weit weg von den Protagonisten plötzlich aufpoppen. So schlecht, dass es fast schon wieder Spaß macht.

9. BONUSGRUND

WEIL ES SCHLAUE SPRÜCHE PROVOZIERT

Niemand würde ernsthaft behaupten, dass Wrestling ein Sport ist, der in erster Linie von Geistesgrößen betrieben oder gesehen wird (bitte nicht schlagen, is' halt so). Trotzdem gibt es immer wieder Menschen, die im Zusammenhang mit dieser Leibesertüchtigung Zitate in die Welt hauen, die einen nachdenklich stimmen und/oder zum Lachen bringen. Und das seit Jahrtausenden, wie die Homepage www.sportsfeelgoodstories.com aufgezeichnet hat. Denn schon der römische Kaiser Mark Aurel teilte seinen Zeitgenossen mit, dass die Kunst des Lebens weniger wie ein Tanz, sondern eher ein Ringkampf sei. Jesse Ventura, der neben seiner Wrestling-Karriere unter anderem auch Gouverneur von Minnesota war, griff diesen Gedanken auf und verkündete: »Wrestling ist Ballett mit Gewalt.«

Der 2015 verstorbene »Rowdy« Roddy Piper war ebenfalls nie um einen Spruch verlegen, sein vielleicht bester klang wie eine Warnung: »Ich bin hergekommen, um Kaugummi zu kauen und Leuten in den Arsch zu treten. Und ich habe kein Kaugummi mehr.« Also vielleicht besser in Deckung gehen. Billy Corgan hingegen wurde als Frontmann der Band Smashing Pumpkins bekannt, investierte sein Geld eine Zeit lang allerdings auch ins Wrestling und gründete sogar eine eigene kleine Liga. Für ihn ist Wrestling eines der letzten rebellischen Dinge, die es in den USA noch gibt. Gut, seine Musik war tatsächlich nie sonderlich rebellisch, sondern eher weinerlich.

Phil »CM Punk« Brooks sah seine Karriere eher von der praktischen Seite: »Ich zaubere den Leuten ein Lächeln ins Gesicht. Und manchmal stehe ich auf ihrem Gesicht. Das nennt sich Balance.«

John Cena ist weniger feingeistig, dafür umso selbstbewusster. »Ich putze mich für das Fernsehen nicht heraus. Ich will, dass die Leute mich so akzeptieren, wie ich bin.«

Die besten Zitate kommen wie so oft aus unbekanntem Munde. Der Urheber des Satzes »Wenn du einmal lernst aufzugeben, wird es zur Angewohnheit« ist ebenso nicht zu ermitteln wie der Schlaumeier, der sagte: »Wrestling beginnt am Ende deiner Komfortzone.« Der schönste Satz ist in diesem Zusammenhang allerdings der folgende: »Wrestling ist ein bisschen so, als würdest du mit einem Gorilla ringen. Du hörst nicht auf, wenn du müde bist. Du hörst auf, wenn der Gorilla müde ist.«

10. BONUSGRUND

Weil es Computerspielcharaktere zum Leben erweckt

Normalerweise werden berühmte Wrestler in Computerspielen eingebaut, um ihre Fans zum Kauf des Games zu bewegen. Bei Suicide lief die Geschichte allerdings genau andersherum. Die mittlerweile pleite gegangene Firma Midway Games entwickelte im Jahr 2007 das Videospiel *TNA Impact!* und fügte dem realistischen Roster einen fiktionalen Charakter namens Suicide hinzu. Der komplett maskierte Kämpfer, eine Mischung aus der Gesichtsbemalung von Gene Simmons (Kiss) und den Klamotten von Spiderman, sollte das Spiel vielfältiger machen. Irgendwer schien zu glauben, dass in dieser Figur Potenzial steckt, denn im Dezember 2008 turnte plötzlich ein Suicide aus Fleisch und Blut durch den Ring der TNA-Promotion. Und schon war einer der unbeliebtesten Wrestling-Charaktere aller Zeiten geboren.

Dabei nahmen die Fans es nicht mal übel, dass sich der maskierte Kollege aus seinem Computerspiel heraus selbstständig gemacht hatte. Nein, viel schlimmer war, dass bis heute insgesamt sechs verschiedene Wrestler unter der Maske steckten, darunter Semi-Prominenz wie Christopher Daniels oder Caleb Konley, die abseits von Suicide noch ein eigenes Ringleben leben. Das wäre ungefähr so, als würden Peter Parker, Bruce Wayne, Clark Kent und Prinz Adam abwechselnd in die Klamotten von Wonder Woman schlüpfen, um die Welt zu retten. Das führt zu einer gewissen Beliebigkeit, die es Fans schwer macht, sich mit ihm zu identifizieren. Höchste Zeit also, dass Suicide wieder in sein Pixel-Reich verschwindet.

11. BONUSGRUND

WEIL ES DEN SCHLECHTESTEN WITZ ALLER ZEITEN PROVOZIERTE

Wrestling-Witze sind selten, und das ist gut so. Denn das nun folgende Bonmot ist angeblich der beste Witz, den es in diesem Genre geben soll: »Fragt ein Brett einen Stein: ›Wer bist du denn?‹ Sagt der Stein: ›Ich bin ein Stein.‹ Sagt das Brett: ›Wenn du Einstein bist, dann bin ich Bret(t) Hart‹«. Boah, da zuckt sogar Fips Asmussen zusammen.

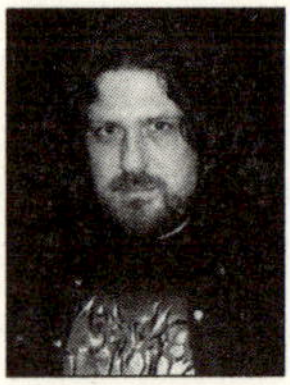

MARC HALUPCZOK, Jahrgang 1975, entdeckte das Wrestling als Dreikäsehoch von der TV-Couch aus, war sofort begeistert und spielte schon am nächsten Tag mit seinen Freunden sämtliche Moves von Hulk Hogan und Co. nach. Erstaunlicherweise überlebten alle Beteiligten. Einer davon, um dieses Buch zu schreiben.

Marc Halupczok
111 GRÜNDE, WRESTLING ZU LIEBEN
Eine Liebeserklärung an die schönste Sportart der Welt
Erweiterte Neuausgabe mit elf Bonusgründen

ISBN 978-3-86265-814-5

Idee und Vermittlung: Literaturagentur Brinkmann, München | | Coverbilder: Maske © miflippo/depositphotos.de; Hintergrund: © Eky Studio/shutterstock.de | Illustrationen im Textteil: Masken © RedKoala/depositphotos.de; S.89: © nickp37/depositphotos.de; S.111: © Jamie Roach/depositphotos.de; S.161: ericbvd/depositphotos.de; S.203: © miflippo/depositphotos.de; S.223 © s_bukley/depositphotos.de

VERLAG
Schwarzkopf & Schwarzkopf Verlag GmbH
Kastanienallee 32, 10435 Berlin
Telefon: 030 – 44 33 63 00
Fax: 030 – 44 33 63 044

INTERNET | E-MAIL
www.schwarzkopf-schwarzkopf.de
www.facebook.com/schwarzkopfverlag
info@schwarzkopf-schwarzkopf.de